浙江省普通高校"十三五"新形态教材建设项目

司法警察概论

主　编◎黄素萍　唐长国
副主编◎叶斌华　赵　雷
撰稿人◎徐智超　唐长国　金　川
　　　　黄素萍　赵　雷　崔海梅
　　　　柳　捷　童付章　李　科
　　　　叶斌华　韩　艳

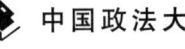

中国政法大学出版社

2021·北京

声　明　1. 版权所有，侵权必究。

　　　　　2. 如有缺页、倒装问题，由出版社负责退换。

图书在版编目（CIP）数据

司法警察概论/黄素萍,唐长国主编.—北京：中国政法大学出版社,2021.8（2023.2重印）
ISBN 978-7-5764-0083-0

Ⅰ.①司…　Ⅱ.①黄…②唐…　Ⅲ.①司法－警察－概论－中国　Ⅳ.①D926.174

中国版本图书馆CIP数据核字(2021)第173322号

出　版　者	中国政法大学出版社	
地　　　址	北京市海淀区西土城路 25 号	
邮　　　箱	fadapress@163.com	
网　　　址	http://www.cuplpress.com（网络实名：中国政法大学出版社）	
电　　　话	010-58908435(第一编辑部) 58908334(邮购部)	
承　　　印	保定市中画美凯印刷有限公司	
开　　　本	720mm×960mm　1/16	
印　　　张	15	
字　　　数	245 千字	
版　　　次	2021 年 8 月第 1 版	
印　　　次	2023 年 2 月第 2 次印刷	
印　　　数	5001～13000 册	
定　　　价	49.00 元	

编写说明

为促进"互联网+教育"背景下"十三五"教材建设,充分利用信息技术创新教材形态,发挥新形态教材在课堂教学改革和创新方面的作用,不断提高课程教学质量,根据《关于开展浙江省高校"十三五"第二批新形态教材项目申报工作的通知》文件精神,经浙江省高教学会教材建设专业委员会组织专家评审,《司法警察概论》列为浙江省普通高校"十三五"第二批新形态教材建设项目。

我国司法警察是隶属于司法机关,依照法律规定可以使用特殊强制手段维护司法场所设施安全与司法活动秩序的执法人员;是具有武装性质的司法行政执法力量;是我国人民警察的独立警种之一。本教材紧密结合司法警察队伍建设需求,坚持以习近平新时代中国特色社会主义理论为指导,体现正确的政治立场和价值导向,全面贯彻党的教育方针,加强社会主义核心价值观教育,具有较高的思想性、科学性、时代性。

本教材依据司法警察队伍建设和专业发展的形势,通过移动互联网技术,以嵌入二维码的纸质教材为载体,将教材、课堂、教学资源三者融合,立足课程改革和教材创新,遵循"基础理论适度,拓宽知识径度,提高综合素质"的编写宗旨,将教材内容与职业标准衔接,对于基本概念、基本原则和基本知识等理论性知识以必须够用为原则,注重实际岗位工作能力培养的特点,进一步体现原理与实务相结合的现代职业教育特色,突出了司法警察基本理论与司法警务实践相结合,既考虑到体系的完整性又强调其特殊性,既有对现行规范的诠释,也有对现有制度的反思。

本教材共分十章,具体包括:警察制度及其沿革,司法警察的特征和地位，司法警察职权，司法警察职业素质，司法警察行为规范，司法警察警务保障制度，司法警察日常管理制度，司法警察组织管理，司法警察职务、职级序列与警衔管理，司法警察履职保障等。

本教材的具体写作分工如下：

徐智超：第一章；

唐长国：第二章；

金　川：第三章；

黄素萍、赵　雷：第四章；

崔海梅、柳　捷：第五章；

童付章：第六、七章；

李　科、叶斌华：第八、九章；

韩　艳：第十章。

本教材由黄素萍、唐长国统稿和审定。

本书既可作为高等职业院校司法警务专业教学的专业教材，也可作为在职司法警察教育训练教材，并对司法警察理论和实务研究工作具有一定的参考价值。

本书在编写过程中，作者参考和借鉴了许多专家学者的研究成果，有的列于书后参考文献中，有的疏于呈列，同时作者也征求了各地人民法院司法警察实务部门行业专家的意见，在此一并表示衷心的感谢。

由于作者水平和实践经验有限，书中疏漏乃至谬误之处在所难免，敬请各位专家和同行及广大读者批评指正，以便在今后修订时不断加以完善。

编　者
2021 年 6 月

目录 CONTENTS

第一章 警察制度及其沿革 ▶ 1
　第一节　警察的概念和特征 / 1
　第二节　警察的起源与发展 / 4
　第三节　人民警察的性质与任务 / 10

第二章 司法警察的特征和地位 ▶ 18
　第一节　司法警察制度的建立及发展 / 18
　第二节　司法警察的概念与特征 / 28
　第三节　司法警察的性质与任务 / 31

第三章 司法警察职权 ▶ 39
　第一节　警察权与警察职权 / 39
　第二节　司法警察权与司法警察职权 / 48
　第三节　司法警察职责 / 55
　第四节　司法警察权限 / 62

第四章 司法警察职业素质 ▶ 65
　第一节　司法警察职业素质的概述 / 65
　第二节　司法警察政治素质 / 74
　第三节　人民法院司法警察业务素质 / 84
　第四节　司法警察身心素质 / 90

第五章 司法警察行为规范 ▶ 106
　第一节　司法警察行为的法律规范 / 106
　第二节　司法警察行为的纪律规范 / 109
　第三节　司法警察的执法监督 / 118

第六章　司法警察警务保障制度　▶ 129
　　第一节　审判警务保障制度　/ 129
　　第二节　其他警务保障制度　/ 133

第七章　司法警察日常管理制度　▶ 143
　　第一节　内务制度　/ 143
　　第二节　调用警制度　/ 148
　　第三节　枪械管理制度　/ 150
　　第四节　证件管理制度　/ 155
　　第五节　司法警察警务要情报告制度　/ 156

第八章　司法警察组织管理　▶ 160
　　第一节　司法警察组织管理概述　/ 160
　　第二节　司法警察的录用　/ 168
　　第三节　司法警察的奖惩、考核与晋升　/ 173
　　第四节　司法警察教育训练　/ 185

第九章　司法警察职务、职级序列与警衔管理　▶ 197
　　第一节　司法警察的职务、职级序列　/ 197
　　第二节　司法警察的警衔管理　/ 202

第十章　司法警察履职保障　▶ 211
　　第一节　司法警察履职法律保障　/ 211
　　第二节　司法警察履职物质保障　/ 215
　　第三节　司法警察履职待遇保障　/ 221

参考文献　▶ 229

第一章 警察制度及其沿革

学习目标

通过本章学习,了解警察的历史渊源和发展过程,理解警察的概念、性质和任务,明确我国人民警察的警种、体系和任务。

重点提示

警察的特征　警察的性质　人民警察的警种　人民警察的性质　人民警察的任务

第一节　警察的概念和特征

一、警察的词源

(一) 外国警察词源

古希腊语 politeia 的含义创造了警察的名词。在西方国家,警察一词几乎都是以"poli"开头,如英语的 police、德语的 polizei、西班牙语的 policia、意大利语的 polizia,这些词都有一个共同的渊源,即古希腊语 politeia。据考证,该词最早发源于公元前二百多年,起初表示有秩序而幸福的社会、国家,后来是指国家的一般政务,又演变成政治、城市统治方法及城市管理等,而后统指警察的行为。

法国把古希腊语 politeia 翻译成法语 police。1789 年,法国建立了资产阶级政权,根据制宪会议的决定,实行资产阶级共和国的警察制度,把古希腊语 politeia 翻译成法语 police,其含义是良好秩序,泛指整个国家政策。

英国将英语 police 作为警察专用名词。起初西方各英语国家将 police 一词作为名词使用,词义指城堡、国家或城市。后来,作为动词使用,词义指城市管理、国家行政。英国使用 police 专用词是从 16 世纪末颁布《惩治流浪者和长期乞丐的法令》开始。该法令规定:"本法令由行使警察权力的治安法官来执行。"1829年,英国建立了伦敦警察系统,成为现代专职警察制度的开端,英语police成为警察的专用名词。

18世纪以后,各西方国家效仿伦敦,把警察作为一切国家内务活动的总称,即以全部国家内务活动作为警察工作,并先后建立起专职的警察组织,从此警察成为西方国家政府治安管理的专门机构和专门人员的代名词。

明治维新时期,日本将police翻译成了日文,即"警察"二字。在全国建立了警察机构,行使警察职能,仿效西方国家建立了近代警察制度。

(二) 中国警察词源

在中国,"警"和"察"二字早已出现,在我国古代书籍中均有使用。从字义上说,"警"字上敬下言。敬者,戒也;戒之以言,谓之警;意为有言在先,不得违戒,成为事先戒备的意思。其含义主要有:戒备,如《左传·宣公十二年》中的"军卫不彻,警也";告诫,如《周礼·天官·宰夫》中的"正岁则以法警戒群吏";警报,如《后汉书·窦融传》中的"明烽燧之警"。[1]

古代"察"字是从象形文字演变而来。谓之以手持肉等拜祭品,祭天求示,得神意而明白。反复详审,考察周详,细看明辨谓之察。其含义有:细看、详审,如《论语》中的"察其所安",《孟子·梁惠王上》中的"明足以察秋毫之末"。[2]

"警"和"察"两个字作为一个词连用,在我国也由来已久,但主要是作为动词使用,且与近现代意义上的警察含义并不相同。《汉书》中记载"密令警察不欲宣露也",是指观察、侦察、监视的意思。《太平广记》中记载"大雁居其中,令雁奴围而警察",是指预警、警卫的意思。警则事先警戒预防,察则事后考察制裁。合而言之,即警奸察宄,警戒巡查,亦即警其不虞,察其所为之义。但是这些都不是现代意义上的警察。可以说从古代到近代,中国只有警察之实,而无警察之名。直到清末,受清廷推行新政和传统社会治安治理力量衰退的影响,无论是郑观应、何启、胡礼垣等改良派思想家,还是张之洞、刘坤一等地方大员,均通过不同渠道要求建立警察制度。尤其

---

[1]《辞源》,商务印书馆1980年版,第2921页。
[2]《辞源》,商务印书馆1980年版,第860页。

第一章 警察制度及其沿革

是张之洞、刘坤一，他们联名上奏光绪皇帝，建议仿效日本建立专门的警察制度，声称："日本名为警察，其头目为警察长，而统之以警察部。"[1]至此，"警察"一词才引进中国，成为警察制度的专有名词。

二、警察的概念

警察一词的含义，在不同的历史时期、不同国家是有区别的。在英、法、德等国家，警察最早的含义是"都市统治的方法与都市行政"。14世纪以后，警察的含义又有一些变化，一些国家认为警察是指国家政务的总称，或称内务行政。这一时期正是西方一些国家利用警察权力来实现国家目的的时代，所以有的学者称其为"警察国家时代"。到17世纪初，警察一词的含义逐渐变窄，仅被理解为良好的秩序。到18世纪以后，警察一词专指国家内务行政中的警察行政。

随着社会进步和发展，现代警察的含义又有了显著变化，人们对警察也有了新的认识，主要有以下几类：①广义人员说，即凡是基于维护社会安宁秩序或公共利益之目的，具有依法实施强制手段或限制他人权利的人员都为警察，如工商、财税、交通、卫生、土地建设等机关的工作人员；②狭义人员说，即凡是在组织上、名称上明确称之为警察机关、警察人员，从事治安、侦缉罪犯等专项工作的，才称为警察；③行为说，即认为警察是指维护国家安全和社会秩序的行为或活动；④组织说，即认为警察是维护国家安全与社会秩序的武装组织实体；⑤制度说，即认为警察是维护国家安全与社会秩序的专门制度；⑥组织及人员说，即认为警察是维护国家安全与社会秩序的武装组织实体及其所属人员；⑦综合说，即从不同角度来理解"警察"概念，既可以指"警察机关"或"警察人员"，也可以指维护公共秩序、保护社会安全、预防和惩治违法犯罪行为的"社会作用"，还可以指国家用于维护国家安全与社会秩序的武装的、行政的、刑事的"行为"；⑧法定说，即以本国警察法律规定的警察概念为标准。

上述观点，从不同角度描述了警察的属性或职能，各有侧重、各有所长。现代意义上的警察是指在国家治理体系中，依法运用武装、行政、刑事司法

---

[1] 郑宗楷：《警察法总论》，商务印书馆1938年版，第9页。

等特殊强制手段维护国家安全和社会公共秩序的专门执法机构和人员。

三、警察的特征

从警察的概念看，警察具有以下特征：

（一）国家性

警察是国家暴力机器，警察权是国家权力的一种，是国家实行行政统治与社会管理的一种专门支配力量，这种权力的实施是以国家强制力为后盾的。

（二）法定性

警察职权是法定权力，它由法律设定，依法履行，并且受法律监督。没有法律的确认，警察就失去了行使权力的合法性基础。

（三）强制性

警察在执行法律遇到抵抗时，能够运用物质性、实力性的强制手段。武器、械具以及各种强制性设施等物质技术条件构成了警察行为的实力，使其足以采取各种暴力手段和行政强制手段克服对抗。

（四）内务行政性

世界各国不论其社会制度如何，警察维护秩序，保护国家和人民的财产、生命安全，惩治一切犯罪行为，均可视为一种特殊的内务行政行为。一般各国都把警察力量置于政府的直接管辖之下，属于行政机关序列，而非军事力量。同时，其他行政部门的权力虽然也具有强制性，但没有被赋予警察机关的武装性质。上述两方面的特殊性，使警察区别于单纯的军事力量、行政组织或行为。

第二节　警察的起源与发展

原始社会没有警察。随着私有制的出现，奴隶制度的产生，出现了阶级和阶级矛盾，进而形成了国家。为了维护国家的统治和统治阶级的利益，便产生了警察。可以说警察是国家的产物，警察是阶级统治的产物。

一、警察产生的条件

（一）社会生产力的发展和私有制的出现，是警察产生的经济条件

警察产生的根本原因在于一定的经济关系，同其他上层建筑的产生一样，决定警察产生的主要因素是经济关系，而这种经济关系又是一定生产力的产物。原始社会末期，生产力发展到一定阶段，物质产品越来越丰富，出现了剩余产品，并由此产生了私人占有和商品交换。私有制和商品关系导致利益差别的扩大与对立，财产所有权成为压倒一切的决定因素，财产纠纷随之大量出现，这种经济关系决定了人们的利益保护意识，原始社会那种平等解决纠纷的办法和长期形成的规范都失去了作用。为了保护私有财产制，稳定商品交换的关系，必须要有一种强制性、约束性的权威力量来发挥作用，这种力量便是警察，警察的出现就成为历史发展的必然。

（二）阶级矛盾和统治阶级内部矛盾的不可调和，是警察产生的阶级条件

当人类由原始社会步入奴隶社会以后，便出现了阶级，奴隶主阶级对奴隶残酷的剥夺与奴隶阶级激烈的反抗，形成了尖锐的对立，即阶级矛盾。矛盾的升华便开始了阶级之间的斗争。统治阶级没有一支镇压奴隶起义、追捕逃奴、强制奴隶劳动的武装力量，就将危及其统治地位和统治利益。同时在统治阶级内部也存在着种种不可调和的矛盾。为巩固统治秩序，镇压被统治阶级的反抗，警察便应运而生了。从它诞生之日起，警察就作为专门的武装力量，直接为统治阶级服务，成为统治阶级镇压反对势力最具威慑的力量。

（三）维护统治秩序与惩罚犯罪的需要，是警察产生的社会条件

统治阶级为维护自己的统治，需要按照自己的意愿来调整社会秩序，一切动摇、危害统治阶级社会秩序的行为，都被视为犯罪行为。要制止犯罪行为，就必须依靠暴力、行政强制力来镇压和惩处犯罪行为，这种社会需求便是警察产生的社会条件。"罪犯生产全体警察和全部刑事司法、侦探、法官、刽子手、陪审官等，而在所有这些社会职业中，每一种职业都是社会分工中的一定部门。这些不同职业发展着不同的人类精神能力，创造新的需要和满足新需要的新方式。"[1]

---

[1] 中共中央马克思恩格斯列宁斯大林著作编译局编译：《马克思恩格斯全集》第26卷，人民出版社2014年版，第415页。

(四)国家机器的形成,是警察产生的政治条件

国家机器的运行,保证了统治阶级对被统治阶级的统治,从而保证了统治阶级的利益。当被统治阶级对统治阶级的不满达到一定程度,阶级间矛盾激化而发生反抗时,统治阶级所掌握的国家机器就会对反抗者进行镇压。国家机器包括立法、行政、司法、军队、警察、监狱、法庭等以及全部中央和地方国家机关。其中,警察是最基础、最重要、最常用、最强有力的组织。

二、西方国家警察制度的产生与发展

在西方国家警察这一概念主要指美国、英国、法国和其他欧美国家的警察。西方国家警察发展史可以简要分为古代警察和近现代警察两个阶段。从警察萌芽到1829年伦敦大都市警察系统的建立,这一时期的警察称为古代警察,此后的称为近现代警察。

(一)西方国家古代警察

西方国家的古代警察以古希腊、古罗马和古不列颠为代表。古希腊有被恩格斯称为"警察"的宪兵队。古罗马的警察起源于公元前27年,罗马皇帝奥古斯都建立的用以保卫罗马和意大利的警察队近卫军。公元6年,古罗马又建立了夜警队,共3500人,负责打击犯罪与消防工作。后来,罗马皇帝传令创建了刑事侦察局,在各省普遍设立专职的刑事侦查力量。到公元3世纪,罗马夜警队达到全盛时期,同时建立了正规的巡警与遍布全国的警察分支网络。古罗马的警察带有中央集权和军事色彩,为后来的欧洲大陆警察模式奠定了基础。与罗马警察制度相反,古不列颠地区以自治的警务风格著称于世。在诺曼人入侵不列颠之前,不列颠建立了太兴保甲制,设太兴官、百夫长与千户负责治安,每个地区形成统一的治安保卫网络,一旦发现罪犯,由太兴官吹起号角,全社区居民高呼口号,投入捕捉盗贼的行列。到古不列颠的盎格鲁—撒克逊时期(500年~1066年),太兴保甲制及擂鼓鸣金捕盗制得到了充分的发展及贯彻。至公元11世纪,古不列颠建立了公安员制,公安员不发工资,也不是专职工作,是一种兼职警察,具体工作是向村民法庭报告每个居民的行为,捕捉人犯,承担擂鼓鸣金捕盗制的吹号角的任务。1285年,英格兰规定,城市选用夜巡人。英国资产阶级革命爆发之后,1663年,伦敦开始雇佣更夫,担任夜间巡逻。1665年,英王查理建立夜巡队这一警察组织。

(二) 西方国家近现代警察

西方国家近代警察可以分为两大主要类型：一类以法国、德国等为代表，因其地处欧洲大陆，又都是大陆法的继承者，其警察制度被称作大陆型警察制度，其最突出特点是警察由中央政府统一领导；另一类以英国、美国等为代表，因其地处海洋环抱中，又都沿袭了海洋法（普通法），故其警察制度被称作海洋型警察制度，其最突出特点是警察受地方政府领导，中央政府只起到监督作用。法国于1789年根据制宪会议的决定，在地方设置了保安官，把警察与军队、审判机关区别开来。1790年，依法设置了地方自治团体的市政警察，在巴黎市区按分区成立了8个警察分局。1793年，雅各宾专政的第一共和国设置了公安委员会。1796年，热月党组成的督政府颁布法律，对警察的职权作出规定：警察必须以维护公共秩序、个人的自由权利与安全为目的，并从组织上开始提出行政警察和司法警察两种基本形式，赋予警察执行警告、预防、取缔、驱散、镇压、罚款、行政拘留、提起公诉的权力。1800年，拿破仑执政时期，在巴黎创建了巴黎警察厅，这是近代第一个专设的警察机构。1801年，在中央设置警察总局，在全国各市、县建立起了专门的警察机关，形成了全国统一的警察体系。英国近代警察的萌芽，是从16世纪末颁布的《惩治流浪者和乞丐的法令》开始的。该法令使治安法官从军事组织中分立出来，享有一定独立执法的权力，主要是警察权。因此，英国的治安法官被认为是近代警察的雏形。在此基础上，为适应资本主义经济发展的需要，英国逐步向近代专职警察制度转变，业务范围逐步扩大，组织体系不断完备。1829年9月29日，英国国会制定了世界上第一部警察法——《大伦敦警察法案》，建立了伦敦警察系统，诞生了专职警察并建立了正规的警察部队，赋予和确定了警察的行政职能和刑事职能。此后，历经数次警务革命，警察逐步走向现代化。

世界第四次警务革命

三、我国警察制度的产生与发展

（一）古代警察

中国古代类似警察的制度，是随着第一个奴隶制国家夏朝的建立而产生。在尧舜时代，议事会中的"司徒""进士"都是从事治安管理的官员。随着奴隶制社会的成熟，夏朝不仅产生了法，建立了专职军队，还设立了监狱和从事警察职能的人员。《左传·昭公六年》记载"夏有乱政，而作禹刑"，《史记·夏本纪》书中记载"召汤囚之夏台"，这都说明了当时已经产生了监狱、法律和维持统治秩序的警察。进入封建社会以后，随着国家机器的进一步发展，执行警察职能的机构和官吏，不仅数量有了增加，组织机构更为健全，分工也越来越具体明确。西周及春秋战国时代，警察职能机构细分为司徒—民事管理，司马—治安管理，司寇—狱政管理，司煊氏—消防管理，野卢氏—交通管理，司门—边防警戒，等等。到了秦汉时期，行使警察职能的官吏和人员增多，机构设置日趋完善并形成体系，有保卫皇帝及其家族的机构，有京师的治安保卫机构，有地方治安管理机构。到了明代，还出现了五城兵马司和秘密警察组织厂卫。

（二）清末时期警察

清朝是中国历史上最后一个封建王朝，其建立了封建社会史上最完善和最庞大的警卫和治安机构，来维持日益衰落的统治。1840年鸦片战争以后，帝国主义列强通过不平等条约先后在中国沿海口岸建立租界，将其国家政治、经济制度带到租界地来，各自在租界地设立了安民所，行使警察职能，进而使西方近代警察制度得以直接施行于中国领土的特定领域。清政府变法革新时，张之洞等大臣建议仿效日本建立专门的警察制度，引入了日本警察的称谓，字形和发音都完全一样，至此，警察作为国家制度的一个专有名词出现在中国。1901年，八国联军退出北京，侵略军设立的"安民公所"自然解体以后，清政府设立了集警备、司法、治安三位一体的"善后协巡总局"，作为维持京师治安、执行警察职能的机构。清政府于1902年创设了京师警务学堂，同年又将"协巡总局"裁撤，正式设立"工巡总局"，执行京师城内的警察事务及部分市政、司法职能，可以视为清末京师警政的发端。1905年，清政府正式在北京建立了巡警部，分警政、警法、警保、警学、警务五司，是中国第一个全国性专职警察机构。1907年，清政府要求各省设立巡警道，在全国大力推广警察制度，此后逐渐完成全国的警察制度建设。

（三）民国时期警察

中国现代警察制度是在外国警察制度的影响和中国封建社会警察组织的基础上形成的。1911年辛亥革命胜利后，南京临时政府设立了内务部警政司，统辖全国警察工作。后来，北洋政府沿革和发展了清末的警察机构，发布了大量的警察法律，如《京师警察厅官制》《地方警察厅官制》《县警察厅官制》等，经过几年的调整充实，现代警察体制逐步形成，开始组建各种专业警察队伍。1927年，蒋介石发动"4·12"反革命政变后，为适应镇压人民革命运动的需要，对原来的警察组织进行了改组和扩充，将巡警改称为警察，在民国政府内设立了内务部，下设警政司，统管全国的警察组织。后又将警政司改为警察总署，在首都设立了警察厅，各省设民政厅和警务处，市县设警察局，基层设派出所。随着警察的种类增多，司法警察、铁路警察、森林警察、税务警察等应运而生。这一时期完善了从中央到地方的警察网，完善了警察内部的管理体制，制定了大量的法律法规，将警察的任用、待遇、考绩、奖惩乃至被装、教育等逐渐纳入法律化、制度化的轨道。

（四）革命根据地时期警察

为适应残酷的斗争形势，1927年蒋介石发动"4·12"反革命政变后，中国共产党成立了中央特别委员会，内设中央特科，由周恩来负责，负责保卫党中央的安全，为后来的公安保卫工作积累和提供了很多宝贵经验。在第二次国内革命战争时期，南昌起义的革命委员会设立了政治保卫处，并在南昌市设立了公安局。各根据地设立了肃反委员会，这就是警察组织的前身。中华苏维埃共和国成立后，中央工农民主政府制定了《中华苏维埃共和国国家政治保卫局组织纲要》，各地苏区相继成立了政治保卫局和民警局，行使公安保卫机关的职权。抗日战争时期，党中央于1938年在陕甘宁边区建立了第一支人民警察队伍——延安市警察队，全称陕甘宁边区人民警察，这是人民警察史上最早建立的一支比较正规的警察队伍。

（五）中华人民共和国警察

中华人民共和国成立以后，国务院设立了公安部，地方设立了公安厅、公安局、派出所，基本形成了一个完整的公安工作体系。十一届三中全会以来，我国的人民警察制度建设又有了一些新的发展。1979年第五届全国人大第二次会议通过《中华人民共和国人民法院组织法》（以下简称《法院组织法》）和《中华人民共和国人民检察院组织法》（以下简称《检察院组织法》），明确在各级人民法院、各级人民检察院设立司法警察。第六届全国人大第一次会议上，国务院设立了国家安全部，将原由公安机关管辖的间谍、特务案件侦查及工作机构划归国家安全部。1983年7月1日起，中共中央根据形势发展的需要，把原属公安机关的劳改、劳教工作机构划归司法部。到目前，我国已形成包括公安机关人民警察、国家安全机关人民警察、司法行政机关人民警察、人民法院和人民检察院司法警察在内的完整的人民警察体系。

香港警察是如何高效维护香港安全的

第三节 人民警察的性质与任务

一、人民警察的概念

根据《中华人民共和国人民警察法》（以下简称《人民警察法》）第2条的规定，我们可以将人民警察的概念界定为为了"维护国家安全，维护社会治安秩序，保护公民的人身安全、人身自由和合法财产，保护公共财产，预防、制止和惩治违法犯罪活动"的组织机构及其工作人员。人民警察包括公安机关、国家安全机关、监狱、劳动教养管理机关的人民警察和人民法院、人民检察院的司法警察。

在我国，人民警察全部实行警衔制度，是否授予警衔是判明是否具备警察身份的重要标志。根据《中华人民共和国人民警察警衔条例》（以下简称《警衔条例》）的规定，公安机关、国家安全机关、司法行政机关、人民法院、人民检察院中不担任人民警察职务的，不实行警衔制度。

二、人民警察的警种

警种是依据隶属关系、职责分工、工作特征等对人民警察作出的类别划分，共同组成国家完整的人民警察体系。1995年颁布的《人民警察法》将中华人民共和国成立后实际形成和相关法律法规明确的人民警察队伍进行规范化、法治化，根据所属的不同机关和履行的不同职责，将我国人民警察分为四大警种：

（一）公安机关人民警察

公安机关是人民政府的重要组成部分，是国家的行政机关，依法管理社会治安，行使国家的公安行政权，同时公安机关又依法侦查刑事案件，行使国家的刑事侦查权。根据《公安机关组织管理条例》的规定，国务院下设公安部，主管全国的公安工作，是全国公安工作的领导、指挥机关。县级以上人民政府公安机关依照法律、行政法规规定的权限和程序设置。设区的市公安局根据工作需要设置公安分局。市、县、自治县公安局根据工作需要设置公安派出所。县级以上地方人民政府公安机关和公安分局内设机构分为综合管理机构和执法勤务机构。执法勤务机构实行队建制，称为总队、支队、大队、中队。公安机关主要内设有刑事侦查、治安管理、经济犯罪侦查、出入境管理、网络安全监察、监所管理、交通管理、法制、禁毒、科技信息通信等部门。

根据实际需要和行业特性，国家成立了五个行业公安机关，在中央国家机关层面即交通运输部、国家民航局、国家林业和草原局、国家铁路总公司的公安局和海关总署缉私局。五个行业公安局列入公安部序列，接受主管部门和公安部双重领导。

2018年3月，根据中共中央《深化党和国家机构改革方案》，原列编为现役部队、由公安机关领导管理的边防、消防、警卫三支武装警察部队，全部退出现役。其中，边防、警卫部队编制全部转为公安机关人民警察；消防部队全部转为行政编制，成建制划归应急管理部。

（二）国家安全机关人民警察

国务院下设国家安全部，是主管国家安全的组成部门，是国家的反间谍机关和政治保卫机关。地方省级政府设国家安全厅（局），由国家安全部与当地省级党委、人民政府双重领导，实际工作中以国家安全部的领导、管理为主。市、县两级国家安全机关由省级国家安全厅（局）垂直领导、管理。在县级行政区域，沿海、沿边设县级国家安全局，或者设市国家安全局驻县工作站。

（三）司法行政机关人民警察

司法部设监狱管理局，是司法部的职能机构，负责全国监狱管理工作。省级司法厅（局）内设监狱管理局，负责本辖区监狱管理工作。各省、自治区、直辖市以及部分较大的市或少量设区的市根据实际需要依法设立监狱（含未成年犯管教所），由省级监狱管理局直接管理。

1995年的《人民警察法》规定有劳动教养管理机关人民警察，随着2014年3月我国正式废止劳动教养制度，劳动教养管理机关大多数转型为强制隔离戒毒机关，原劳教人民警察目前转型为强制隔离戒毒系统警察。

（四）人民法院、人民检察院司法警察

根据《人民法院司法警察条例》（以下简称《司法警察条例》）的规定，司法警察部门是人民法院的内设机构之一。司法警察[1]的编制、建制，由最高人民法院规定。最高人民法院设立司法警察局（现为政治部司法警察管理局），高级人民法院设立司法警察总队，中级人民法院设立司法警察支队，基层人民法院设立司法警察大队。司法警察实行"编队管理、双重领导"的组织管理体制，即省级以下机构采取队建制统一管理，人民法院司法警察受所在人民法院院长和上级人民法院司法警察部门的领导，接受所在人民法院司法警察部门的管理。

根据《人民检察院司法警察条例》，人民检察院司法警察部门是人民检察院的内设机构之一。人民检察院司法警察编制、建制，由最高人民检察院规定。最高人民检察院设立司法警察局（现为政治部警务部），省、自治区、直辖市人民检察院设司法警察总队，省、自治区、直辖市人民检察院分院和自治州、省辖市人民检察院设司法警察支队，县、市、自治县和市辖区人民检察院设司法警察大队。人民检察院司法警察实行"编队管理"的体制，即省以下机构采取队建制统一管理。最高人民检察院领导地方各级人民检察院和

---

[1] 以下内容中，如果没有特别说明，文中"司法警察"仅指人民法院的司法警察。

专门人民检察院司法警察工作，上级人民检察院领导下级人民检察院司法警察工作。

三、人民警察的性质与任务

（一）人民警察的性质

人民警察的性质是指人民警察本身所具有的本质特征，它是确定人民警察职责、任务、权力、义务等方面的依据。我国人民警察的性质同样从属于中华人民共和国的国家属性。根据《中华人民共和国宪法》（以下简称《宪法》）的规定，中华人民共和国是工人阶级领导的，以工农联盟为基础的人民民主专政的社会主义国家。同时，《人民警察法》通过对人民警察的任务、职权、纪律和义务等方面的规定，来体现自身属性。

1. 人民警察是实现人民民主专政职能的重要工具。这是我国人民警察的根本属性，是各警种存在和履行职能的基本依据。掌握这一性质的关键在于坚持对人民实行民主和对敌人实行专政的辩证统一。一方面，我国人民警察机构作为人民民主专政的重要工具和政权机构，在调整有关国家安全和社会治安秩序的社会关系时，就要遵照工人阶级为领导的广大人民的意志，充分发挥对人民实行民主的政治功能，文明执法、热情服务；另一方面，要坚决服从党的领导，全面落实总体国家安全观，坚持人民安全、政治安全、国家利益至上的有机统一，始终把国家政治安全放在首位，做好维护国家政权稳定的"刀把子"，坚决发挥对各种渗透颠覆破坏、宗教极端、民族分裂、暴力恐怖势力进行专政的政治功能。

2. 人民警察是多重属性的国家执法力量。人民警察依法维护社会公共秩序和财产安全，提供社会管理服务，体现了人民警察的行政执法属性；人民警察依法开展刑事侦查，采取刑事强制措施，执行刑罚，打击犯罪行为，体现了人民警察的刑事执法属性；人民警察实行警务化管理，依法使用武器和警械，依法采取各种强制性手段和装备制止违法犯罪行为，体现了人民警察的武装执法属性。

（二）人民警察的任务

人民警察的任务是指依法确定的人民警察在其职能管辖范围内所承担的工作内容和必须达到的目标要求。《人民警察法》第 2 条规定，人民警察的任务是维护国家安全，维护社会治安秩序，保护公民的人身安全、人身自由和合法财产，保护公共财产，预防、制止和惩治违法犯罪活动。

随着国内外形势的发展，人民警察的任务在新的时期又会根据党和国家的需要，赋予新的内涵。2020年8月26日，习近平总书记在向中国人民警察队伍授旗并致训词时强调，我国人民警察是国家重要的治安行政和刑事司法力量，主要任务是维护国家安全，维护社会治安秩序，保护公民人身安全、人身自由、合法财产，保护公共财产，预防、制止、惩治违法犯罪。新的历史条件下，我国人民警察要对党忠诚、服务人民、执法公正、纪律严明，全心全意为增强人民群众获得感、幸福感、安全感而努力工作，坚决完成党和人民赋予的使命任务。当前人民警察的主要任务是：

1. 维护国家政治安全。这是作为人民民主专政工具的人民警察的首要任务。尤其是在当今"三股势力"渗透破坏行为有所抬头的形势下，人民警察必须加大反恐怖、反暴力、反分裂的斗争力度，高度重视防范和打击国内外、境内外敌对势力和敌对分子的渗透颠覆活动，运用法律武器和多种专门手段，积极防范、制止危害国家安全的行为，坚决维护以政权安全、制度安全为核心的国家政治安全，确保国家统一和社会大局稳定。

2. 维护社会秩序，保护人民群众生命和财产安全。这是所有现代警察的基本任务。维护好社会秩序，保障人民安居乐业，是关系人民群众生命财产安全和改革、发展、稳定的大事。在当今时期，依法维护社会秩序集中表现在人民警察发挥社会管理职能上。这种职能具有广泛的社会性，包括大量的社会生活秩序方面的管理、服务工作，如户籍、交通、消防、防污染、救死扶伤等方面的任务。

3. 预防、制止和惩治违法犯罪活动。这是人民警察的重要任务，也是人民警察体现刑事司法属性的主要表现。尤其是惩治违法犯罪活动，是国家赋予人民警察所特有的职能，是其他单位或人员无法代替，也无法行使的，具有单一性。正确理解这项任务的关键在于正确处理预防、制止和惩治之间的关系，三者是人民警察同违法犯罪活动作斗争的不同手段，同等重要，不可偏废。

以上是我国人民警察的总任务，在实际工作中，不同警种的人民警察分别承担着不同的具体任务。

思考题

1. 什么是警察？它有哪些主要特征？
2. 警察是如何产生的？
3. 简述西方国家近现代的警察制度。
4. 简述我国警察制度的演变与发展。
5. 什么是人民警察？人民警察的警种有哪些？
6. 如何理解人民警察的性质？
7. 人民警察的任务有哪些？

青岛一男子持枪劫持4车拒捕被击毙[1]

2014年12月7日上午9时，青岛城阳区一男子辛某持枪并采取威胁等暴力手段，先后劫持不同车辆疯狂逃窜，期间还多次与车辆发生撞击。警方出动3辆警车紧急围堵，将其逼停。辛某与民警对峙过程中持枪拒捕，并欲上前强行夺枪，在反复劝阻无效的情况下，民警果断处置，开枪将其击伤，成功制服，警方在整个处置过程未伤及群众。后辛某经医院抢救无效死亡。

连劫4车 疯狂逃窜撞击车辆

12月6号早晨，辛某持枪窜至同村魏某家中，用枪指着其头部，以威胁的手段逼其拿出车钥匙，并抢走一辆奥德赛商务车驾车逃窜。行驶过程中，在村中撞上一辆黄色面包车，后继续逃逸。在该村南北街，辛某驾车逼停一辆天籁轿车，用枪威胁司机下车，又驾驶天籁轿车沿王沙路向北逃窜，后向西拐入正阳路。行驶至正阳路与牟家村西路口时，又撞上一辆猎豹轿车。

9时30分许，辛某驾车在正阳路一宾馆西侧红绿灯处，将一辆黑色路虎越野车逼停，下车后持枪顶住司机头部，将其车辆劫走继续开车逃逸。

---

〔1〕来源：北京晚报—中国青年网，载 https://news.youth.cn/jsxw/201412/t20141207_6186689.htm，访问时间：2020年12月3日。

行驶至正阳路与泰城路路口时,撞上一女士驾驶的黑色奔驰越野车。越野车向后倒车,辛某驾车跑到前方将车别住。下车后,辛某再次用枪顶着女司机头部逼其下车,遭到拒绝后,辛某对其拳打脚踢,女司机死死把住方向盘。

辛某试图劫持奔驰女司机未果,这时,一辆出租车恰好驶来,辛某拦车后,用枪顶在出租司机右侧胸口处,让其上路虎越野后座,后出租车司机趁其不备逃离。在不到半个小时的时间内,辛某先后劫持不同车辆疯狂逃窜,期间还多次与车辆发生撞击。

果断处置嫌犯拒捕被击毙

据参与现场处置的李警官回忆,在到达现场前,他们就得到指挥中心指令,嫌疑人持有枪支并多次劫持车辆,人身危险性很大,所以他们在去往现场途中,就穿戴好了防弹衣、防弹头盔等防护装备。

到达现场后,特警发现一辆黑色路虎车停在路上,车门开着,驾驶室没人,在对车辆搜索检查中,发现坐在车后排的犯罪嫌疑人,嫌疑人情绪激动,持枪向民警大喊大叫,后又持枪从车内冲出,扑向包抄过来的民警。

"我当时是和一名持盾牌的民警一起从车头的左前方包抄过去的。"参与现场处置的郭警官回忆。

"警察,把枪放下,不许动!"现场特警反复发出警告,但犯罪嫌疑人置之不理,还拿枪指着民警。

这时,从嫌疑人左后方包抄的李警官向嫌疑人喊话,吸引了嫌疑人的注意力,嫌疑人不断向其逼近,"我向后退了三四步,嫌疑人用右手拿枪指着我,还试图用左手夺我手中的步枪"。李警官一面抽回枪,另一面借势后退,保持安全距离。这时嫌疑人做出了开枪的动作,站在一侧的郭警官果断扣动手枪扳机,连开两枪,将其击倒。

犯罪嫌疑人倒地后,再次端起枪试图射击。"我当时开了4枪",已卧倒在地的李警官扣动了步枪扳机。此时,男子仍试图最后挣扎,现场特警持防暴盾牌冲上前去,踢开嫌疑人的枪,将其制服。

经查,犯罪嫌疑人辛某33岁,有吸毒史,且有多次犯罪前科:2010年,因非法拘禁,被拘役5个月,同年9月刑满释放;2013年,因容留他人吸食毒品被抓获,后取保候审;2011年,因非法持有枪支被判1年4个月。

警方收缴辛某的枪支是一支老式的射钉枪，使用火药推动发射钢钉，可射透混凝土，杀伤力巨大，外形酷似手枪，现在这种射钉枪已被禁止生产销售。

问题：结合所给素材，如何理解人民警察的性质与任务。

第二章 司法警察的特征和地位

学习目标

通过本章学习，了解我国司法警察的产生与发展过程，熟知司法警察的性质、任务和法律地位，增强对司法警察职业的认同感。

重点提示

司法制度的内涵　司法警察的特征　司法警察的性质　司法警察的任务

第一节　司法警察制度的建立及发展

一、司法制度的内涵

（一）司法的含义

司法是一个人们非常熟悉并广泛使用的概念，但在理解上有很大的分歧，因而又是一个含义都很不确定的概念。中国古代并无"司法"这一概念，司法一词是我国清朝末年从西方引进的。资产阶级启蒙思想家孟德斯鸠第一次论述了"司法"问题。[1]

"司法"是历史的产物，是一种社会现象。人类社会有了法便有了司法。我国远在奴隶社会便有"听讼断狱"的"司寇"官职之设；到封建社会的唐朝地方官吏中在州设"法曹参军"，又称"司法参军"，县设"司法佐"。但这里的"司法"跟现代司法的概念是不同的。司法是适用法律的国家活动，其含义随着国家的社会制度、历史背景、文化传统和经济发展程度的不同而存在着差异。一般认为司法概念至少包括以下三个要素：一是它以社会关系

---

〔1〕参见孟德斯鸠：《论法的精神》（上），商务印书馆1982年版，第154页。

上的纠纷为对象，即司法是解决纷争的；二是由第三者出面解决纠纷，该第三人以居中人身份出现，且往往是代表官方；三是解决纠纷的依据是法律，通常是以法律条文、判例及习惯为解决争议的是非标准。

在实行三权分立的国家，司法是与立法、行政相对应的一项国家活动，即国家使用法律解决纠纷的活动。在这些国家，所谓司法就是审判，相应地，司法权就是审判权，司法机关也就仅指法院。至于检察权，则是作为行政权的一部分，因而检察机关隶属于政府行政系统。如在美国，检察机关和司法行政机关合二为一，联邦总检察长即为司法部长；在法国和德国，其检察机关虽然附设于法院，但受政府司法行政机关的领导和指挥；在日本，其检察机关虽独立设置，但仍受法务大臣的一般领导。

在苏联、东欧等社会主义国家，司法不仅包括审判，而且包括检察，司法机关由审判机关和检察机关共同组成。苏联、东欧各国的监察机关是国家法律监督机关，其检察权不仅包括对案件的侦察权、起诉权，而且包括广泛的法律监督权，即检察机关对所有国家机关、公务人员、企事业单位、社会团体和公民个人是否执行和遵守法律实行监督，且实行集中统一的垂直领导，不受地方国家机关干涉。

中华人民共和国成立后，我国在政治体制上借鉴苏联的经验，实行人民代表大会制度，不搞"三权分立"。在我国，人民代表大会是国家权力机关，各级行政机关、审判机关和检察机关都由同级人民代表大会产生，对它负责，受它监督。根据宪法、人民法院组织法和人民检察院组织法的规定，人民法院是国家审判机关，行使审判权；人民检察院是国家法律监督机关，行使检察权。在中华人民共和国成立后的很长时间里，法学界一直认为，司法是代表国家对危害统治秩序的行为进行追究，以强制力将国家意志付诸实施的活动。从而使得司法的外延不仅包含审判、检察，还包括侦查、刑罚执行、律师辩护等活动。

根据我国现行司法体制及相关法律的规定，我国的司法就是指人民法院和人民检察院依照法定的职权与程序适用法律处理诉讼案件的专门活动，具体包括人民法院对刑事案件、民事案件、行政案件的审判执行活动以及人民检察院在刑事案件、民事案件、刑侦案件中的检察活动。此外，仲裁机构是国家设定的裁决经济、贸易及财产纠纷的机构，其活动具有一定的司法性或准司法性质，亦应列入司法范围。

（二）司法制度的界定

司法制度伴随着奴隶制国家的产生而产生，并伴随着经济基础的发展而发展。最初的奴隶制国家机器主要是军事官僚机构，国家职能逐步分工，"国家惩办即国家审判加强了国家权力，同犯罪行为作斗争成为国家的主要职能之一"。私人不再拥有擅自复仇的权利。国家把杀人定为犯罪行为，须受国法制裁。由于犯罪和纠纷日益增多，为强化国家机器，国家才设立了专门的审判机关，使审判权逐渐从行政权中分离出来。此时的司法制度主要是审判制度。不论东方或西方的封建制国家，在设置了专门的审判机关之后，某些行政机关和行政长官仍兼理审判工作，即专职的司法机关与兼职的司法机关并存。西方资产阶级民主革命在司法制度上发起了翻天覆地的变革，国家权力分为立法权、司法权和行政权，资本主义国家普遍采取三权分立的政治体制，并建立了一整套司法民主原则和制度，在人类法制史上揭开了崭新的篇章。随着社会经济和民主政治的发展，国家职能分工越来越细，不仅司法权和行政权分立，而且司法权的内容除传统的审判权（判断权）外，还涉及检察权，形成了审判制度和检察制度。同时，随着市场经济的发展，国际经济贸易和科技文化交流的日益频繁，促进了律师、公证、仲裁等制度的建立和发展，从而大大拓宽了司法制度的领域。现代国家都有审判、检察、侦查、监狱、律师、调解、仲裁、公证等制度。由于各国的社会制度、意识形态、文化传统、历史背景和经济发展水平等方面的差异，各国的司法制度也不尽相同，如在司法机构的设置上或分或合，职权上有大有小，隶属关系不完全相同，等等。

总之，司法制度是解决纠纷的机制。狭义的司法制度仅指审判制度即法院制度；而广义的司法制度包括法院制度和检察制度以及侦查制度、监狱制度、律师制度、调解制度、仲裁制度、公证制度等。就广义的概念而言，司法制度是指国家司法机关和法律授权的社会组织适用法律处理诉讼案件和非讼案件的制度，它是关于国家司法机关和法律授权的社会组织的性质、任务、组织体系、权利义务、活动原则以及工作制度等方面规范的总称。在我国，狭义的司法制度是指审判制度和检察制度。但一国仅有审判制度和检察制度，显然不足以保证司法机关充分、及时、有效地行使审判权或检察权，亦不能保证司法职能的切实实现。为此，各国在设立审判制度或检察制度的同时，又建立起一系列司法辅助制度，以对司法权的行使起到辅助、促进或保障作用。因此对司法制度一般从广义上来解释，而不应限于狭义的范围。尽管各国司法体制有所不同，但每个国家的司法制度始终都以审判制度为中心，建立并形成了一整套严密的司法制度体系，在惩治犯罪、裁决争议、化解和预防纷争，调整社会关系，维护社会秩序等方面发挥了积极作用。

司法警察的产生是与司法制度的建立与发展密切相关的。在我国，司法有广义和狭义之分，广义的司法是指国家司法机关及司法组织在办理诉讼案件和非讼案件过程中的执法活动。狭义的司法指国家司法机关在办理诉讼案件中的执法活动。

司法制度是解决纠纷的机制，是国家体系中司法机关或组织的性质、任务、组织体系、组织与活动的原则以及工作制度等方面规范的总称。

什么是司法制度，我国《宪法》并未明文界定。学界对司法制度的界定主要有四种观点：

1. 政法意义上的司法制度。该种观点把所有与政法工作有关的部门活动和工作机制都统称为司法制度，其包含的范围最为广泛。

2. 审判意义上的司法制度。即司法制度就是法院运用审判权解决纠纷的制度。

3. 诉讼意义上的司法制度。该种观点认为司法制度不单是法院的纠纷解决机制，特别是在刑事诉讼中，它涉及公安机关、检察院、法院以及作为司法行政部门的政府机构、监狱等国家各专门机关，其职能也包括了从侦查到起诉、审判、执行、监督、管理等各环节的内容。

4. 检审并列意义上的司法制度。该种观点认为司法制度就是国家司法机关所进行的活动和工作机制，而国家司法机关通常又被认为是包括法院和检察院。所以，司法制度包括法院的审判制度和检察院的检察制度。

（三）我国司法制度的界定

在我国，对"司法机关"范围的确定一向有不同看法。是否准确界定司法机关的范围，对进一步理解我国司法的内涵及司法制度有较密切的关联。在中华人民共和国成立后的很长时间里，法学界一直认为，司法"是代表国家对危害统治秩序的行为进行追究，以强制力将国家意志付诸实施的活动"。

"司法权作为不可分割的国家权力的一部分,必须统一掌握在国家权力机关手中。当然,这并不是说国家机关不要分工,恰恰相反,为了有效地维护统治秩序,国家机关之间必须进行细致的、合理的分工,司法活动作为国家的一项重要活动,也要由诸多国家机关分头进行,有的机关负责侦查,有的机关负责检察,有的机关负责审判,有的机关负责执行,但是无论分工如何,它们都有一个共同的本质特征,即代表国家对危害统治秩序的行为作出否定评价,以强制力维持无产阶级的政治统治,而这正是司法活动的根本内容,因此,不管是侦查机关、检察机关,还是审判机关和司法行政机关,都属于司法机关的范畴。"[1]相同或相类似的观点在相当长时期内一直被学界和实务界人士普遍赞同。前几年,在司法体制改革及司法权性质的探讨中,有学者提出,"司法权就是判断权",[2]西方政治学和法学理论中的司法权在我国宪法里应该就是被称为"审判权"的那种权力,西方国家机构设置中的司法机关在我国应该就是审判机关。[3]因而,从司法权的本质来看,司法机关应该仅指审判机关,即法院。

中华人民共和国成立后,我国在政治体制上借鉴苏联的经验,实行人民代表大会制度。人民代表大会是国家权力机关,各级行政机关、审判机关和检察机关都由同级人民代表大会产生,对它负责,受它监督。根据宪法、人民法院组织法和人民检察院组织法的规定,人民法院是国家审判机关,行使审判权;人民检察院是国家法律监督机关,行使检察权,它们共同构成我国的司法机关。公安机关、国家安全机关、司法行政机关是各级人民政府的工作部门,依法行使相应的行政职权,属于行政系统,不具有司法的性质和地位;我国的司法机关仅指人民法院和人民检察院。

1997年9月党的十五大报告中明确指出,"推进司法改革,从制度上保证司法机关依法独立公正地行使审判权和检察权"。因此,从我国国家政治权力结构及相关法律规定来看,我国的司法机关是指人民法院和人民检察院。

根据中国现行法律和工作实际,可以根据语境的不同,对司法制度作广

---

[1] 吴磊主编:《中国司法制度》,中国人民大学出版社1988年版,第43页。

[2] 孙笑侠:"司法权的性质是判断权司法权与行政权的十大区别",载《法学》1998年第8期。

[3] 参见金川:《法院执行研究》,吉林人民出版社2003年版,第11页。

义和狭义的区分。

1. 广义的司法制度。可以从国家为解决社会纠纷的实际需要出发，围绕审判制度和检察制度建立的一整套司法辅助制度考量，这些制度包括侦查制度、监狱制度、律师制度、调解制度、仲裁制度、公证制度、法律援助制度等，这些制度与审判和检察制度相辅相成，构成完备的社会主义司法制度体系。与此对应，律师组织、仲裁组织、公证机构、调解组织、司法鉴定机构、法律援助机构等组织或机构虽然不属于国家司法机关，但它们围绕着司法机关开展工作，它们也是司法系统运转中必不可少的部分，因而不可避免地要参与到司法活动中来。因此，有人认为这些组织和机构也是司法活动的主体。

2. 狭义的司法制度。可以从我国《宪法》关于国家机构的规定进行考量。根据2018年3月修正的《宪法》第三章第八节的有关规定和精神，人民法院是国家的审判机关，人民检察机关是国家的法律监督机关，分别依法独立行使审判权和检察权。因此，我国宪法意义上的司法制度即指审判制度和检察制度。

（四）我国的司法机关

从狭义的司法制度视角而言，我国的司法机关主要包括人民法院和人民检察院。

1. 人民法院。目前，我国人民法院包括最高人民法院、地方各级人民法院和专门人民法院。地方各级人民法院分为高级人民法院、中级人民法院和基层人民法院。人民法院一般由法官、法官助理、书记员、司法警察、司法技术人员、司法行政人员等组成，其主要任务是：通过审判刑事案件、民事案件、行政案件以及法律规定的其他案件，惩罚犯罪，保障无罪的人不受刑事追究，解决民事、行政纠纷，保护个人和组织的合法权益；监督行政机关依法行使职权，维护国家安全和社会秩序，维护社会公平正义，维护国家法制的统一、尊严、权威，保障中国特色社会主义建设的顺利进行。

2. 人民检察院。人民检察院分为最高人民检察院、地方各级人民检察院和专门人民检察院。人民检察院一般由检察官、检察官助理、书记员、司法警察、检察技术人员、司法行政人员等组成，其主要任务是通过行使检察权，追诉犯罪，维护国家安全和社会秩序，维护个人和组织的合法权益，维护国家利益、社会公共利益，保障法律正确实施，维护社会公平正义，维护国家法制的统一、尊严、权威，保障中国特色社会主义建设的顺利进行。

域外司法机关的界定

二、我国司法警察制度的沿革

（一）清末至民国时期的司法警察制度

我国近代意义上的司法警察出现于清朝末年。1906年，清政府在仿效宪政与变法修律的过程中，改刑部为法部，掌管全国司法行政；改大理寺为大理院和各级审判庭，相应设立了各级检察庭；在同年制定的《大清刑事民事诉讼法草案》中提到"差役或巡捕"履行逮捕、搜查、关提等强制行为。1910年，清政府颁行的《法院编制法》中设置"庭丁"来履行类似现今的司法警察职责。同年，清政府出台《检察厅调度司法警察章程》，确认了检察官调度司法警察并指挥侦查、批捕人犯、押送人犯和取保传人等方面的权力。这也是中国历史文献中首次出现"司法警察"名词的记载。

民国时期，中央政府设置了内务部，统管全国的警察组织，设立了司法警察在内的名目繁多的特别警察，不仅包括各级法院自行设置的司法警察，而且包括辅助法官和检察官侦办案件的警察，如警察官长和宪兵官长，以及警察和宪兵。这些人员虽然不在司法机关任职，但是受法官和检察官的指令执行职务。可以说，民国政府的司法警察无论隶属关系如何，但其都是紧紧依附和服务于司法机关的，同时其任务不仅限于保卫法庭安全、为审判提供警务服务等职责，还承担着刑事案件侦查的职能。

（二）中国共产党领导下的司法警察制度

中国共产党领导下的司法警察制度是随着人民司法制度的建立并适应审判工作需要而产生和发展的，大致可以分为六个时期：

1. 萌芽初创时期。新民主主义革命时期，在中国共产党领导下，各个革命根据地相继建立了人民司法机关。在这一历史时期，虽然没有明确规定在司法机关设立专职的司法警察，但是在有关规定、文件以及司法工作实践中，也不同程度地明确了司法警察这一职务。1932年6月9日颁布的《中华苏维埃共和国裁判部的暂行组织及裁判条例》规定,"裁判部有随时调用赤卫队、警卫排、民警担任司法范围内各种工作之权",即执行司法警察职务。1934年颁布的《川陕省革命法庭条例草案》明确规定:"法警担任公审时之看管、押解及待审处之警戒。"该条例可以看作是司法警察的制度起源。此后,在抗日战争、解放战争时期出台的多部审判工作相关文件中均明确了审判机关设立专职法警或调用同级政府的警察力量履行司法警察职责。尤其是1946年公布的《东北各级司法机关暂行组织条例》中规定:各级司法机关,视其事务之繁简,置法警4人至20人,以其中之一人为法警长。法警执行送达文件,戒护人犯及其他承上级指挥之事项。这些规定和实践为中华人民共和国成立后我国司法警察的设置打下了坚实的基础。

2. 曲折发展时期。中华人民共和国成立以后,随着人民司法制度的建立和发展,司法警察制度也逐步建立和发展起来。1951年9月3日中央人民政府委员会第十二次会议通过的《中华人民共和国人民法院暂行组织条例》第17条第2款规定,县级人民法院设法警、检验员,并得视需要设翻译员、法医。第25条规定,省级人民法院设法警若干人。这是中华人民共和国成立后首次对人民法院设置司法警察作出明确的法律规定。

1954年9月21日第一届全国人大第一次会议通过的《人民法院组织法》又取消了人民法院司法警察设置。在此期间,虽然法律上取消了司法警察,但司法实践中,由于不设司法警察,给审判工作的开展带来了一些实际困难,各级法院仍根据实际需要,配备了一些司法警察开展工作。

1956年5月,公安部、财政部、司法部、国家人事局联合下达通知,决定自1956年7月1日起,将各级人民法院的司法警察列为人民警察的警种之一,并规定司法警察的着装、工资待遇等与公安警察一致,这种做法一直沿袭至今。

1957年6月25日全国人大常务委员会第七十六次会议通过的《中华人民共和国人民警察条例》(以下简称《人民警察条例》)第5条规定,人民警察的职责如下:……④警卫法庭,押解人犯,警戒监狱、看守所和劳动改造场所……对司法警察的职责作了简要的规定。

"文革"期间,我国的检察机关被撤销,人民法院审判工作也陷于瘫痪,司法警察的工作业务实际上也被取消。

3. 恢复发展时期。党的十一届三中全会以后，我国的民主与法制建设进入了新的发展阶段。1979年7月1日，第五届全国人大第二次会议通过的《法院组织法》第41条规定，各级人民法院设司法警察若干人。由此重新确认了人民法院司法警察的设置，司法警察制度得以恢复和重建。

1992年7月1日颁布的《警衔条例》规定司法警察和其他警种一样实行警衔制度。1995年2月28日通过的《人民警察法》第2条第2款规定，人民警察包括公安机关、国家安全机关、监狱、劳动教养管理机关的人民警察和人民法院、人民检察院的司法警察。从法律上正式确定人民法院司法警察是人民警察的警种之一，标志着我国人民法院司法警察队伍建设迈入正规化的阶段。

此后，随着司法警察工作的开展，司法警察职能在法院审判工作中的重要性日益凸显。为了加强司法警察队伍建设，1992年5月9日《最高人民法院人事厅关于法院司法警察控编数的通知》规定，"人民法院司法警察的人数一般按法院控编数的12%掌握"，从人数配备上对司法警察队伍建设提出具体要求。

4. 快速发展时期。为了进一步加强人民法院司法警察队伍建设和科学管理，保障司法警察依法行使职权，最高人民法院于1997年5月4日制定颁布的《人民法院司法警察暂行条例》（以下简称《司法警察暂行条例》，目前该条例已被废止）明确具体地规定了人民法院司法警察的性质、任务、职责职权、组织管理、警务保障等内容。

此后，最高人民法院又陆续颁布了有关人民法院司法警察着装管理、注射执行死刑工作细则、羁押监控设施硬件建设、使用枪支管理、警衔工作管理、司法警察总队内设机构设置及名称、值庭规则、押解规则、看管规则、安全检查规则等一系列规范性文件。

《司法警察暂行条例》等内部规范性文件的颁布施行，完善了司法警察队伍建设的组织管理、执法依据、执法规范等，标志着人民法院司法警察队伍建设进入一个新的历史阶段，开始走向正规化、规范化建设的轨道。

5. 规范发展时期。2008年开始，最高人民法院在国家司法体制改革和人民警察管理制度改革的总体框架内，对司法警察体制和工作机制进行改革，着力加强司法警察队伍的正规化、专业化、职业化建设。2012年，作为改革的重要成果，最高人民法院审判委员会在《司法警察暂行条例》的基础上，修订颁布了《司法警察条例》，对司法警察的职责职权、领导关系、职务序列、职业保障等作了重要修改。随后，中组部、两高联合发文，明确司法警察实行人民警察职务序列，为司法警察建立了区别于一般公务员的职务管理和晋升渠道。同时，开始部署推进司法警察执法规范化建设，相继出台了《人民法院司法警察执法细则（试行）》（以下简称《执法细则（试行）》，已失效）、《人民法院司法警察佩戴使用枪支办法》等一系列重要规范性文件，对司法警察的执法行为和执法监督作了进一步规范，确保司法警务工作在法治化、规范化轨道上运行。

6. 智慧警务发展时期。2018年以后，警务模式向智能化阶段迈进。"智慧警务"的提出顺应了警务智能化的潮流，是警务智能化的一种重要形态。智慧警务以大数据、云计算、人工智能、移动互联网、物联网等技术为支撑，打造警务工作智慧化的新理念和新模式。2019年1月最高人民法院发表了《最高人民法院关于加快推进人民法院司法警务信息化、智能化建设的意见》《最高人民法院关于加强"六专四室"建设的意见》，修订并颁发了《人民法院司法警察安全检查规则》《人民法院司法警察预防和处置突发事件暂行规则》《人民法院司法警察刑事审判警务保障工作规则》（以下简称《刑事审判警务保障工作规则》）、《人民法院司法警察执法细则》（以下简称《执法细则》），2019年2月最高人民法院制定了《人民法院第五个五年改革纲要（2019－2023）》，2019年4月最高人民法院制定了《人民法院信息化建设五年发展规划（2019－2023）》，2020年6月最高人民法院制定了《最高人民法院关于人民法院司法警察依法履行职权的规定》等一系列重要规范性文件，在推动实现审判方式、诉讼制度与互联网技术深度融合，构建中国特色社会主义现代化智慧法院应用体系的同时，明确积极推进司法警务信息化建设。智慧警务是智慧法院建设的重要组成部分，大力推进司法警务信息化、智能化建设，不断提升司法警务工作能力和水平，为司法为民、公正司法提供了有力保障。近年来，人民法院坚持政治建警、改革强警、科技兴警、从严治警，大力加强司法警察队伍建设，积极推进司法警务信息化、智能化建设，取得明显成效。

大数据时代下智慧警务建设的思考——以浙江智慧警务建设为视角

加强人民法院司法警务信息化建设的思考

第二节 司法警察的概念与特征

一、司法警察的概念

"司法警察"在不同的法系和国家有着不同的概念界定和存在形式。在大陆法系国家,司法警察是相对于维护社会治安秩序的行政警察而言的,其主要职责是承担刑事犯罪侦查;在英美法系国家,其有着类似于我国司法警察职能的警种,英文表述为"sheriff"或"bailiff"。

(一)司法警察的不同含义

世界各国对司法警察的含义及其作用仍有不同的理解。一些学者将警察从概念上分为行政警察与司法警察。例如,日本学者认为:警察活动,大体分为行政警察活动和司法警察活动。[1]法国学者提出:警察部门的作用,从总体上说,主要是保障具有治安性目标的立法、条例与个人签署的规章得到遵守。行政警察与司法警察两者都为此作出努力,但是两者是通过不同的途径作出这种努力的。行政警察所做的努力集中在预防犯罪。对于行政警察而言,就是要防止社会秩序受到扰乱,并且在必要情况下,尽可能地恢复受到

---

[1] [日]田口守一:《刑事诉讼法》,刘迪等译,法律出版社2000年版,第40页。

扰乱的秩序。行政警察应当通过现场指挥，以其指令，并且在必要时，以其行动，让人们遵守法律与条例、规章，同时尊重人的自由。但是，在行政警察的这一作用并未完全实现，社会秩序实际受到扰乱，行政警察只能通过其权力范围内的手段部分恢复受到扰乱的秩序时，如果有人实行了某种犯罪，这时就有必要查找谁是犯罪行为人，以便对他们提起公诉。这种调查职能已不再属于预防性质，而属于制裁性质。这一调查职责是司法警察应当履行的职责，它明显不同于行政警察的职责。警察行政职权是指国家依法赋予警察机关及警务人员在进行警察行政管理过程中，为履行警察职责行使的权力。警察刑事职权是指国家通过法律赋予警察机关及其警务人员，在履行警察刑事职能的过程中实施的有关刑事犯罪对策方的职权。[1]司法警察和行政警察不仅职责不同，而且行使权力的法律根据也是有所不同的。行政警察主要使命在于维护治安，适用各种各样的行政法规；司法警察主要使命在于侦破犯罪，适用刑事诉讼法。行政警察与司法警察的分立，也是大陆法系之通例。[2]可见，此种意义上的司法警察是从维护社会治安总目标出发，按预防犯罪与制裁犯罪职责划分，相对于行政警察而言的，其含义相同于我国的刑事警察。

有的国家的司法警察是指围绕法院审判活动提供强有力警务保障的人员。其职责作用又有所不同。如俄罗斯联邦司法警察负责警卫法院，保障法官和诉讼程序其他参加人的安全，拘传证人到庭，保证各级法院、国际法庭和外国法院判决的执行。[3]而美国的司法警察除上述职责外，还负责证人的保护以及诉讼期间脱逃被告人或嫌疑人的追捕等工作。[4]

（二）我国司法警察的定义

我国司法警察是指隶属于司法机关，依照法律规定可以使用特殊强制手段维护司法场所设施安全与司法活动秩序的执法人员。它包括人民法院的司法警察与人民检察院的司法警察两大类。

---

〔1〕 参见［法］卡斯东·斯特法尼等：《法国刑事诉讼法精义》（上），罗结珍译，中国政法大学出版社1998年版，第304、168、146页。

〔2〕 参见陈兴良："限权与分权：刑事法治视野中的警察权"，载《法律科学》2002年第1期。

〔3〕 吴玲："俄罗斯司法体制概述"，载中国法制网，http：//www.legaldaily.com.cn/misc/2005-05/28，访问时间：2020年11月16日。

〔4〕 马跃：《美国刑事司法制度》，中国政法大学出版社2004年版，第154、155页。

二、司法警察的特征

根据我国《人民警察法》和最高人民法院、最高人民检察院的相关规定，司法警察是指隶属于司法机关，依照法律规定可以使用强制手段维护司法场所设施安全与司法活动秩序的专门执法机构及其人员。它包括人民法院的司法警察和人民检察院的司法警察。人民法院的司法警察具有以下特点：

（一）组织机构的专属性

法律规定只有人民法院、人民检察院可以设立司法警察，其他机关不得设立；人民法院、人民检察院根据工作需要设置专门的司法警察机构依法履行职责。人民法院司法警察是一个独立警种，只接受所在法院院长和上级司法警察部门的领导。

（二）警务活动的特定性

司法警察不能像公安警察那样在社会上实施主动管理，其警务活动必须紧紧围绕审判活动开展。通常，司法警察的警务活动领域仅为审判活动场所以及特定的司法活动事项所涉及的范围。同时，《中华人民共和国人民法院法庭规则》（以下简称《法庭规则》）、《司法警察条例》规定，在法庭审判过程中，人民法院司法警察应当按照审判长或者独任审判员的指令履行职责。因此，司法警察的警务活动具有鲜明的内部性、特定性、辅助性，这也是司法警察区别于其他人民警察的属性之一。

警务活动领域的有限性。司法警察的警务活动必须紧紧围绕司法机关的司法活动开展，其任务是维护司法机关，尤其是司法活动场所及司法工作人员的安全与保障各项司法活动正常进行。一般来说，司法警察的警务活动领域仅为司法活动场所以及特定的司法活动事项所涉及的范围，警务活动领域有限，范围不大。

（三）安全管理的专业性

近年来，随着司法警察工作领域和职责范围的不断拓展，司法警察的职能已与设立时的初衷有很大区别，不仅仅定位于在法庭内、审判过程中在审判长或独任审判员的指令下履行警务保障职责，更多地开始强调对法院整体工作进行全方位、全流程的安全引导和规范，按照现代警务理论和各项警务规则独立开展警务安全管理工作，确保人民法院各项工作的安全顺利进行，有效维护司法权威。

（四）执法手段的强制性

司法警察是人民法院中唯一具有武装性质的司法力量，根据法律赋权，其不仅可以执行各种强制措施，还可以在法律规定的情况下使用武器和警械，实施即时强制措施，靠特殊的强制性手段来实现其职能，这是司法警察区别于法院法官、其他工作人员以及其他行政单位执法人员的最显著特征。

浅谈非致命警械在司法警务中的应用

第三节　司法警察的性质与任务

一、司法警察的性质

司法警察作为人民警察的警种之一，与人民警察的其他警种相同，都是我国人民民主专政的工具。同时，司法警察的职责决定了司法警察还有不同于其他警种或人民法院其他群体的特有属性和法律地位。具体表现是：

1. 人民法院司法警察是我国人民警察的独立警种之一。《人民警察法》规定，人民警察包括公安机关、国家安全机关、监狱管理机关的人民警察和人民法院、人民检察院的司法警察。因此，司法警察是四大警种之一。《警衔条例》规定："人民警察实行警衔制度""人民法院、人民检察院的司法警察的警衔工作适用本条例"。这些规定从另一个侧面强调了司法警察是人民警察的组成部分。同时，从2012年中央组织部、最高人民法院、最高人民检察院联合出台《关于人民法院、人民检察院司法警察参照公安机关实行单独警察职务序列的意见》（以下简称《单独警察职务序列意见》）起，司法警察与公安机关人民警察一样，实行单独的警察职务序列，更是从队伍管理上确立了其是人民警察警种之一的法律地位。

2. 人民法院司法警察是我国人民法院干部队伍的重要组成部分。《法院组织法》规定，各级人民法院设司法警察若干人。1992年《最高人民法院人事厅关于法院司法警察控编数的通知》规定，司法警察的人数一般按法院控编数的12%掌握。2013年中央组织部、最高人民法院颁发的《人民法院工作人员分类管理制度改革意见》将人民法院工作人员划分为法官、审判辅助人员和司法行政人员，审判辅助人员是指协助法官履行审判职责的工作人员，包括法官助理、书记员、司法警察、司法技术人员等。从上述规定可以看出，司法警察是人民法院的重要组成部分。各级人民法院都设立了司法警察机构，部分派出法庭也配备了司法警察。各级人民法院的司法警察机构都有着自己独立的不同于法院其他部门的职能，在具体的警务保障与执法活动中起着不可替代的作用。司法警察机构与其他部门紧密合作，共同组成法院整体。

3. 人民法院司法警察是维护法院安全和审判秩序的重要工具。任何国家要实现其政治统治，就需要确立一系列国家机器来维护统治。人民法院是国家审判机关，享有审判权，审判权是国家权力的重要组成部分，为此国家专门设立警察机构和警务人员来为审判活动提供保障。因此，司法警察属于国家机器的组成部分，是统治阶级建立和依靠的武装强制力量，是人民民主专政的重要工具，是宪法和法律的忠实执行者，充分体现出司法警察的政治性、从属性。

4. 人民法院司法警察是武装性质的司法行政执法力量。司法警察具有鲜明的武装性、强制性以及司法行政性的特点。人民法院司法警察是警察队伍的一员，其组织机构、人员管理、活动原则、方法手段等都具有明显的行政性质，同时，司法警察又是在司法活动中为完成司法任务而需要使用的行政力量。司法警察在审判工作中，处于各种矛盾冲突的最前沿，担负着排除险阻、保障司法安全的神圣职责，尤其在履行押解被告人或者罪犯、配合强制执行、执行死刑等职责时，面对强大的对抗和较高的危险性，需要具备武装性。司法警察的武装性主要体现为人民法院司法警察按照国家法律规定配备武器和警械，着统一制式警察服装；实行警务化的管理，开展具有警察特点的业务训练；具有集中统一的指挥系统和机动快速的战斗体制，实行双重领导体制下的编队管理模式。而司法警察在履行职责的过程中，还需要一定的强制手段。国家通过法律赋予司法警察履行其职责相当的各项强制手段，如执行拘传、执行司法拘留等。

（一）人民法院司法警察的性质

1. 人民法院司法警察是维护法院安全和审判秩序的重要工具之一。任何国家要实现其政治统治，就需要建立有力的政治工具来保障其政权机关能正常行使职权、履行职责、发挥作用。而人民法院是国家审判机关，审判权是国家重要的权力，国家设立专门的警察机构和警务人员——司法警察，特别针对审判机关的司法审判这一国家职能的履行提供保障。人民法院司法警察通过行使职权，运用法律手段预防、制止和惩治妨碍审判活动的违法犯罪行为，维护审判秩序，从而保护人民的生命财产和民主自由权利，巩固国家政权的稳定和发展。

2. 人民法院司法警察是武装性质的司法行政执法力量。人民法院司法警察实行半军事化的、双重领导体制下的编队管理模式，依法使用警械具和警用武器及各种强制性设施等物质技术条件，运用强制手段制服各类妨碍审判活动和执行活动的违法犯罪分子，具有明显的武装性质。人民法院司法警察属于国家公务人员，代表国家依法履行审判场所安全管理职能及执行死刑等刑事执法职能，维护审判秩序，实现法律裁判。

（二）人民法院司法警察的法律地位

1. 人民法院司法警察是我国人民警察的独立警种之一。我国《人民警察法》第2条第2款规定："人民警察包括公安机关、国家安全机关、监狱、劳动教养管理机关的人民警察和人民法院、人民检察院的司法警察。"目前，我国警察序列中有公安、安全、监狱、劳教、司法警察、武装警察六大警种[1]。《人民警察法》第24条还规定："国家根据人民警察的工作性质、任务和特点，规定组织机构设置和职务序列。"《警衔条例》第2条、第23条第3款规定，"人民警察实行警衔制度""司法警察警衔授予和晋升的批准权限，由最高人民法院、最高人民检察院参照本条例规定。"由于司法警察工作的性质、任务和特点都不同于公安、安全、监狱、劳教机关的人民警察，最高人民法

---

[1] 通常所说的"警种"是指根据警察的具体任务和业务性质划分出来的若干种类。有学者认为，目前，我国的警种主要有户籍、治安、刑事、外事、交通、司法、铁路、航运、民航、林业、监狱、边防、消防和武装警察等十余种。见陈晋胜：《警察法学概论》，高等教育出版社2002年版，第66页。

院制定了《司法警察暂行条例》，对人民法院司法警察的任务、职权、编队管理、警务保障等作了专门规定，同时也实行了警衔制度，从而建立了司法警察独立的组织机构和职务、警衔序列。人民法院司法警察成为人民警察队伍的重要组成部分。

2. 人民法院司法警察是人民法院的重要组成部分。《法院组织法》第50条规定："人民法院的司法警察负责法庭警戒、人员押解和看管等警务事项。司法警察依照《中华人民共和国人民警察法》管理。"最高人民法院有关文件规定，人民法院专职法警按所在法院干警控编数的12%配备。[1] 这些规定赋予了司法警察在人民法院的合法地位。各级人民法院都设立了司法警察机构，最高人民法院设司法警察局、各高级人民法院设司法警察总队、各中级人民法院设司法警察支队、各基层人民法院设司法警察大队，有的人民法庭设司法警察。各级人民法院的司法警察机构都是一个独立的部门，其职能分工与法院的其他部门有着明显的不同，特别是在维护审判秩序、确保庭审安全、预防、制止和惩治妨碍诉讼与执行活动的违法罪犯行为、捍卫法律的尊严等方面，显示其独特的作用。在具体的警务保障与执法活动中依法行使职权，履行职责，充当了不可替代的角色。司法警察部门与人民法院的其他部门紧密结合，共同组成人民法院的有机整体，各自依照分工履行职责，共同努力完成法院司法裁判、有关法律文书的执行的任务。

3. 人民法院司法警察是重要的司法审判辅助人员。《法院组织法》第三章规定了人民法院的审判人员和其他人员。"审判人员"是指有权审理和判决案件的人员，包括正、副院长，正、副庭长，审判员和助理审判员。"其他人员"是指除审判人员以外与办理案件直接有关的人员，包括司法警察、书记员、执行员和法医。可见，司法警察是参与人民法院审判活动的法定成员。虽然《法院组织法》没有详细、明确地规定司法警察的任务，但将司法警察与书记员、执行员等均规定在"其他人员"之中。参照《法院组织法》对书记员和执行员任务的规定，可以反映"其他人员"的两个特点：一是与办案直接有关；二是为审判案件提供服务。司法警察工作的性质和分工决定了其工作的指导思想应是服从并服务于审判工作。这是对司法警察在审判工作中

---

[1] 见最高人民法院1992年法人第35号文件。

的基本定位。从人民法院的全局来看，无疑审判业务庭（合议庭）是审判任务的主要承担者，而司法警察是配合者。司法警察依据《司法警察条例》规定履行提押、看管被告人、值庭（警卫）、送达诉讼文书等职责，保障审判活动顺利进行。因而，司法警察是与审判工作直接有关并保障审判工作顺利进行的司法队伍。

4. 人民法院司法警察是重要的司法行政执法人员。人民法院司法警察依法保护审判人员和其他所有参与诉讼活动的人员及相关设施财产的安全，维护审判秩序，保障审判活动的顺利进行；同时，依法执行死刑，参与其他生效裁决文书的强制执行活动，其行为具有明显的执法性质。人民法院司法警察队伍实行半军事化的编队管理，是国家公务人员，依法享受公务员工资及福利待遇，其机构设置、人员管理、活动原则、内容、方法手段等都具有明显的行政性质。

二、司法警察的任务

司法警察的任务是指依法确定的，在其管辖范围内所承担的工作内容和必须达到的目标要求。司法警察的任务是由司法警察的性质决定的，从属于人民警察的任务。它既要反映司法警察作为人民警察警种之一在惩治犯罪、维护秩序方面的警察通用属性，又要突出体现其作为武装性质司法力量在确保审判活动顺利进行方面的特有工具属性。

《司法警察条例》第 3 条规定，人民法院司法警察的任务是"预防、制止和惩治妨碍审判活动的违法犯罪行为，维护审判秩序，保障审判工作顺利进行"。根据此条文规定，司法警察的任务可以分为三个层面：一是手段层面，即通过押解被告人到庭、安全检查、执行拘传拘留、协助维护机关安全及涉诉信访工作秩序、配合执行、执行死刑等工作来预防、制止和惩治妨碍审判活动的违法犯罪行为，协助实现生效裁判文书确定的权利义务关系，保护公民的合法权益；二是目的层面，即通过上述工作的完成达到维护审判秩序的目的；三是效果层面，即司法警察任务的终极效果和最高标准是保障审判工作的安全顺利进行，维护法律权威和确保国家司法权的顺利行使。

三个层面依次递进，紧密结合，构成了司法警察任务的有机整体。

司法警察的任务决定了司法警察所承担的职责。2020 年 6 月最高人民法院制定的《最高人民法院关于人民法院司法警察依法履行职权的规定》(2021年1月1日起施行)对司法警察职责作了十项规定,这是对司法警察任务的具体化,是司法警察工作的具体规定和界定标准。

1. 司法警察队伍建设规范化。进一步完善司法警察的编队管理,建立规范的垂直领导体制,确立上级法院对下级法院司法警察的领导,形成最高人民法院—高级人民法院—中级人民法院—基层人民法院法警队伍的警力网状布局。做到互相协调互为补充,努力提高司法警察在一个地区的整体执法能力。同时,积极探索建立司法警察的高等教育体制,逐步形成自成体系的教育培训系统,彻底解决司法警察长期以来没有固定的培训基地、无法得到正规教育培训的问题。

2. 司法警察职权明确化。这是司法警察依法履行职责的客观要求,也是司法警察充分发挥作用、切实保障审判活动与执行活动顺利进行的必然反映。必须对司法警察的职权进一步明细化,并从立法上解决司法警察在履行职务过程中的职权问题。人民法院司法警察的执法权限及工作范围将不断扩大。

3. 司法警察警务活动效能化。这是法院审判工作对司法警察的必然要求,同时也是进一步加强司法警察工作的前提。整个司法警察队伍将进一步实行更加科学、严格的管理,切实严明纪律,不断提高业务素质和综合能力,建立高效、有序的警务执法工作机制和警务协作沟通机制。

思考题

1. 如何理解司法警察与司法机关的关系?
2. 如何理解司法警察的特征?
3. 如何理解司法警察的性质?
4. 如何理解司法警察的任务?
5. 谈谈司法体制改革背景下司法警察所面临的新要求。

《重庆法院办结首例司法警察提请决定司法拘留案件》[1]

重庆市北碚区人民法院对周某某等人在法院审判区域和公共候审区域殴打原告、严重扰乱法院正常审判秩序的行为提请司法制裁,分别给予秦某某、周某某2人拘留5日的处罚;给予骆某某、余某某、张某某、朱某某罚款2000元的处罚;给予李某某罚款1000元的处罚。这是人民法院司法警察依法履行职权试点工作开展以来,重庆市人民法院办结的首例以司法警察作为提请主体决定司法拘留的案件。

9月2日上午10时,北碚区人民法院民事审判庭拟在四楼第七法庭公开开庭审理原告邓某某诉被告北碚区某百货经营部产品责任纠纷一案。庭审前,秦某某、余某某、张某某、朱某某、骆某某、周某某、李某某等7人以旁听人员身份进入第七法庭。9时35分,书记员开始核对原被告双方身份信息工作时,旁听人员秦某某等人与原告邓某某发生口角,随即秦某某、周某某等7人先后从旁听席通过隔离栏杆冲进法庭审判区,秦某某、周某某率先对原告邓某某进行抓扯、殴打。邓某某为避开殴打,跑出法庭到四楼候审大厅,秦某某、周某某与余某某、张某某、骆某某、朱某某、李某某等追出法庭,在候审大厅共同追击抓扯殴打邓某某,致使邓某某全身多处软组织损伤。

期间,周某某为防止邓某某同行人员杨某某帮助邓某某,还对其采取抓手臂、按肩膀的方式进行控制。邓某某报警后,重庆市公安局北碚区分局北泉派出所出警,将邓某某、秦某某、周某某等人带回派出所处理。北泉派出所民警调查取证后,于2020年9月2日依法将本案移交北碚区人民法院办理。

事件发生后,办案司法警察收集了证人余某某、何某某的证言,依法审查了公安机关移交的被侵害人陈述、违法嫌疑人的陈述、现场辨认笔录及照片、现场监控视频光盘、门诊及综合病历、常住人口信息登记表、身份辨认

---

[1] 来源:法治日报——法制网,载http://www.legaldaily.com.cn/index/content/2020-10/09/content_8322943.htm,访问时间:2020年11月20日。

照片等证据，进一步确定秦某某、周某某等人的违法事实。随后，北碚区人民法院司法警察大队决定以"司惩"案件立案，并提请北碚区人民法院予以司法制裁。

北碚区人民法院认为，秦某某、周某某等7人无视法律规定，藐视法庭纪律，不听从法院工作人员劝阻及警告，在法院审判区域和公共候审区域殴打原告，性质恶劣，扰乱了法院正常审判秩序，综合秦某某等7人违法行为的性质、情节和危害程度，根据《中华人民共和国民事诉讼法》第110条、第111条第1款第4项、第115条、第116条第1款、第3款、《最高人民法院关于人民法院司法警察依法履行职权的规定》《关于先期试行的通知》之规定，遂对秦某某等7人分别采取拘留、罚款的处罚措施。

问题：结合上述的素材，谈谈你对人民法院司法警察性质和任务的理解。

第三章　司法警察职权

学习目标

通过本章学习，了解有关警察权与警察职权的基本理论知识，理解并掌握人民法院司法警察权与司法警察职权的概念、性质、内容等基本知识，增强依法行使司法警察职权的意识，以利于今后从事人民法院司法警察工作时认真履行职务行使职权。

重点提示

司法警察权　司法警察职权　司法警察职责　司法警察权限

第一节　警察权与警察职权

一、警察权概述

（一）警察权的概念与特征

警察权是警察权力的简称，一般是指国家用以维护国家安全和社会秩序，预防、制止和惩治违法犯罪活动而施行的一种强制力。警察权属于国家权力的范畴，随着国家的出现以及国家权力的产生而产生，是在国家权力运行结构的分工过程中，伴随着国家警察职能的确立、警察机构的设置以及警察法制的逐步完备而形成并不断发展的。

警察权是国家政权和社会治理权的重要组成部分，通常属于国家行政权。警察权具有以下属性特征：

1. 警察权是执行性权力。国家的政治行为基本上可以概括为两类：一是国家意志、意愿的表达；二是国家意志、意愿的执行。国家意志、意愿必须通过表达或执行才能实现，而警察权就是国家借以执行并实现国家意志、意愿的重要权力之一。警察权的执行性主要集中体现在对公共决策的执行和对法律的执行这两方面。国家权力部门，特别是政府行政部门对公共决策，尤其是涉及社会安全的领域或事项，均需运用警察权、使用警察力量来加以执行。同时，现代国家更多的是运用警察权来执行法律，世界各国普遍地将执法作为警察机构和警务人员首要的或基本的使命。

2. 警察权是强制性权力。马克思主义理论关于国家的学说明确告诉我们，警察和国家一样古老，警察、监狱、军队、法庭等都是国家的暴力机器。国家暴力性强制力，尤其是即时强制力是古今中外警察权的一个最重要的特征。警察权作为国家强力部门拥有的一种权力，在行使过程中必然会对这种权力的指向者，包括社会成员和社会组织产生强制力。当一个人、一个群体、一个组织不服从法律或不服从公共意志时，出于对公共利益或公共安全、公共秩序的考虑，警察权就通过限制其权利或剥夺其自由的方法迫使其服从，从而实现国家意志或公共意愿。

3. 警察权是社会管理性权力。公共安全和社会秩序管理是国家治理，尤其是政府行政管理的重要内容。国家往往通过警察权的运用，预防、制止和惩治各种违法犯罪行为，从而保障公共安全、维护社会秩序，保护公民和法人的合法权益和正当利益。各国政府在社会管理过程中，需要警察这支全天候的武装性质的纪律部队去履行特定的社会管理职能，处置社会管理中出现的各式各样的危机。

4. 警察权是公共服务性权力。警察服务社会，在当今各国已是普遍共识。警察本身就可以被看成一种社会公共服务机构，它提供如交通安全、社区服务、紧急救助、办理证照、提供信息、调处争端、失物认领和一般安全等内容的服务，尤其在当代"社区警务模式变革"，即学界称之为世界第四次警务革命的实践中得到进一步的发展和体现。我国《人民警察法》第3条规定，人民警察必须依靠人民的支持……全心全意为人民服务。这也充分体现了我国警察权的服务性质。随着"以人民为中心"理念的确立和警务模式从管理控制型向执法服务型转变，警察权的服务性成为我国警务改革最明显的特征之一。

5. 警察权是优益性权力。警察权通常是执法权，代表国家意志和社会公共利益，权力主体在行使权力过程中享有特定的优益权，具体体现为行动上的优先权和物质上的行使受益权。行动上的优先权指警察权与其他社会组织及公民个人的权利在同一领域或范围相遇时，警察权具有优先行使与实现的资格和能力，包括警察行为推定有效权、获得社会协助权和紧急状态先行处置权；物质上的行使受益权指警察权力主体为行使权力所拥有、享有的各种资财上和物质上的便利条件的资格，一般体现为国家向警察机构提供经费、办公条件以及交通工具等。

(二) 警察权的内容

作为国家权力的警察权，可以按照不同的划分标准分为若干种类。如按警察权发展历程阶段不同可分为古代警察权、近代警察权和现代警察权；按不同传统法系可分为英美法系警察权和大陆法系警察权及其他法系警察权；按不同国别可分为本国警察权和外国警察权；按含义宽窄不同可分为广义警察权和狭义警察权。

从内容上划分，警察权包含警察执法权、警察管理权、警察裁判权和警察制规权等内容。

1. 警察执法权。警察执法权是指警察作为国家特设的专门执法部门，凭借国家强制力执行法律，维护国家安全秩序和社会公共秩序的权力，又可按权能分为警察执行权、警察强制权和警察处罚权。这是警察作为国家强力执法部门参与国家治理职能的重要体现，是警察最传统、最经常、最大量行使的权力，也可称之为狭义的警察权。

(1) 警察执行权。这是指警察根据有关法律、法规的规定或者有关上级部门的决定、命令等，具体执行有关公共安全事务和社会秩序事务管理的权力。主要包括国家安全秩序、社会治安秩序、罪犯监管秩序、审判检察秩序、交通秩序管理等方面的行政执法权力。警察执行活动主要有许可、确认、检查、奖励、物资帮助和危难救助等，还包括各种形式的执法监督检查，如特别检查、审查、审计、检验、查验、鉴定、勘验等。警察执行权必须严格按照法定的内容、程序及对象实施，不得违法扩大或缩小执行范围、增加或减少执行内容、延长或缩短执行期间等。

(2) 警察强制权。这是指警察在公共安全和社会秩序管理过程中，对不依法履行义务的被管理对象采取法定的强制措施，以促使其履行法定义务的权力。主要包括强制措施权和强制执行权。警察强制措施主要有查封场所、设施或者财物，扣押财物，冻结存款、汇款和临时性限制人身自由或约束性保护措施等；警察强制执行主要有加处罚款或者滞纳金，划拨存款、汇款，拍卖或者依法处理查封、扣押的场所、设施或者财物，排除妨碍、恢复原状，代履行及执行死刑等。警察强制权涉及公民的人身和财产权利，其行使必须有法律的依据，并严格按照法定程序进行，且应限制在必要的限度之内。

(3) 警察处罚权。这是指警察在公共安全和社会秩序管理过程中，对被管理对象违反有关法律规范的行为，依法给予法律制裁的权力。主要包括财产罚（如罚款、没收违法所得、没收非法财物）、行为罚（如警告、责令停产停业、暂扣或者吊销许可证、暂扣或者吊销执照等）和人身罚（如拘留）等。由于警察处罚权涉及公民的人身和财产权利，其行使必须贯彻处罚法定原则，以避免侵犯公民的合法权益。

2. 警察管理权。警察管理权是指警察通过决策、组织、控制等管理职能手段，结合人力、物力、财力、信息等资源，以期高效地达到自身组织目标的权力，又可分为警察决策权、警察组织权和警察监督权等。警察管理权是国家赋予警察对自身组织实施管理的权力，以利更好地行使警察权，实现警察使命和完成警务任务。

(1) 警察决策权。这是指警察对公共安全和社会秩序管理事项制定计划、作出决断策划的权力。警察决策是警务活动的基本内容，贯穿于警务活动的全过程。警察决策是否符合实际、决策的效果或结果如何，决定着警察社会管理和执法活动的成败，影响着社会及民众对决策的态度及评价。警察决策权的行使应该始终将公共利益和社会公平正义的实现作为决策追求的目标，保证决策的科学化与民主化。

(2) 警察组织权。这是指警察各部门在职责范围内决定事务、支配和影响他人或者集体行为的权力。警察组织权的运用直接关系到警察机构及其成员的岗位设置、职责权限规定、组织资源配置，这对于实现警察机构和警察队伍的规范化管理，进而影响作为管理对象的社会公众的法律地位和权利义务的设定、变更和废止以及促进社会治理具有重要意义。

(3) 警察监督权。这是指警察机构对所属单位和下级机构及其成员依法履行职责、行使职权和遵守纪律的情况进行监督的权力，主要包括警务督察权和警察复议权。警察在处理警务活动中行使职权及使用器械都要受警务督察的监督。被执法对象对警察的处罚不服，可以依法申请复议，警察复议机关在复议中应对处罚的合法性和合理性进行审查，发现不符合法律规定的错误处罚要及时纠正。警察监督权是警察权的重要组成部分，是国家监督权在警察系统的具体体现，也是警察部门自我监督并保证其他警察权有效实施的必要保障。

3. 警察裁判权。警察裁判权是指警察作为第三方裁决争议、处理纠纷的权力，也称警察行政裁判权。随着社会发展和科技进步，公共安全和社会秩序事务管理涉及的问题越来越专门化，越来越具有专业技术性的因素，警察因为长期管理这方面的事务，具有处理这类争议、纠纷的专门知识、经验和技能。因而，法律赋予警察一定范围内的司法性权力，授权警察在有关事务管理过程中裁决和处理部分民事争议和纠纷，如交通事故、人身伤害赔偿等，以利于及时化解矛盾、解决纷争，更好地实现交通或治安管理的目标。同时，鉴于警察的行政主体性质，为了保障公正和公平，体现法治原则，警察的裁决行为通常还要受到人民法院的司法审查的监督。

4. 警察制规权。警察制规权是指警察机关或主管机关制定普遍性行为规范的权力，在我国主要是指制定警察部门规章的权力，也称警察立法权，这是国家立法体系的有机组成部分，通常属行政立法权范畴。警察机关或主管机关为有效管理公共安全事务和社会秩序，依据法律法规的规定及其原则精神，制定部门规章，用以调整各种具体的社会关系，规范有关行为。警察制规权必须要有宪法和法律的依据，或者要有国家权力机关的明确授权，且必须在法定权限内行使，不得与宪法、法律或行政法规相抵触。

资料分析

二、警察职权的概念与特征

（一）警察职权的概念

警察职权是指国家通过立法赋予警察机构及其成员执行警察职务的资格或能力。警察职权包含了警察职责与警察权限。

警察权与警察职权既有联系又有区别。警察权属于国家权力，是国家行政权的重要组成部分，处于国家权力配置层级，是警察职权产生的前提和基础；警察职权是警察权的具体化形式，处于警察权的部门及其岗位配置层级。警察职权因警种、机构、警察职位，以及面对具体管理对象和执法环节的不同而呈现出不一样的职责和权限。警察权与警察职权之间是一种由国家权力变成警察机构及其成员职权的转化关系。这种转化是通过国家的立法或授权来完成的。国家为了实现公共安全和社会秩序管理的功能，必须把本身固有的国家权力进行划分和配置，将权力交由一定的国家机构，通常情况下是警察机构去行使，使本属于国家的警察权力转化为警察机构及其成员的具体职权。[1]

(二) 警察职权的特征

1. 警察职权是一种法定权力。警察职权直接来源于国家法律，没有法律的确认和设定，警察职权就失去存在和行使的合法基础。无论是警察职权行使的主体，还是警察职权的内容都是由国家法律确定的，超过法定范围行使警察职权或违法滥用警察职权都应承担法律责任，受到法律追究。

2. 警察职权的主体具有特定性。警察权是一种国家权力，但并非任何国家机构都能拥有并行使警察权，只有获得国家授权的特定的国家机构才能拥有并行使该项权力。在我国，国家通过宪法和法律规定由公安机关、国家安全机关、司法行政机关和人民法院、人民检察院等国家强制力机构代表国家行使警察权，而只有依法代表国家行使警察权的国家机构及成员才能依法拥有具体的警察职权，其他任何机构及个人，非经法律特别授权一律不得行使警察职权。

3. 警察职权具有职责与权限的统一性。国家为了明确警察职权的边界，防止出现权力交叉或越权，通常采用立法列举的形式来确定警察机构的职责范围。同时，国家为了保证警察机构及其成员能够依法履行自身的职责，还要赋予其一定的权限。这种权限既是赋予警察行使国家强制力的方式手段，更是为防止警察权力的滥用或不当行使所进行的某种限制。警察职权是职责和权限的有机结合。

──────────

[1] 参见张盛国："警察权力与警察职权初探"，载《公安研究》2003年第7期。

4. 警察职权内容具有明确性。警察职权是由法律明确规定的，凡是警察履职行为都必须依照法律规定的实施主体、对象、场合、方式、手段和程序等要求而为之。如果法律对警察职权规定不明确或者无明确授权，那么警察机构及其成员就无法获得明确的行为指引，就无法在公共安全事务管理和社会秩序管理的实际工作中具体行使警察职权。无论是作为还是不作为，警察职权都必须具有可预见、可实施、可评判的明确内容。

三、警察职权的内容

（一）警察职权的分类

警察职权按不同警务部门可分为公安警察职权、国家安全警察职权、监狱警察职权和司法警察职权等。以公安警察职权为例，公安警察职权依其具体职能可分为行政职权与刑事职权，前者包括治安管理权、道路交通管理权、消防监督权、户政管理权、出入境管理权等；后者包括侦查权、刑事强制权和刑罚执行权等。[1]

警察职权由警察职责与警察权限组成。所谓警察职责，是指警察机构及其成员在履行警察职务中必须遵守和承担的法定责任与应履行的法定义务。这种责任与义务在法律上有两种不同含义：一是警察机构及其成员负有并应当承担的责任和履行的义务，二是违法或者不承担某项责任或不履行某项义务应承担的后果。警察机构及其成员承担的警察职责既是由其肩负的使命与任务所决定的，也是依法行使警察权所必然要求的。所谓警察权限，指警察机构及其成员为了保证警察职责的有效履行，而依法必须具备的对被管理的人或事项进行决策的范围和程度以及依法能采用的方式、方法和手段。警察权限是警察职权直接外化而被社会公众所看到或感知到的具体权力形式，也可称为狭义上的警察职权。

（二）《人民警察法》有关警察职权的内容

我国于1995年制定颁布的《人民警察法》就人民警察的职权作了专门性的规定。

《人民警察法》第二章"职权"规定中第6条列举了公安机关人民警察的

---

[1] 参见陈兴良："限权与分权：刑事法治视野中的警察权"，载《法律科学》2002年第1期。

14项职责，包括：①预防、制止和侦查违法犯罪活动；②维护社会治安秩序，制止危害社会治安秩序的行为；③维护交通安全和交通秩序，处理交通事故；④组织、实施消防工作，实行消防监督；⑤管理枪支弹药、管制刀具和易燃易爆、剧毒、放射性等危险物品；⑥对法律、法规规定的特种行业进行管理；⑦警卫国家规定的特定人员，守卫重要的场所和设施；⑧管理集会、游行、示威活动；⑨管理户政、国籍、入境出境事务和外国人在中国境内居留、旅行的有关事务；⑩维护国（边）境地区的治安秩序；⑪对被判处拘役、剥夺政治权利的罪犯执行刑罚；⑫监督管理计算机信息系统的安全保护工作；⑬指导和监督国家机关、社会团体、企业事业组织和重点建设工程的治安保卫工作，指导治安保卫委员会等群众性组织的治安防范工作；⑭法律、法规规定的其他职责。

《人民警察法》第二章"职权"规定中第7条~第17条明确赋予了我国公安机关及其人民警察履行职责时可以运用的相关权限，主要是行政强制、行政处罚和刑事侦查方面的权限，包括但不限于强行带离现场权限、现场拘留权限；盘问权限、检查权限；使用武器权限；使用警械权限；执行拘留、搜查、逮捕权限；优先乘坐交通工具权限、优先通行权限、优先使用交通工具权限、优先使用通信工具权限、优先使用场地和建筑物权限；保护性约束措施权限；交通管制权限；技术侦察权限；现场管制权限等。

《人民警察法》第18条规定，国家安全机关、监狱管理机关的人民警察和人民法院、人民检察院的司法警察，分别依照有关法律、行政法规的规定履行职权。

近几年来，随着我国经济社会的发展，尤其是中国特色社会主义建设进入新时代，为适应新形势、新使命、新担当的需要，《人民警察法》的相关修订工作正在开展中，其中会对警察职权规定作出一些更加合理的规定。

四、警察职权的行使原则

警察职权与公共安全和社会秩序有着密切的联系，这种秩序与安全的维护很多情况下是以牺牲公民个人的自由与权利为代价的，因而必须建立在法

治的基础之上。警察职权的行使应遵守以下原则：[1]

(一) 警察公共原则

警察公共原则是指警察职权的行使必须以维护国家安全和公共秩序为必要的边界。只有出于公共需要，才能行使警察职权，这是警察职权行使的首要原则。

(二) 警察责任原则

警察责任原则是指只对负有责任者行使警察职权。警察的使命在于维持国家安全和公共秩序，只有在公共安全秩序遭受破坏的情况下，才能动用警察权。警察责任原则意味着，为维护法律实施、维持公共秩序，只有那些破坏公共安全秩序进行违法犯罪活动的责任者，才能对其行使警察职权。如果对非责任者行使警察职权，就是警察职权的滥用。

(三) 警察比例原则

警察比例原则是指警察功能仅止于维持国家安全和公共秩序必要的最低限度。即维护的公共利益越是重大，赋予警察的权限也相应加大，反之亦然。尤其是在警察强制权、处罚权的行使中，要使强制程度、处罚程度与违法程度相适应，两者应成比例。我国有关法律对于警察处罚的规定，都有一定的幅度，在此幅度之内，警察享有自由裁量权；我国有关法律对于警察强制的规定，都有多种方式方法和手段（如不同的警械具、武器的使用）的设置，警察享有处置选择权。自由裁量权或处置选择权的行使，应当使强制、处罚程度与违法程度相适应。唯有如此，才能做到公正执法。

(四) 警察程序原则

警察程序原则是指警察职权的行使应当严格按照法定的程序。警察职权的行使，涉及对公民个人自由与权利的限制，因此只有经过法定程序才能保证警察职权行使的正当性。警察机构及其成员实施具体警察职权应符合相应的程序要求，不得违反法定程序。除了应当遵守警察机关内部行使权力的程序制度外，还应当遵循行使权力时的法定程序，并且对警察职权的行使实行监督、申诉、复议、司法审查及诉讼等制约制度。这不仅有利于保障当事人的合法权益，也有助于警察机构及其成员正确地行使职权。

---

[1] 参见陈兴良："限权与分权：刑事法治视野中的警察权"，载《法律科学》2002年第1期。

第二节　司法警察权与司法警察职权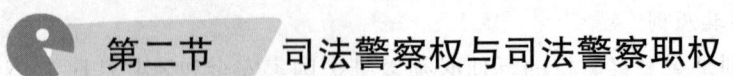

一、司法警察权概述

（一）司法警察权的概念

司法警察权是司法警察权力的简称，是指国家用以维护司法安全和司法秩序，预防、制止和惩治相关违法犯罪活动的一种强制力。就人民法院司法领域而言，是指国家用以维护法院安全和审判秩序，确保审判活动顺利进行，预防、制止和惩治相关违法犯罪活动的一种强制力。司法警察权是警察权的重要组成部分，既有警察权的一般属性，又有其自身的特性。[1]

1. 司法警察权是人民法院拥有的司法行政性权力。司法警察权不同于审判权，其具有较强的行政性特征。表现为：一是执行性，即司法警察权实际上是在维护法院审判秩序中执行相关法律和执行相关公共政策及国家最高权力机关、审判机关意志的权力；二是管理性，即对审判秩序中的公共安全事务进行管理，维护和促进司法公共利益；三是支配性，即司法警察权在行使时总是以单方意志为特征，对管理相对人具有拘束力，表现为"命令—服从"的关系。

2. 司法警察权是一种与特定的违法犯罪行为作斗争的权力。无论是从保护公民权利和自由、维护社会秩序出发，还是从维护国家安全和政权稳定出发，任何国家都将预防和惩治犯罪作为重要的施政任务。预防、制止和惩治犯罪一般要经历侦查、起诉、审判和执行环节，而人民法院司法警察的任务就是预防、制止和惩治妨碍审判活动的违法犯罪行为，维护审判秩序，保障审判工作顺利进行。司法警察权的行使既能辅助审判人员公正司法、准确定罪量刑，使犯罪分子受到应有惩罚，保障刑事审判活动顺利进行，又能直接预防、制止和惩治妨碍刑事、民事、行政审判活动的违法犯罪行为，维护人

---

[1] 在我国，司法警察包括人民法院司法警察和人民检察院司法警察，本书所述司法警察、司法警察权、司法警察职权均专指人民法院司法警察范畴。

民法院审判秩序。

（二）司法警察权的内容

司法警察权包括司法警察执法权、管理权和制规权等内容。

1. 司法警察执法权。司法警察执法权是指人民法院司法警察凭借国家强制力执行相关法律，维护国家审判秩序、保障审判活动顺利进行的强制力，主要包括司法警察执行权、司法警察强制权和司法警察处罚权。这是司法警察作为国家强力执法力量直接参与国家司法职能活动的重要体现。

（1）司法警察执行权。这是指司法警察为执行法律、法规或上级部门的决定、命令及法官指令，开展日常化警务活动，维护审判秩序及与审判工作相关的公共安全秩序的权力。司法警察执行权主要有检查、确认、许可、警戒等权能。

（2）司法警察强制权。这是指司法警察在维护审判秩序、保障审判活动顺利进行的过程中，对不依法履行义务的参与审判活动人员采取强制措施和强制手段，以促使其履行法定义务的权力。司法警察强制权主要有强制措施和强制执行权能。

（3）司法警察处罚权。这是指司法警察在维护审判秩序、保障审判活动顺利进行的过程中，对参与审判活动人员违反有关法律规范的行为，予以惩罚的权力。目前，司法警察实施处罚的决定权由其主管机关，即人民法院依法行使，司法警察在履行职务过程中，对依法应予处罚的行为可以提请人民法院院长决定给予法律制裁并执行处罚措施。

2. 司法警察管理权。司法警察管理权是指司法警察机构或主管机关通过决策、组织、控制等管理职能手段，结合人力、物力、财力、信息等资源，以期高效的达到自身组织目标的权力，主要包括司法警察决策权、司法警察组织权和司法警察督察权。司法警察管理权是国家赋予司法警察机构或主管机关对司法警察自身组织实施管理的权力，以利于更好地行使司法警察执法权，实现司法警察使命和完成司法警务任务。

（1）司法警察决策权。这是指司法警察机构或主管机关对维护审判秩序、保障审判活动顺利进行的重大警务、勤务活动事项制定计划、作出决断策划的权力。

（2）司法警察组织权。这是指司法警察机构或主管机关在职责范围内决定内部事务、支配和影响他人或者集体行为的权力。主要是司法警察机构内部岗位设置、人员调配、岗位职责权限设定以及警务资源配置利用等方面的权力。

(3) 司法警察督察权。这是指司法警察机构对所属单位和下级机构及其成员依法履行职责、运用权限和遵守纪律的情况进行监督的权力,也称司法警务督察权。

3. 司法警察制规权。这是指司法警察机构或主管机关制定普遍性行为规范的权力,在我国主要是由最高人民法院制定有关司法警察执法规范和组织管理规范的权力。现阶段,最高人民法院作为司法警察的主管机关为有效管理审判秩序及相关公共安全事务,充分发挥司法警察的作用,根据相关法律的精神和原则,制定有关司法警察的执法业务规则和警务保障管理规范,促进司法警察规范化、制度化建设。司法警察制规权必须在法定权限内行使,不得与宪法、法律或行政法规相抵触。

二、司法警察职权的概念

司法警察职权是国家赋予司法警察机构及其成员执行警察职务的资格或能力。司法警察职权由权力主体、权力内容和权限范围三个基本要素构成,在制度规范中主要由职责和权限两部分内容体现,它与司法警察机构及其成员的法定层级、职责和任务相适应,并随后者的变化而变化。

司法警察权作为警察权的有机组成部分,在国家权力配置中,必须定位到具体的国家机构,并表现为法律规定的具体职权,才能为司法警察机构及其成员现实享有并得以有效行使。

司法警察职权的设定与行使应当严格地以法律为界限,对司法警察机构及其成员来说,只要法律没有规定的,都是不能做的;法律规定就是司法警察职权的边界,不得逾越。

司法警察权是警察权的重要组成部分,作为国家权力的配置,必须定位到具体的国家机构,并表现为法律规定的具体职权,才能为司法警察机构及其成员现实享有并得以有效行使。

三、司法警察职权的内容

根据我国现行有关法律法规的规定,人民法院司法警察的职权主要有庭审秩序维护权、司法裁决执行权、诉讼强制措施执行权和司法应急处置权。

(一) 庭审秩序维护权

庭审秩序维护权是指人民法院司法警察依法维护审判秩序、确保法庭人员和财产安全，保障庭审活动顺利进行的资格或能力，主要包括押解权、看管权、值庭权和安全检查权等。

《司法警察条例》第二章"职权"中第7条规定，司法警察应维护审判秩序，在刑事审判中押解、看管被告人或者罪犯，传带证人、鉴定人和传递证据，对进入审判区域的人员进行安全检查，对不宜进入审判区域而强行进入的，人民法院司法警察应当依法处置。第8条规定，在法庭审判过程中，人民法院司法警察应当对违反法庭规则，扰乱法庭秩序，危及法庭内人员人身安全，被告人或者罪犯脱逃等情况依法按规处置。

《刑事审判警务保障工作规则》第2条规定，刑事审判警务保障是司法警察在刑事审判工作中，依法实施的押解、值庭、看管等职务行为。第12条规定，司法警察发现被告人有传递信息、串供、携带可疑物品等行为或者发生脱逃、行凶、自杀、自伤和其他危险行为的，应当果断先予处置，并及时向司法警察部门负责人、审判长或者独任审判员请示报告，根据命令或者指令采取进一步措施。被告人有检举、揭发的要求时，司法警察应当立即报告审判长或者独任审判员，并及时报告司法警察部门负责人，及时配合处理。第16条规定，押解是司法警察在刑事审判中，依法强制将被告人从看守所或者其他监管机构押到法庭接受审判，再将其押回看守所或者其他监管机构，保障审判活动安全有序进行的职务行为。第25条规定，看管是司法警察在刑事审判中，依法对人民法院羁押场所或者其他指定地点候审的被告人进行看守管理，保障审判活动安全有序进行的职务行为。第34条规定，值庭是司法警察在刑事审判中，依法维持法庭秩序，保证参与庭审活动人员安全，保障审判活动安全有序进行的职务行为。

《人民法院司法警察安全检查规则》（以下简称《安全检查规则》）第2条规定，安全检查是人民法院司法警察根据审判工作需要，依法防止限制物品、管制物品、易燃易爆物品、强腐蚀性物品等危险物品进入审判场所，保证参加庭审活动人员人身安全和审判工作顺利进行的职务行为。

《最高人民法院关于适用〈中华人民共和国刑事诉讼法〉的解释》（以下

简称《〈刑事诉讼法〉解释》）第204条规定，已经移送人民法院的证据，控辩双方需要出示的，可以向法庭提出申请。法庭同意的，应当指令值庭法警出示、播放；需要宣读的，由值庭法警交由申请人宣读。第250条第1款第1、第2项规定，法庭审理过程中，诉讼参与人或者旁听人员扰乱法庭秩序的，审判长应当按照下列情形分别处理：①情节较轻的，应当警告制止并进行训诫；②不听制止的，可以指令法警强行带出法庭……

（二）司法裁决执行权

司法裁决执行权是指人民法院司法警察依法执行死刑、配合实施生效民事、行政法律文书强制执行，保障执行活动顺利进行的资格或能力，主要包括死刑执行权、配合实施执行措施权和采取强制措施权。

《中华人民共和国刑事诉讼法》（以下简称《刑事诉讼法》）第263条第4款规定，指挥执行的审判人员，对罪犯应当验明正身，讯问有无遗言、信札，然后交付执行人员执行死刑。最高人民法院、公安部在1980年2月23日颁发的《关于判处死刑、死缓、无期徒刑、有期徒刑、拘役的罪犯交付执行问题的通知》第1条规定，对于判处死刑立即执行的罪犯，人民法院有条件执行的，应交付司法警察执行；没有条件执行的，可交付公安机关的武装警察执行。2006年6月，中国人民武装警察部队和最高人民法院依照国发（1988）79号文件和《中国人民武装警察部队执勤规定》联合发文，自2006年7月1日起，武装警察不再担任死刑执行任务，死刑执行任务由人民法院司法警察承担。《司法警察条例》第7条第5项规定，人民法院司法警察承担执行死刑的职责。

《司法警察条例》第二章"职权"中第7条第4项规定，在生效法律文书的强制执行中，人民法院司法警察应当配合实施执行措施，必要时依法采取强制措施。第11条规定，人民法院司法警察可以依法配合实施搜查、查封、扣押、强制迁出等执行行为。

《最高人民法院关于人民法院执行工作若干问题的规定（试行）》（以下简称《执行规定》）第7条规定，执行人员执行公务时，应向有关人员出示工作证件，并按规定着装。必要时应由司法警察参加。

（三）诉讼强制措施执行权

诉讼强制措施执行权是指人民法院司法警察依法执行拘传、拘留、罚款等强制措施的资格或能力，主要包括执行拘传权、执行拘留权和执行罚款权等。

《司法警察条例》第二章"职权"中第 7 条第 7 项规定，司法警察执行拘传、拘留等强制措施。第 8 条第 1 款规定，在法庭审判过程中，人民法院司法警察应当按照审判长或者独任审判员的指令，对违反法庭规则，哄闹、冲击法庭，侮辱、诽谤、威胁、殴打司法工作人员、诉讼参与人或者其他人员等扰乱法庭秩序的，依法予以强行带离，执行罚款或者拘留。第 9 条规定，对以暴力、威胁或者其他方法阻碍司法工作人员执行职务的，人民法院司法警察应当及时予以控制，根据需要进行询问、提取或者固定相关证据，依法执行罚款、拘留等强制措施。

《法庭规则》第 21 条第 3 款规定，人民法院依法对违反法庭纪律的人采取的扣押物品、强行带出法庭以及罚款、拘留等强制措施，由司法警察执行。

《〈刑事诉讼法〉解释》第 114 条第 1、2 款规定，对经依法传唤拒不到庭的被告人，或者根据案件情况有必要拘传的被告人，可以拘传。拘传被告人，应当由院长签发拘传票，由司法警察执行，执行人员不得少于二人。

《最高人民法院关于适用〈中华人民共和国民事诉讼法〉的解释》（以下简称《〈民事诉讼法〉解释》）第 178 条规定，人民法院依照《中华人民共和国民事诉讼法》（以下简称《民事诉讼法》）第 110 条至第 114 条的规定采取拘留措施的，应经院长批准，作出拘留决定书，由司法警察将被拘留人送交当地公安机关看管。

（四）司法应急处置权

司法应急处置权是指人民法院司法警察依法对审判工作和法院执行工作及涉诉信访等工作中发生的突发事情等紧急情况进行处置的资格或能力，主要包括刑事、民事和行政审判工作紧急情况处置权、执行死刑工作紧急情况处置权、民事行政案件执行工作紧急情况处置权和涉诉信访工作紧急情况处置权等。

《司法警察条例》第二章"职权"中第 7 条第 6 项规定，司法警察应当协助机关安全和涉诉信访应急处置工作。第 13 条规定，对严重扰乱人民法院工作秩序、危害人民法院工作人员人身安全及法院机关财产安全的，人民法院司法警察应当采取有关处置措施。

《人民法院司法警察预防和处置突发事件规则》（以下简称《预防和处置突发事件规则》）第2条规定，本规则所称突发事件是指突然发生，造成或者可能造成人员伤亡、财产损失，损害司法权威，妨碍审判执行活动，危及法院安全，需要司法警察采取应急处置措施予以应对的紧急情况。第6条规定，在人民法院预防和处置突发事件工作总体方案的基础上，司法警察部门应当制定本部门应急处置预案，明确应急处置的组织领导、职责分工、处置流程、应急措施、联防联动、勤务保障等内容。

公安部、最高人民法院《关于采取有力措施加强人民法院安全保卫工作的紧急通知》（公通字〔2010〕27号）明确要求，要充分发挥司法警察在人民法院内部安全保卫工作中的作用，按规定为其配备武器警械，保持震慑、制服犯罪的必要手段。

四、司法警察职权的行使

人民法院司法警察应当依法行使职权，认真履行职责，正确运用权限，预防、制止和惩治妨碍审判活动的违法犯罪行为，维护审判秩序，保障审判工作顺利进行。司法警察职权行使是否合法、准确、适当，直接关系到履职行为的合法性和实效性。

（一）行使主体合法

这是司法警察行使职权运用权限合法有效的主体要件。司法警察职权只能由具备主体资格的司法警察机构及其成员行使，其具体要求是：①司法警察职权的行使主体必须是依法成立、具有主体资格的司法警察机构及其经授权的成员。人民法院所属其他非司法警察机构以及司法警察机构中未经授权的成员，不能行使司法警察职权；②具有主体资格的司法警察机构是通过所属警务人员的具体活动实施司法警察权限的，警务人员必须是人民法院或司法警察机构经法定程序任用的人员，具有法定职务和资格身份，能够以司法警察机构或人民法院的名义对外行使职权、运用权限。

（二）行使内容合法

司法警察机构及其成员行使职权的内容必须符合法律规定，不能随意增加、减少或变更职权内容，必须在法律规定的职责范围内行使职权。如果司法警察行使职权的内容违反法律规定或违背立法目的或不符合公共利益，则会导致履职行为无效。运用司法警察权限的内容应当在法定的选择范围及幅度之内，必须明确具体，符合实际，切实可行。

（三）行使形式合法

司法警察机构及其成员必须以符合法律规定的形式、方式和方法行使职权，必须正确、恰当地运用司法警察权限，不能随意增加权限内容或改变权限运用的形式，包括强制性行为方式、方法和手段。司法警察运用权限应当在法定的选择范围及幅度之内，必须明确具体，符合实际，切实可行。

（四）行使程序合法

司法警察机构及其成员必须依照法定程序行使司法警察职权，履行职责，运用权限，包括遵循一般性法定程序规定和运用具体权限时的内部程序制度要求。凡不符合或违反程序规定的权限运用都是不合法的无效行为或违法的行为。严格依照程序运用司法警察权限，这不仅有利于保障诉讼参与人及其他相关人员的合法权益，也有助于司法警察机构及其成员正确地行使职权。

第三节 司法警察职责

一、司法警察职责的概念

司法警察职责是指司法警察机构及成员在履行司法警察职务中必须遵守和承担的法定责任与应履行的法定义务。司法警察职责是由其任务和性质所决定的，是完成司法警察任务所必须履职尽责内容的具体化。

目前，人民法院司法警察的具体职责是由《司法警察条例》和《最高人民法院关于人民法院司法警察依法履行职权的规定》（以下简称《关于人民法院司法警察依法履行职权的规定》）等有关规范性文件明确规定的，具有以下基本特征：

（一）司法警察职责具有法律规范的明确性

《人民警察法》等法律法规明确规定了人民警察的任务和有关职责，《司法警察条例》第3条规定了人民法院司法警察的任务，《司法警察条例》第7条和《关于人民法院司法警察依法履行职权的规定》第1条列举规定了司警察的具体职责。这为人民法院司法警察依法承担职责、履行义务提供了依据，明确了要求，具有明示性、规范性和权威性。

（二）司法警察职责具有司法辅助的保障性

人民法院司法警察在履行职责的过程中，应服务、服从于审判工作，要依法接受法官的指令，维护好审判秩序和人民法院工作秩序，保障审判活动顺利进行。

（三）司法警察职责具有严格履行的强制性

人民法院司法警察职责是由法律、条例及有关执法规则规定的，是为完成司法警察任务而必须履行的，不存在可以履行也可以不履行的司法警察职责，司法警察机构及其成员不得擅自改变，更不得拒绝承担或放弃履行。司法警察在履行职责时，要接受多种形式的法律监督、警务督察和社会监督，不履行或不全面、不严格履行都将受到法律和纪律的追究，要承担相应的责任。

二、司法警察职责范围及内容

《司法警察条例》第7条和《关于人民法院司法警察依法履行职权的规定》第1条明确规定了人民法院司法警察的职责范围及内容。

（一）维护审判秩序，预防、制止、处置妨害审判执行秩序的行为

《人民警察法》第2条规定，人民警察的任务是维护国家安全，维护社会治安秩序，保护公民的人身安全、人身自由和合法财产，保护公共财产，预防、制止和惩治违法犯罪活动。《司法警察条例》第3条规定，人民法院司法警察的任务，就是通过"预防、制止和惩治妨碍审判活动的违法犯罪行为"这一执法活动，"维护审判秩序"，以期产生"保障审判工作顺利进行"的效果。《司法警察条例》第7条第1项和《关于人民法院司法警察依法履行职权的规定》第1条第1项，直接将"维护审判秩序，预防、制止、处置妨害审判执行秩序的行为"规定为司法警察的首要职责。

人民法院的审判活动经《刑事诉讼法》《民事诉讼法》《中华人民共和国行政诉讼法》（以下简称《行政诉讼法》）等法律调整形成了审判秩序，包括刑事审判秩序、民事审判秩序和行政审判秩序。审判秩序是社会秩序的组成部分，而维护社会秩序长治久安是警察法规定的人民警察的任务，作为人民

警察的独立警种，人民法院司法警察肩负维护审判秩序的神圣使命。

人民法院是国家的审判机关，法庭是重要的国家机器，法院安全、法庭安全是国家安全的有机组成部分，司法警察履行值庭职责和协助法院机关安全保卫职责，是维护国家司法安全的直接体现。

（二）对进入审判区域的人员进行安全检查

为了保障参加诉讼活动人员的人身安全和诉讼工作顺利进行，防止未经允许的限制物品、管制物品等危险物品进入诉讼场所，依法禁止可能危害法院安全或妨害诉讼秩序的人进入审判区域，根据审判工作需要，由司法警察对进入审判区域的人员身份、人身和物品进行安全检查。这既是一项专业性的工作，也是一项严格的执法性活动。

（三）在刑事审判中，押解、看管被告人或者罪犯，传带证人、鉴定人、有专门知识的人或者其他诉讼参与人，传递、展示证据，执行强制证人出庭令

为保障刑事审判活动顺利进行，在刑事案件审判活动中，司法警察承担着重要职责，主要包括依法强制将被告人或罪犯从看守所或者其他羁押场所安全、准确、按时押解至人民法院指定羁押场所；按照审判长或独任审判员的指令及时将被告人押解到法庭，确保带入、庭审、带离过程安全，庭后从审判场所安全还押至看守所或其他羁押场所；在被告人候审期间，要在指定羁押场所看管被告人，守卫好羁押场所，确保被告人安全并按时出庭。同时，司法警察作为司法辅助人员，依法传带证人、鉴定人及有专门知识的人，传递、展示证据，保证证人、鉴定人及有专门知识的人的人身安全和证据传递、展示安全等。

（四）在强制执行中，配合实施被执行人身份、财产、处所的调查、搜查、查封、冻结、扣押、划拨、强制迁出等执行措施

生效的法律文书必须得到执行，否则社会公平正义难以实现。人民法院司法警察作为司法机关中的重要执法力量，承担配合执行人员依法采取冻结、划拨银行存款；查封、扣押、拍卖、变卖财产；搜查被执行人的住所或财产隐匿地；强制交出财物或票证；强制迁出房屋；强制退出土地等强制执行措施。必要时依法采取强制措施，维护执行现场秩序，保障执行人员安全、看管被执行的财产，保证执行活动顺利进行。

（五）执行死刑

司法警察依据最高人民法院院长签发的执行死刑命令，按照法定的执行程序，在刑场或者指定的场所，依法剥夺已判处死刑罪犯的生命，这是人民法院司法警察承担的重大而神圣的职责。

（六）协助机关安全和涉诉信访应急处置工作

人民法院是国家政权的重要组成部分，承担依法审判犯罪、依法审理各类经济、民事案件的重要职责，遭受袭击、破坏、侵害的风险大，容易成为犯罪分子实施极端报复的目标。切实加强人民法院安全保卫工作，确保干警人身安全，对于保障人民法院依法履行审判职能，惩办犯罪分子，保护公民合法权益，保卫人民民主专政制度，维护社会主义法制和社会秩序具有重要意义。

司法警察应当根据人民法院安全保卫工作的要求，协助做好人民法院重点部位的监控、安全检查、机关安全巡查、机关安全应急处置工作，维护机关工作秩序。司法警察是人民法院安全保障的主要力量，是人民法院突发事件处置的重要力量。

司法警察应当协助涉诉信访部门做好涉诉信访突发事件的预防和应急处置工作，维护涉诉信访工作秩序，保障涉诉信访工作安全。司法警察应依法处置立案区域内发生的各类突发事件，遇有寻衅滋事、打砸、破坏公共财产或侮辱、威胁、殴打信访工作人员时，司法警察应对其依法采取强制措施；发现有人携带危险物品时，司法警察应立即对其实施控制，责令其交出危险物品，抗拒交出的，应依法采取强制措施；遇有企图自杀、自伤时，司法警察应果断制止其行为，收缴其用于自杀、自伤的凶器或其他危险物品；遇有在法院门前围攻法院工作人员、拦截法院车辆或冲击法院大门等情形时，司法警察应立即向部门领导报告，由应急分队迅速前往现场，果断处置。

（七）执行扣押物品、责令退出法庭、强行带出法庭、拘传、罚款、拘留等强制措施

人民法院在审判、执行过程中，为保障审判活动、执行活动的正常进行，对妨害诉讼活动或执行活动的行为人会采取一定的强制措施。决定适用强制措施是法院院长及审判长、独任审判员、执行员的权限，而这些强制措施的执行则是司法警察的职责。

《刑事诉讼法》第 66 条规定，人民法院根据案件情况，对犯罪嫌疑人、被告人可以拘传。第 193 条规定，经人民法院通知，证人没有正当理由不出庭作证的，人民法院可以强制其到庭，但是被告人的配偶、父母、子女除外。证人没有正当理由拒绝出庭或者出庭后拒绝作证的，予以训诫，情节严重的，经院长批准，处以 10 日以下的拘留。第 199 条规定，在法庭审判过程中，如果诉讼参与人或者旁听人员违反法庭秩序，审判长应当警告制止。对不听制止的，可以强行带出法庭；情节严重的，处以 1000 元以下的罚款或者 15 日以下的拘留。

《民事诉讼法》第 65 条规定，……当事人逾期提供证据的，人民法院应当责令其说明理由；拒不说明理由或者理由不成立的，人民法院根据不同情形可以不予采纳该证据，或者采纳该证据但予以训诫、罚款。第 109 条规定，人民法院对必须到庭的被告，经两次传票传唤，无正当理由拒不到庭的，可以拘传。第 110 条规定，人民法院对违反法庭规则的人，可以予以训诫，责令退出法庭或者予以罚款、拘留。人民法院对哄闹、冲击法庭，侮辱、诽谤、威胁、殴打审判人员，严重扰乱法庭秩序的人，依法追究刑事责任；情节较轻的，予以罚款、拘留。第 111 条规定，诉讼参与人或者其他人有下列行为之一的，人民法院可以根据情节轻重予以罚款、拘留；构成犯罪的，依法追究刑事责任：伪造、毁灭重要证据，妨碍人民法院审理案件的；以暴力、威胁、贿买方法阻止证人作证或者指使、贿买、胁迫他人作伪证的；隐藏、转移、变卖、毁损已被查封、扣押的财产，或者已被清点并责令其保管的财产，转移已被冻结的财产的；对司法工作人员、诉讼参加人、证人、翻译人员、鉴定人、勘验人、协助执行的人，进行侮辱、诽谤、诬陷、殴打或者打击报复的；以暴力、威胁或者其他方法阻碍司法工作人员执行职务的；拒不履行人民法院已经发生法律效力的判决、裁定的。人民法院对有前款规定的行为之一的单位，可以对其主要负责人或者直接责任人员予以罚款、拘留；构成犯罪的，依法追究刑事责任。

第 112 条规定，当事人之间恶意串通，企图通过诉讼、调解等方式侵害他人合法权益的，人民法院应当驳回其请求，并根据情节轻重予以罚款、拘留；构成犯罪的，依法追究刑事责任。第 113 条规定，被执行人与他人恶意串通，通过诉讼、仲裁、调解等方式逃避履行法律文书确定的义务的，人民法院应当根据情节轻重予以罚款、拘留；构成犯罪的，依法追究刑事责任。第114条规定，有义务协助调查、执行的单位有妨碍执行行为之一的，人民法院除责令其履行协助义务外，并可以予以罚款；可以对其主要负责人或者直接责任人员予以罚款；对仍不履行协助义务的，可以予以拘留，并可以向监察机关或者有关机关提出予以纪律处分的建议。第115条规定，对个人的罚款金额，为人民币10万元以下；对单位的罚款金额，为人民币5万元以上100万元以下；拘留的期限，为15日以下。第117条规定，任何单位和个人采取非法拘禁他人或者非法私自扣押他人财产追索债务的，应依法追究刑事责任，或者予以拘留、罚款。

《行政诉讼法》第59条规定，诉讼参与人或者其他人有妨碍执行、妨碍诉讼、阻碍人民法院工作人员执行职务或者扰乱人民法院工作秩序等行为之一的，人民法院可以根据情节轻重，予以训诫、责令具结悔过或者处1万元以下的罚款、15日以下的拘留；构成犯罪的，依法追究刑事责任。第96条规定，行政机关拒绝履行判决、裁定、调解书的，第一审人民法院可以从期满之日起，对该行政机关负责人按日处50元至100元的罚款。《最高人民法院关于执行〈中华人民共和国行政诉讼法〉若干问题的解释》（以下简称《〈行政诉讼法〉解释》）第96条规定，行政机关拒绝履行人民法院生效判决、裁定的，人民法院可以依照《行政诉讼法》第65条第3款的规定处理，并可以参照《民事诉讼法》第102条的有关规定，对主要负责人或者直接责任人员予以罚款处罚。

《执行规定》第15条规定，对必须到人民法院接受询问的被执行人或被执行人的法定代表人或负责人，经两次传票传唤，无正当理由拒不到场的，人民法院可以对其进行拘传。

（八）法律、法规规定的其他职责

这是援引式兜底性司法警察职责规定，除了《司法警察条例》和《关于人民法院司法警察依法履行职权的规定》明文规定的司法警察职责外，凡有法律、法规规定人民法院司法警察其他职责的，都应当履行。

三、司法警察职责的履行

尽责是一项职业素养。司法警察要牢记使命，勇于承担责任，尽心尽力地履行职责。

（一）司法警察履行好职责，就要牢记使命强化责任担当

有权必有责，权力就是责任，责任就要担当，敢于担当是司法警察正确履行职责的重要标准之一。司法警察承担着预防、制止和惩治妨碍审判执行活动的违法犯罪行为，维护审判执行秩序，保障审判执行工作顺利进行的神圣使命，勇于负责、敢于担当是必备的基本素养。司法警察工作岗位不同，职务有高有低、责任有大有小，但都与维护审判秩序和执行秩序、实现司法公正、促进社会公平正义的中心任务相关联，都是审判机关工作责任链条中的重要一环。司法警察在非工作时间，遇有其职责范围内的紧急情况，应当履行职责。司法警察要增强在审判机关、在司法警察岗位工作的自豪感和光荣感，更要深刻认识到这是一份沉甸甸的法定责任，要毫不畏惧地承担起这个责任。

（二）司法警察履行好职责，就要心系群众严格规范执法

人民群众对美好生活的向往就是我们党的奋斗目标，社会公众对公平正义的需求就是司法工作的导向，人民法院正在努力使每一个司法案件都体现公平正义。司法警察必须以宪法和法律为行为准则，全心全意为人民服务，忠于职守，清正廉洁，服从命令，严格执法，不断深化人民法院司法警察执法规范化建设，切实把"严格""规范""公正""文明"的执法理念落实到警务实践中，不断提升司法警察执法规范化水平。牢记执法为民的宗旨，进一步树立以人民为中心的理念，改进执法作风，积极践行司法为民、司法便民、司法利民和人权司法保障，赢得人民群众的拥护和支持。

（三）司法警察履行好职责，就要加强学习提高能力素质

司法警察要不断加强思想政治理论学习，注重业务知识更新，将学习、思考、实践和感悟有机结合起来，通过学思践悟，不断提高学习能力，提升职业素养。司法警察要把学习作为一种精神追求、生活态度和工作责任，勤于学习、善于学习，坚持学中干、干中学，在实践中积累经验。要带着问题学，联系实际学，多思考、多比较，把书本知识实践化、把零散知识系统化、把感性认识理性化、把肤浅观点深刻化，在加强学习中不断提高政治能力、业务能力、科技应用能力和拒腐防变能力，为公正司法提供有力的警务保障。

第四节　司法警察权限

一、司法警察权限的概念

人民法院司法警察权限是指人民法院司法警察机构及其警务人员为了保证司法警察职责的有效履行，而依法必须具备的对被管理的人或事项进行决策的范围和程度以及依法采用的手段和措施的总称。

司法警察权限具有法律规范及专门条例的规定性、法官与执行员现场指令的实施性和审判执行活动安全警务保障的强制性等特征。

二、司法警察权限的内容

国家以法律形式赋予司法警察机构和司法警察运用一定手段和采取必要措施，以维护国家与公众所需要的审判秩序和有关执行秩序以及与审判、执行相关的公共安全，其手段和措施构成司法警察权限的内容。

司法警察值庭时可以采取的强制手段和强制措施主要有：使用戒具、使用束缚椅或者囚笼、警告、责令退出、强制带离、强行扣押、收缴、检查等。

司法警察押解和看管时可以采取的强制手段和强制措施主要有：使用手铐、绊绳、脚镣或加用其他防脱逃的戒具、人身检查、没收违禁物品、收缴可能用于串供的字条等物品、现场警戒、现场隔离、带离现场等。

司法警察安全检查时可以采取的强制手段和强制措施主要有：查验证件、人身检查、开箱（包）检查、物品检查、询问、强制带离、强行扣押、收缴、阻止进入、阻止带入、临时关闭安检场所等。

司法警察执行死刑时可以采取的强制手段和强制措施主要有：人身检查、没收违禁物品、现场警戒、使用头套、手铐、警绳、脚镣等戒具、捆绑、静脉注射、枪决等。

司法警察配合民事、行政执行时可以采取的强制手段和强制措施主要有：询问、核对证件、现场警戒、现场隔离、强行进入、强制开启、使用警械等。

司法警察执行强制措施时可以采取的强制手段和强制措施主要有：询问、

第三章 司法警察职权

核对证件、强行带离、使用警械等。

司法警察协助机关安全和涉诉信访应急处置、处置审判工作和执行工作中突发事件时可以采取的强制手段和强制措施主要有：询问、核对证件、训诫、口头警告、现场警戒、强行带离、现场隔离、控制和束缚、收缴其凶器和其他危险物品、追击协助缉捕、使用警械、鸣枪警告、使用武器等。

三、司法警察权限的运用

人民法院司法警察应当依法行使职权，认真履行职责，正确运用权限，预防、制止和惩治妨碍审判活动和执行活动的违法犯罪行为，维护审判秩序和法院执行秩序，保障审判工作和执行工作顺利进行。司法警察权限运用是否合法、准确、恰当，直接关系到职责履行的程度和职权行使的合法性和实效性。应当做到：①运用主体适格；②运用程序合法；③运用内容合规；④运用措施精确；⑤运用手段适当。

随着我国司法体制改革逐步深化，人民法院审判制度和执行制度不断完善，司法警察制度也在持续完善之中，有关司法警察职责和权限的规定将会进一步被科学、优化和完备的配置。

 思考题

1. 司法警察权与公安警察权有什么区别吗？
2. 人民法院司法警察的职权具体有哪些？
3. 人民法院司法警察承担的职责具体有哪些？
4. 人民法院司法警察在审判活动中能够运用的权限具体有哪些？

材料分析

要把学习贯彻习近平新时代中国特色社会主义思想和习近平总书记关于新时代政法工作的重要思想作为首要政治任务，坚持不懈在学懂弄通中做实上下功夫。要把"不忘初心、牢记使命"作为政法干警的必修课、常修课，引导他们把牢理想信念"总开关"，在大是大非面前旗帜鲜明，在风浪考验面司法警察概论

前无所畏惧，在各种诱惑面前立场坚定，在关键时刻让党和人民信得过、靠得住、能放心。要健全"思想淬炼、政治历练、实践锻炼"机制，健全政治督察、政治体检制度，严防发生违反政治纪律和政治规矩的行为。

问题： 人民法院司法警察作为政法队伍的组成部分应如何确保政治本色，行使好职权？

第四章　司法警察职业素质

学习目标

通过本章学习，了解素质、职业素质的概念，理解司法警察职业素质的概念和内容，明确司法警察政治素质、业务素质和身心素质的内容和要求。

重点提示

司法警察职业素质　政治素质　业务素质　身心素质

第一节　司法警察职业素质的概述

一、素质的含义[1]

人们对于素质的界定和认识，有一个循序渐进，不断丰富、完善和扩张的过程。

《辞海》中将素质界定为三个层次的含义：一是人或事物在某些方面的本来特点和原有基础。二是人们在实践中增长的修养，如政治素质、文化素质等。三是从心理学的角度，是指人的先天的解剖生理特点，主要是感觉器官和神经系统方面的特点。[2]

---

[1] 素质是指人在生理、心理和行为等方面所具有的从事某种活动的基本条件和能力。在心理学上，素质指人的神经系统和感觉器官上的先天解剖特征。人的素质除了某些先天具有的因素之外，都是在后天的社会活动中形成的。一定的社会活动领域对人的基本条件和能力具有相应的要求，根据这些要求对人所作的特定评价，就是对人的素质的评价。如个人的政治素质、道德素质、文化素质等，都是一定社会、阶级或行业对个人在这些活动领域所应具有的基本条件和能力所作的要求，同时也是对个人在这些领域的活动中所实际表现出来的状况与能力所作的评价。——罗国杰主编：《中国伦理学百科全书·伦理学原理卷》，吉林人民出版社1993年版。

[2]《辞海》，上海辞书出版社1999年版，第3473页。

《现代汉语词典》对素质的界定基本沿袭了《辞海》的方式,将素质概括为三个层次的内容:一是指事物本来的性质。二是指素养。三是指心理学意义上人的神经系统和感觉器官上的先天的特点。[1]

《教育辞典》认为,素质是指"有机体与生俱来的某些解剖生理上的特点,如身体的构造、形态、感觉器官和神经系统的特点,尤其是大脑的结构和机能的特点。素质虽然是与生俱来的,具有极大的稳定性,但在后天环境的影响下,在实践活动中,素质的某些特点也会发生缓慢的变化。"[2]

《中国百科大辞典》认为,素质是"有机体天生具有的解剖和生理特点,主要指一个人的感觉器官、运动器官以及脑的结构形态和生理机能方面的特点。是人的能力形成和发展的自然前提和基础。"[3]

《心理咨询大百科全书》认为,素质是指"亦称'禀赋''遗传素质',指个体生而具有的解剖和生理特点,主要指感觉器官、运动器官、神经系统等的结构特点和功能特点。例如,有的人视力好,有的人视力差;有的人音色好听,有的人音色逆耳;有的人神经系统的耐力高,有的人神经系统耐力低;等等。良好的先天素质尤其是神经系统的结构和功能特点,是个人心理特征的形成和发展的生物学前提,但它不是心理发展的唯一因素,也不是决定因素。心理发展是素质、环境、教育、文化和个人主观能力共同作用的结果。"[4]

综合上述词典对素质的解释,我们认为,素质是指在人们的先天生理基础上,经过后天的教育和社会环境条件的影响,由知识内化而形成的相对稳定的心理品质及其素养、修养和能力的总称。素质包括先天素质和后天素质。先天素质是通过父母遗传因素而获得的素质,是与生俱来的生理特征,即遗传素质。主要包括感觉器官、神经系统和身体其他方面的一些生理特点。后天素质是通过环境影响和教育而获得的。素质是在人的先天生理基础上受后天的教育训练和社会环境的影响,通过自身的认识和社会实践逐步养成的比

---

[1] 《现代汉语词典》,商务印书馆1998年版,第1204页。
[2] 张焕庭主编:《教育辞典》,江苏教育出版社1989年版,第671页。
[3] 袁世全主编:《中国百科大辞典》,华夏出版社1990年版,第108页。
[4] 中国百科大辞典编委会编:《心理咨询大百科全书》,浙江科学技术出版社2001年版,第55页。

较稳定的身心发展的基本品质。人的素质，包括人的思想、知识、才能、性格、品德等都是在后天的环境和教育的影响下形成的。正如马克思所说："搬运夫和哲学家之间的原始差别要比家犬和猎犬之间的差别小得多，他们之间的鸿沟是分工掘成的。"〔1〕

素质主要包括以下三方面的内容：

1. 素质首先是教化的结果。它是在先天素质的基础上，通过教育和社会环境影响逐步形成和发展起来的。

2. 素质是自身努力的结果。一个人的素质的高低，是通过自己的努力学习、实践，获得一定知识并把它变成自觉行为的结果。

3. 素质是一种比较稳定的身心发展的基本品质。这种品质一旦形成，就相对稳定。

素质，是后天形成的一种生活习惯。素质的高低不以人种而划分，任何地方都有素质高的人和素质低的人。

人的素质包括自然素质、心理素质和文化素质。素质只是人的心理发展的生理条件，不能决定人的心理内容与发展水平，人的心理活动是在遗传素质与环境教育相结合中发展起来的。

而人的素质一旦形成就具有内在的相对稳定的特征，所以人的素质是以人的先天禀赋为基质，在后天环境和教育影响下形成并发展起来的内在的、相对稳定的身心组织结构及其质量水平。

二、职业素质的含义

职业素质（Professional Quality）是劳动者对社会职业了解与适应能力的一种综合体现，其主要表现在职业兴趣、职业能力、职业个性及职业情况等方面。影响和制约职业素质的因素很多，主要包括：受教育程度、实践经验、社会环境、工作经历以及自身的一些基本情况（如身体状况等）。一般说来，劳动者能否顺利就业并取得成就，在很大程度上取决于本人的职业素质，职业素质越高的人，获得成功的机会就越多。

职业素质的主要特征：

---

〔1〕《马克思恩格斯全集》第 4 卷，人民出版社 1958 年版，第 160 页。

1. 先天性。人的素质源于先天的遗传因素，表现为人的多项发展潜质。这些遗传因素和潜质为后天的开发与发展提供了可能性，是后天开发的基础。同时，人的先天遗传是有差异的，因而表现出发展潜质的千差万别。

2. 职业性。不同的职业，职业素质是不同的。对工人的素质要求，不同于对医生的素质要求；对警察职业的素质要求，不同于对教师职业的素质要求。司法警察作为一个独立的警种，是人民法院不可缺少的一支武装力量，司法警察工作既是审判、执行工作秩序正常进行的保障，也是审判结果最终得以实现的保障。作为维护司法公正与审判秩序的重要力量、法院的第一道防线，司法警察的职业素质的高低直接影响着法院的整体形象。

3. 稳定性。一个人的职业素质是在长期执业中日积月累、潜移默化形成的。它一旦形成，便一定是相对稳定的，是不容易被改变的。一个新入警的司法警察，经过几年的警务工作经验的积累，对刑事审判中押解、看管被告人或者罪犯，传带证人、鉴定人和传递证据；配合执行以及工作中对突发事的处置等工作规范、要求已经形成了一定的职业习惯，而这些习惯那就是职业素质的体现，它具有一定的稳定性，但是随着知识的学习和提升、新技能掌握和运用，职业素质是可以不断提高的。

4. 内在性。素质是在先天遗传的基础上，经过后天的开发，使社会物质、文化因素等与人的潜质凝结而形成的品质或本质。[1]在长期的职业活动中，通过学习、教育培训、职业实践、自我修炼等途径，觉得怎样做是对的，怎样做是不对的。这样，有意识地内化、积淀和升华的这一心理品质，就是职业素质的内在性。素质是一种内在本质，它决定着人的外在表现，学历、资历、地位等外在属性都不是素质。

5. 整体性。一个从业人员的职业素质是和他整个素质有关的。一个人的职业素质好，不仅指他的思想政治素质、职业道德素质好，而且还包括他的科学文化素质、专业技能素质好，甚至还包括身体心理素质好。一个从业人员，虽然思想道德素质好，但科学文化素质、专业技能素质差，就不能说这个人整体素质好。相反，一个从业人员科学文化素质、专业技能素质都不错，但思想道德素质比较差，同样，我们也不能说这个人整体素质好。所以，职

---

[1] 赵作斌编著：《成功素质教育论集》，长江出版社2010年版，第322页。

业素质一个很重要的特点就是整体性。

6. 发展性。一个人的素质是通过教育、自身社会实践和社会影响逐步形成的，它具有相对性和稳定性。虽然素质具有相对稳定性，但通过对潜质加以大力开发，素质可以得到发展，这也正是教育的作用和意义所在。随着社会发展对人们不断提出的要求，人们为了更好地适应、满足、促进社会的发展的需要，总是不断地提高自己的素质，所以，素质具有发展性。

三、司法警察职业素质的含义

（一）司法警察职业素质的概念

司法警察职业素质，即司法警察所应具备的先天的身体条件、生理条件和心理品质等自然素质，以及后天习得的文化知识、业务知识、专业技能与履行职责的能力等社会素质的总和。

《司法警察条例》规定了司法警察的任务和职责：人民法院司法警察的任务是预防、制止和惩治妨碍审判活动的违法犯罪行为，维护审判秩序，保障审判工作顺利进行。人民法院司法警察的职责：①维护审判秩序；②对进入审判区域的人员进行安全检查；③刑事审判中押解、看管被告人或者罪犯，传带证人、鉴定人和传递证据；④在生效法律文书的强制执行中，配合实施执行措施，必要时依法采取强制措施；⑤执行死刑；⑥协助机关安全和涉诉信访应急处置工作；⑦执行拘传、拘留等强制措施；⑧法律、法规规定的其他职责。

人民法院司法警察是中华人民共和国人民警察的警种之一，在社会大发展和改革的大背景下，司法警察同样面临着多种考验，其综合素质的高低对职能作用的发挥和中心任务的完成起着决定性的作用。提升司法警察的综合素质，以适应人民法院的时代要求，显得越发重要。警察素质不仅直接关系到人民警察是否较好地履行职责，也关系到社会秩序的维护，公民合法权益保障及人民警察在人民群众中的形象维护。

（二）司法警察职业素质的内容

根据《中华人民共和国公务员法》（以下简称《公务员法》）、《人民警察法》的要求，担任司法警察必须达到下列基本素质要求：①具备国家公务员的基本条件和《人民警察法》规定担任人民警察应具备的条件；②政治上与党中央保持一致,全心全意为人民服务;③遵守国家法律和人民警察职业道德规范,遵守国家公务员和人民警察的纪律、条令、条例和其他规章制度,有严格的组织纪律性;④掌握司法警察业务基础知识和岗位工作必需的基本技能,正确执行与工作有关的法律、法规,具备基本的业务能力和工作水平;⑤具有良好的身体和心理素质。

十八届四中全会《中共中央关于全面深化改革若干重大问题的决定》(以下简称《决定》)对法治专门队伍建设明确提出"正规化、专业化、职业化"的要求。

2017年1月,中共中央印发《关于新形势下加强政法队伍建设的意见》(以下简称《意见》),再次强调"要深入学习贯彻习近平总书记系列重要讲话精神和治国理政新理念新思想新战略,紧紧围绕维护社会大局稳定、促进社会公平正义、保障人民安居乐业的总任务,牢牢把握政治过硬、业务过硬、责任过硬、纪律过硬、作风过硬的总要求,坚持中国特色社会主义政法队伍正规化、专业化、职业化方向,深入推进思想政治、业务能力、纪律作风建设,努力建设一支信念坚定、执法为民、敢于担当、清正廉洁的政法队伍。"《意见》在加强履职能力建设这方面,提出"建立健全各类执法司法人员岗位素质能力基本标准,建立符合执法司法规律的政法干警绩效考评体系,在职务晋升、薪酬待遇、荣誉激励等方面全面体现能力和业绩导向。构建教、学、练、战一体化教育培训机制,全面推进青年政法干警业务导师制,建立岗位业务咨询和顾问制度,提高执法司法专业能力;强化宗旨意识和群众观念,鼓励政法干警到条件艰苦、情况复杂、矛盾集中的地方和岗位锻炼成长,提高群众工作能力;全面实施科技强警战略,建设数据化、智慧型政法机关,造就一大批精业务、熟法律、懂科技的复合型人才,提高科技应用能力;树立主动宣传、立体传播理念,完善政法宣传舆论引导工作机制,提升互联网时代政法干警的媒介素养,提高社会沟通能力。加强政法专门人才队伍建设,制定政法专门人才差别化管理办法。"

党的十九大报告指出,要注重培养专业能力、专业精神,增强干部队伍适应新时代中国特色社会主义发展要求的能力。

根据《公务员法》《人民警察法》《决定》《意见》和党的十九大报告精神,司法警察的职业素质应包括思想政治素质、业务素质、法律素质、身心素质、科学文化素质、群众工作能力和媒介沟通能力。

1. 思想政治素质。政治素质是人民警察必备的首要素质，是警察素质的核心。政治素质是指政治主体在政治社会化的过程中所获得的对他的政治心理和政治行为发生长期稳定的内在作用的基本品质，是社会的政治理想、政治信念、政治态度和政治立场在人的心中形成的并通过言行表现出来的内在品质。它是人们从事社会政治活动所必需的基本条件和基本品质，是个人的政治立场、政治觉悟、政治信仰、政治能力、思想品行、道德修养以及纪律作风的综合表现。

政治素质是司法警察在现实社会生活中对党和国家在处理国家生活和国际关系方面所采取的政策和活动，包括一个时期党的路线、方针和政策，国家的国体、政体，政治权力、政治权利、政治制度以及在重大国际斗争中所采取的立场和做法等的认同感、拥护程度及其态度。具体来说，就是对中国共产党的执政地位，党在新的历史时期所推行的路线、方针和政策，四项基本原则的理解、认同和实践程度，是否自觉地与党中央始终保持高度的一致等方面的内容。《人民警察法》第 2 条第 1 款规定"人民警察的任务是维护国家安全，维护社会治安秩序，保护公民的人身安全、人身自由和合法财产，保护公共财产，预防、制止和惩治违法犯罪活动。"司法警察作为维护国家安全和人民利益、维护司法权威的司法行政执法力量要做到"对党忠诚、服务人民、执法公正、纪律严明[1]"。

---

[1] 2017 年 5 月 19 日，习近平总书记在会见全国公安系统英雄模范立功集体表彰大会代表并发表重要讲话时提出，全国公安机关和公安队伍要坚持党对公安工作的领导，牢固树立"四个意识"，坚持人民公安为人民，全面加强正规化、专业化、职业化建设，做到"对党忠诚、服务人民、执法公正、纪律严明"。2020 年 8 月 26 日，习近平总书记向中国人民警察队伍授旗并致训词。他强调，我国人民警察是国家重要的治安行政和刑事司法力量，主要任务是维护国家安全，维护社会治安秩序，保护公民人身安全、人身自由、合法财产，保护公共财产，预防、制止、惩治违法犯罪。新的历史条件下，我国人民警察要对党忠诚、服务人民、执法公正、纪律严明，全心全意为增强人民群众获得感、幸福感、安全感而努力工作，坚决完成党和人民赋予的使命任务。

习近平总书记接见全国公安系统英雄模范立功集体
表彰大会代表时的重要讲话学习辅导读本

因为警察教育肩负着培养社会主义忠诚卫士的重要使命，所以想要造就出一支政治可靠、全心全意为人民服务、忠于职守、清正廉洁、服从命令、严格执法的司法警察队伍，就要紧紧把握素质教育的灵魂，自始至终把思想政治教育摆在重要的位置。

2. 业务素质。业务素质是警察完成本职工作的根本。依据司法警察工作职责的要求，提高司法警察专业培训的质量、强化警务技能等方面的培训、增强业务能力，这是实现司法警察工作职责的要求，也是警察素质重要组成部分。

业务素质是司法警察队伍正规化、专业化、职业化发展的必然要求，是司法警察队伍建设的核心内容。提高司法警察执法专业能力和专业素养，努力使广大司法警察都具备较深厚的法律功底、丰富的实践经验、广博的社会阅历、高尚的职业操守，是履行好职责任务的根本保障。

司法警察业务素质是司法警察运用法律法规知识，保障诉讼安全、维护审判秩序、促进社会公平正义的能力，是做好司法警务工作的基本前提。司法警察业务素质包括保障庭审安全的能力、执行生效法律文书的能力和处置各类突发事件的能力等。执法专业能力的提升不仅需要扎实的法律知识，还需要扎实的警务实务能力和良好的警务素质。

针对新形势下的新任务，人民法院应着力强化司法警察队伍的业务素质，提升司法警察的执法专业能力。通过加强司法警察教、学、练、战一体化教育培训机制建设，实行精准化培训、专业化训练，构建分层次按需求培训体系，探索建立基本能力达标考核制度等制度建设；通过组织开展轮值轮训、实岗练兵、岗位竞赛、技能比武等活动，结合反恐防暴、群体性事件处置等实战要求、健全练兵机制、培育精兵强将等手段和方式，提高司法警察实战本领。通过这些措施实施，有利于提升司法警察的知识结构、专业素养，提高司法警察保障庭审安全的能力、执行生效法律文书的能力和处置各类突发事件的能力。

3. **法律素质**。司法警察是人民法院具有武装性质的司法行政执法力量，是我国法治专门队伍中的重要力量。司法警察要善于运用法治思维和法治方式推动司法警务工作，要具备崇文尚武的综合素养。

司法警察一般应掌握包括宪法知识、法学理论知识、刑事法律知识、民事法律知识，行政法一般原理及相关知识。掌握上述法律的一般原理，精通有关法律规定，并熟悉各法律部门的有机联系和相互制约关系，这是司法警察执法为民能力的基础。

司法警察只有具备基本的法律素质，才能做到知法守法、懂法护法的合格的警察，警察不仅要熟知国家的法律法规，而且要熟练掌握工作规范和条例，做到依法办事，公正执法。

4. **身体心理素质**。警察必须具备合格的身体和心理素质，只有具备相应的身体、心理素质，才能够更好地履行警察的工作职责。

警察的身体素质与执法工作紧密相连，是执行警务活动的基本保障。良好的体能素质对于司法警察极为重要，作为担负司法警务保障任务的武装力量，司法警察队伍在刑事审判保障、协助开展执行、机关安全保卫、应急处突工作等方面发挥着不可替代的作用。强健的体能素质是司法警察履行职责的必备条件。

心理素质在警察素质中具有重要地位。警察心理素质包括心理健康、心理压力承受能力、自我控制能力、基本心理素质等方面。司法警察队伍作为法院唯一的武装力量，司法警察总是直接面对危险和困难。例如：司法警察在送达、执行中，会遇到诸如当事人拒收法律文书，甚至辱骂、殴打、围攻执行干警；在接访中，有的来访群众不听劝解、漫骂接访干警；尤其是执行死刑任务，司法警察所承受的心理和精神压力非常大。随着现代社会问题的日益复杂化和各类案件的日益增加、警务工作的超负荷、工作对象的危险性加大，工作时间的不稳定性，使警察处于极度疲劳和高度紧张的高压环境之中。这对民警的心理素质提出了较高的要求。

心理素质训练是缓解司法警察心理压力的重要措施，也是司法警察教育、培训工作的一个重要内容。要对司法警察进行普遍的心理研究调查，建立心理档案，并据此制定教育、培训计划的目标。

另外，通过加强对司法警察工作职能、性质、地位、作用的教育，使广大干警充分认识到司法警察在服务法院办案中肩负的重要使命与法律职责，增强爱岗敬业、无私奉献的工作意识。

加强司法警察的心理健康，有利于维护司法警察的整体形象，有利于维护法律的尊严，有利于推动法院的形象宣传，也有利于促进法院规范秩序建设进程。

5. 科学文化素质。随着经济的快速发展，科学技术的不断进步，使得警察工作中的科技含量所占的比例也越来越高，而警察在实际工作中运用科技的基本能力直接关系到工作的效能，警察要有较高的科学文化素养，才有利于维护警察公正执法的权威形象，所以要全面实施科技强警战略，建设数据化、智慧型人民法院，造就一大批精业务、熟法律、懂科技的复合型人才，提高司法警察的科技应用能力。

在科技进步的大数据时代，数据信息技术的应用推进了政法工作的现代化，为警务工作提供了科学智能化服务，司法警察应当具备操作应用信息技术的能力，并运用到各项具体工作中。司法警察应当主动运用新科技、新思维、新方法推动司法警务工作，促进警务流程再造，推动警务机制体制创新，助推"汗水警务"迈向"智慧警务"，促进司法警务工作实现新发展。

第二节　司法警察政治素质

司法警察的政治素质就是司法警察具有的政治素养和政治水平。政治素质并不是一成不变的，它可以通过社会实践和学习得到不同程度的提高和补偿。

司法警察政治素质是司法警察整体素质的一个方面，而且是一个重要的方面。司法警察政治素质决定司法警察的业务素质，反过来又为业务工作服务。

司法警察的政治素质决定司法警察政治的强弱和政治水平的高低，反之，司法警察政治的强弱和政治水平的高低体现了司法警察的政治素质。所以，加强司法警察素质建设就是强化司法警察政治能力和政治水平。

政治素质不是自发产生的，而是在教育和引导下，参加一定的社会实践，联系实际学习知识和理论，逐步培养、提高起来的。政治素质表现为：坚持社会主义道路，坚持无产阶级专政，坚持中国共产党的领导，坚持马克思主义、列宁主义、毛泽东思想、邓小平建设有中国特色的社会主义理论、科学发展观、习近平新时代中国特色社会主义思想，为建设富强、民主、文明的社会主义现代化国家而贡献力量。

司法警察要注重政治素质的提升，自觉抵制错误思想的侵蚀，切实增强政治警觉和政治鉴别能力，坚决抵制社会上公开否定"党的领导"和"党的基本路线"的错误言论，树立底线思维，心存戒惧，敬畏组织、敬畏法纪，切实避免思想庸俗化、灵魂虚无化。

一、政治素质的含义

素质，是一个人从事某种工作所需要的各种条件和品质的总和。政治素质是指人们从事社会政治活动所必需的基本条件和基本品质，是个人的政治立场、政治觉悟、政治信仰、政治能力、思想品行、道德修养以及纪律作风的综合表现。政治素质是人的综合素质的核心。人的政治素质的高低是社会政治文明发展水平的重要标志。准确把握政治素质的内涵和特征是提高人的政治素质的前提。人民警察的政治素质是由人民警察的性质和职责所要求的，作为人民警察应具备的政治、思想及道德品质等条件的综合表现。

加强司法警察的政治素质，是确保司法警察牢固树立"四个意识"，坚定"四个自信"，始终保持"忠于党、忠于国家、忠于人民、忠于法律"的政治本色，培育忠诚警魂，铸就忠诚品格，激励队伍士气，构建和谐警营，保持清正廉洁，建设政治过硬、业务过硬、责任过硬、纪律过硬、作风过硬的司法警察队伍的思想基础、组织保障和精神动力。

司法警察队伍的政治素质直接关系到全面正确履行警务保障的水平。在我国加快推进"平安中国、法治中国、过硬队伍建设，努力实现让人民群众在每一个司法案件中都感受到公平正义"目标的新形势和新要求面前，人民法院实现"保障法律实施、维护社会公平正义"的责任更加艰巨；化解矛盾纠纷、维护社会和谐稳定的任务更加繁重。因此，建设一支理想信念坚定，坚持党的事业至上、人民利益至上、宪法法律至上，永葆忠于党、忠于国家、忠于人民、忠于法律的司法警察队伍，对实现维护社会大局稳定的基本任务、促进社会公平正义的核心价值追求、保障人民安居乐业的根本目标具有十分重要的战略意义。

二、司法警察政治素质的内容

2017年5月19日，习近平总书记在会见全国公安系统英雄模范立功集体表彰大会代表并发表重要讲话时提出，全国公安机关和公安队伍要坚持党对公安工作的领导，牢固树立"四个意识"，坚持人民公安为人民，全面加强正规化、专业化、职业化建设，做到"对党忠诚、服务人民、执法公正、纪律严明"。这是习近平总书记在深刻洞察、准确把握公安工作和公安队伍建设规律特点的基础上，从政治的全局的战略高度，对公安机关和公安队伍建设提出的总要求，也是对人民警察队伍建设的总要求。

2020年8月26日，习近平总书记在中国人民警察警旗授旗仪式上，再次强调，我国人民警察是国家重要的治安行政和刑事司法力量，主要任务是维护国家安全，维护社会治安秩序，保护公民人身安全、人身自由、合法财产，保护公共财产，预防、制止、惩治违法犯罪。新的历史条件下，我国人民警察要对党忠诚、服务人民、执法公正、纪律严明，全心全意为增强人民群众获得感、幸福感、安全感而努力工作，坚决完成党和人民赋予的使命任务。

司法警察是人民警察的警种之一，是维护国家安全和人民利益、维护司法权威的司法行政执法力量，与公安民警一样，是党和人民手中掌握的"刀把子"。以习近平同志为核心的党中央提出的"对党忠诚、服务人民、执法公正、纪律严明"，既是对公安机关和公安队伍建设的总要求，也是对司法警察队伍建设和司法警务工作的总要求，是新时代加强司法警察队伍建设的总纲领，是新时代司法警察政治素质的内容。

（一）司法警察队伍建设总要求的内涵

"对党忠诚、服务人民、执法公正、纪律严明"是新时代全面推进强警兴警伟大事业的强大思想武器。它涵盖了司法警察工作和司法警察队伍建设的方方面面，体现了党性和人民性、价值导向和职业追求、发展目标和建设路径的高度统一，是一个相互联系、相辅相成的有机统一体。深刻揭示了司法警察队伍的职业特点,精辟回答了司法警察工作和队伍建设中带有根本性、原则性、方向性的重大问题,科学指明了我们党在新形势下建警治警的指导思想、基本原则和目标方向,是政法机关建警治警的总方略、司法警察立警从警的座右铭,为推动司法警察事业发展进步提供了科学引领、指明了前进方向。

1. 对党忠诚的内涵。司法警察是党和人民手中掌握的"刀把子",对党忠诚是司法警察队伍的政治灵魂,是对司法警察第一位的政治要求,决定着司法警察的政治站位,体现着政治建警的根本方针。对党忠诚,表现为思想上高度一致、情感上高度认同、心理上高度信赖、工作上不遗余力。对于党员干部来说,对党忠诚,就是要忠于党的宗旨、纲领、事业和纪律,确保党的绝对领导。具体到司法警察,对党忠诚主要包括维护核心、坚定信念、站稳立场、勇于担当四个方面。

2. 服务人民的内涵。习近平总书记多次强调,人民政府前有"人民"两字,人民对美好生活的向往,就是我们的奋斗目标,向人民交一份合格的答卷,就是对人民最大的负责。他指出,"人民立场是中国共产党的根本政治立场"。[1]

习近平:在庆祝中国共产党成立 95 周年大会讲话

我党的优良传统和人民警察的性质,决定了人民警察的根本政治立场是人民立场,必须全心全意为人民服务。"以人民为中心"是习近平总书记治国理政的核心理念,服务人民是司法警察的根本宗旨,是坚持以人民为中心发展思想的根本要求,决定着司法警察队伍的性质、本色,体现着司法警察队伍的立警原则,是司法警察的遵循路线。司法警察担负着维护法院安全和审判秩序稳定的重要职责,最终目的是实现好、维护好、发展好最广大人民的

---

〔1〕"习近平:在庆祝中国共产党成立 95 周年大会讲话",载新华网,http://www.xinhuanet.com/politics/2016-07/01/c_1119150660.htm,访问时间:2016 年 7 月 1 日。

根本利益，必须始终把人民的利益放在心中最高位置。对司法警察来说，坚持以人民为中心主要体现在树立宗旨、练就本领和接受监督三个方面。

3. 执法公正的内涵。执法公正是全面推进依法治国的基本要求，是促进社会公平正义的根本保证，是提升执法公信力的重要途径。执法公正是司法警察的价值取向，决定着司法警察的履职方向，体现着法治中国建设的本质要求，是司法警察必须坚守的职业追求。广大司法警察必须始终把维护公平正义作为司法警务工作的生命线，恪守法治精神，坚守法治定力，提升依法履职能力，坚定不移做社会公平正义的捍卫者。对于司法警察来说，坚持执法公正主要包括树立正确的执法理念、锻造过硬的执法素养、主动接受监督和制约三个方面。

4. 纪律严明的内涵。司法警察是党绝对领导下的一支纪律部队，具有鲜明的纪律属性，必须在纪律作风建设上有更高的标准、更严的要求。纪律严明是人民法院司法警察忠诚履职的重要保证，决定着司法警察的治警方针，体现着纪律部队的管理特点，是打造过硬队伍的根本途径。对司法警察来说，加强纪律作风建设，主要包括严守党的政治纪律和政治规矩、严守党的组织纪律、严守党的廉洁纪律、严守人民警察法规纪律等。

（二）司法警察队伍建设总要求的工作要求

1. 对党忠诚的工作要求。司法警察只有在学懂、弄通、做实党的十九大精神的基础上，高举习近平新时代中国特色社会主义思想伟大旗帜，毫不动摇坚持政治建警方针，矢志不渝坚持党的绝对领导，才能切实担负起党和人民赋予的神圣使命，永葆司法警察队伍绝对忠诚、绝对纯洁、绝对可靠的政治本色。只有这样，才能有效应对新时代对司法警务工作和司法警察队伍建设的新要求，确保司法警务工作始终沿着正确的方向不断前进，确保维护国家安全和社会稳定各项任务胜利、圆满完成，不断开创中国特色社会主义新时代司法警务工作新局面。

2. 服务人民的工作要求。司法警察应当从适应人民群众对社会公共安全新要求的高度，坚持底线思维，严格工作制度，健全应急机制，确保法院工作顺利开展，切实保障诉讼参与人生命财产安全，为人民群众提供安全有序的诉讼环境；应当坚持以人民期盼为念、为人民利益而战，发挥好司法警察队伍武装性、强制力的职业特点，保障人民群众合法诉求及时兑现；应当树立最佳窗口意识,对照最高窗口标准,发挥最好窗口作用,内修素质,外树形象,进一步端正执法理念,改进执法作风,规范执法行为,积极适应人民群众对高品质公共服务的新需求,让来到法院的人民群众第一时间感受到司法为民、公正司法的氛围。

3. 执法公正的工作要求。司法警察应当进一步将社会主义法治理念内植于心、外践于行,用严格公正规范文明的执法行动捍卫法律尊严、维护司法权威、彰显司法形象、确保执法公正;应当不断提升依法履职能力,锻造崇文尚武的综合素养,以过硬的履职能力严守法律底线,确保执法公正;应当以更加严密的制度机制确保执法公正,不断完善司法警察执法依据、健全执法制度体系,持续将执法规范化建设引向深入,确保司法警察各项执法活动始终在法治化、制度化、规范化轨道上运行。

4. 纪律严明的工作要求。人民法院应当深入贯彻全面从严治党要求,坚持从严治警不放松,教育引导广大司法警察坚守共产党人的精神家园,努力建设一支党和人民满意的高素质队伍;应当全面落实"两个责任",确保全面从严治党主体责任落到实处;应当严肃党内政治生活,按照"两学一做"学习教育常态化制度化的要求,严格落实"三会一课"、民主生活会、组织生活会、谈心谈话等党内政治生活制度,丰富组织生活的形式和内容,不断提高组织生活的效果和质量,着力推动管党治党从"宽松软"走向"严紧实";应当运用监督执纪的有力武器,深入推进党风廉政建设和反腐败斗争,坚决配合纪检监察部门依法依规查办违纪违法的司法警察;应当坚持严管和厚爱相结合,始终保持司法警察队伍的凝聚力、战斗力、创造力。

郭声琨:切实做到对党忠诚服务人民执法公正纪律严明

(三)贯彻落实司法警察队伍建设总要求的意义

当前,司法警察在维护国家总体安全、建设社会主义法治国家、维护人民群众切身利益等方面,承担着越来越多的使命,是保障人民法院审判执行工作安全顺利进行、维护法院安全的重要力量,是人民法院干部队伍不可或缺的重要组成部分。贯彻落实好司法警察队伍建设总要求，对建设平安中国、法治中国，实现好、维护好、发展好最广大人民的根本利益，推动人民法院各项工作在新时代实现新发展新作为新跨越，具有十分重要的意义。

1. 贯彻落实司法警察队伍建设总要求是坚持全面依法治国、总体国家安全观的时代命题。坚持全面依法治国、总体国家安全观是新时代坚持和发展中国特色社会主义的基本方略。全面依法治国是中国特色社会主义的本质要求和重要保障。统筹发展和安全，增强忧患意识，做到居安思危，是我们党治国理政的一个重大原则。

司法警察是司法机关的重要执法力量，代表国家执行法律，是我国人民民主专政的工具，其执法行为和执法能力一定程度上代表中国的法治建设水平，影响着人民群众法治观念的培养和对依法治国的认同。贯彻落实好司法警察队伍建设总要求，对推进全面依法治国，具有十分重要的意义。

人民法院作为国家审判机关，在贯彻国家总体安全观、深入推进平安中国建设中，肩负着神圣的历史使命。平安中国建设，必然依靠人民法院依法有效履行审判职能，人民法院有效发挥职能作用，必然依靠安全有序的诉讼环境，安全有序诉讼环境的营造，必然依靠坚强有力的警务保障。贯彻落实好司法警察队伍建设总要求，提升司法警察维护法院安全和审判秩序的能力水平，对维护国家安全和社会稳定，加强国家安全能力建设，意义重大。

2. 贯彻落实司法警察队伍建设总要求是实现好、维护好、发展好最广大人民根本利益的应有之义。党的十九大报告提出要"坚持以人民为中心"，这是以习近平同志为核心的党中央在继承中国共产党人民观的基础上，在治国理政的长期实践与思考中逐步形成和完善的发展思想。

司法警察担负着维护法院安全和审判秩序的重要职责。实现好、维护好、发展好最广大人民根本利益，既需要司法警察始终把党和人民的利益放在心中最高位置，牢固树立、自觉践行以人民为中心的发展思想，把人民满意不满意、答应不答应、高兴不高兴作为判断和衡量司法警务工作的根本标准，切实做到人民警察为人民，贯彻落实好司法警察队伍建设总要求，切实提升为人民服务的能力和水平。

3. 贯彻落实司法警察队伍建设总要求是推动人民法院各项工作在新时代实现新发展、新作为、新跨越的重要保证。"努力让人民群众在每一个司法案件中感受到公平正义"是党中央在深化全面依法治国实践中对人民法院提出的明确要求。人民法院应当坚持以习近平新时代中国特色社会主义思想为指导，深入贯彻落实新发展理念，充分发挥司法职能作用，为经济社会持续健康发展营造良好法治环境，为决胜全面建成小康社会、夺取新时代中国特色社会主义伟大胜利作出新的更大贡献。

司法警察是人民法院具有武装性质的司法行政执法力量，承担着维护法院安全和审判秩序的重要职责，尤其在刑事审判、强制执行、法院安全突发事件处置等工作中，发挥着不可替代的重要作用。贯彻落实好司法警察队伍建设总要求，不断提升司法警察队伍整体素质和战斗力，是推动人民法院各项工作在新时代实现新发展、新作为、新跨越的重要保证。

（四）提高司法警察政治素质的途径

政治素质的培养是一个认识和实践相统一的过程。司法警察良好的政治思想与职业道德素质不会自动形成，必须经过不断地学习、实践和教育才能形成和提高。

1. 加强政治理论学习，树立"四个意识"，提高政治忠诚度。"天下至德，莫过于忠。"对党忠诚，是党员干部的首要政治品质和政治生命线。中国共产党是我们一切事业的领导核心，坚持党对人民警察的绝对领导是我国公安工作的优良传统和根本原则，是我国人民警察各项工作得以成功的根本保证。人民警察要忠诚地在政治上、思想上、组织上、工作上接受党的领导，这是党对人民警察领导的无条件性、全面性和直接性的体现。人民警察在职业活动中必须坚定正确的政治方向，坚持四项基本原则，顾全大局，服从命令，爱憎分明，认真地完成党和人民交给的各项任务。全体人民警察都必须牢固树立政治意识、大局意识、核心意识和看齐意识，自觉在思想上、政治上、行动上同以习近平同志为核心的党中央保持高度一致，坚决维护习近平总书记的核心地位，坚持党中央权威和集中统一领导。"四个意识"是意蕴深刻、相互联系的有机整体，集中体现了根本的政治立场、政治方向、政治原则。

组织司法警察进行经常性的政治理论学习是做好司法警察政治建设的基础性工程。各级人民法院警务部门应当将学习政治理论，作为开展司法警察队伍政治建设的首要任务，坚持抓长、抓细、抓常。应当灵活运用集中学习与自学相结合的方式,引导司法警察坚持不懈用中国特色社会主义理论体系最新成果特别是习近平新时代中国特色社会主义思想武装头脑。应当引导司法警察广泛学习马克思、列宁主义经典著作,及时学习领会党的各项路线、方针、政策,在警队营造读书读报的学习氛围,第一时间了解掌握党中央的精神,将政治理论学习作为司法警察的必修课和基本功。

2. 开展思想政治和纪律作风教育,严守政治纪律,保持政治自律。"严明纪律,是维护党的团结和集中统一的根本保证。在所有党的纪律中,政治纪律和政治规矩是最重要、最根本的。"〔1〕

政治组织严密、政治纪律严明,是革命战争年代党的优良传统和政治基因,也是党在长期执政条件下抗御风险、兴党强党的巨大优势和根本保证。习近平总书记反复强调,政治纪律是党最重要、最根本、最关键的纪律。政治纪律是"纪律之王、纪律之本",是打头、管总的纪律,是纪律中的纪律、规矩中的规矩。不管违反哪方面的纪律,最后都会侵蚀党的执政能力和执政基础,说到底都是破坏党的政治纪律。遵守党的政治纪律是遵守党的全部纪律的重要基础。

开展思想政治和纪律作风教育是做好司法警察政治建设的重要途径。司法警察是维护国家安全、维护人民利益、维护司法权威的司法行政执法力量,是党和人民手中掌握的"刀把子"。思想政治和纪律作风教育应当及时开展、及时跟进、及时更新,工作职责延伸到哪里,思想政治和纪律作风教育就要跟进到哪里。各级人民法院警务部门应当将思想政治和纪律作风教育融入日常,有针对性地在司法警察队伍中开展好党的理论路线方针政策、党性党纪党风、社会主义核心价值观、社会主义法治理念、群众路线、党史国史司法警察史、司法警察职业精神等方面的教育,并根据形势任务和上级安排部署,组织开展主题教育。

---

〔1〕"陈希:培养选拔干部必须突出政治标准",载中国共产党新闻网,http://cpc.people.com.cn/n1/2017/1116/c64094-29648920.html,访问时间:2020年1月20日。

陈希：培养选拔干部必须突出政治标准

3. 提升党建水平　发挥党组织战斗堡垒作用。提升党建水平是做好司法警察政治建设的重要抓手。各级人民法院警务部门应当按照"抓党建、带队建、促警务"的工作思路，坚持做到党组织建在警队上，不断优化警队党组织设置，充分发挥党组织战斗堡垒作用。应当严格落实"一岗双责"要求，选准配强警队党组织书记并注重提高其履职能力，同时，通过树立党员"司法警察挑重担办难事"的鲜明导向，开展党员示范岗、党员先锋岗创建活动，完善党员司法警察联系服务群众工作机制，充分发挥警队党组织领导和模范先锋党员的引领作用。应当规范组织生活制度落实，按照党内法规有关要求，制定"三会一课"、民主生活会、组织生活会、民主评议党员、谈心谈话等组织生活制度实施细则，明确具体内容、方法步骤和操作规程，切实解决组织生活不经常、随意化问题，不断提升警队党组织生活质量。应当顺应时代发展潮流，吸收利用现代智能技术，积极探索"智慧党建"模式，努力提高党组织工作的趣味性、渗透性和科学性。

4. 强化文化育警　建设学习型警队。文化育警是做好司法警察政治建设的重要载体。各级司法警察部门应当在司法警察队伍中大兴学习之风，引导建设学习型警队。可以通过推行网络学习、集中学习、业务练兵、参观交流等灵活多样有效的学习形式，把学习引入工作，形成学习与工作的良性互动，实现工作与学习的相互促进、个人学习与团队学习的和谐结合。通过举办各类理论研讨活动、读书活动、主题讨论会、文化沙龙等，不断提升司法警察的文化品位。同时，要建立学习激励机制，建立司法警察学习培训档案和专业人才档案，奖励和重用优秀学习人员和业务人才，形成一个尊知重才、以学为荣的良好导向，使优秀人才脱颖而出，努力形成"以学习促进事业、以事业造就人才"的崭新局面。通过创建学习型警队，营造拴心留人、积极向上的人文环境，调动广大司法警察爱岗敬业的积极性。

5. 树立职业尊荣，增强司法警察职业认同。树立职业尊荣是加强司法警察队伍政治建设的题中之意。司法警察职责神圣、使命光荣，但往往伴随着责任、奉献，甚至是流血、牺牲，各级司法警察部门应当通过多种手段，树立司法警察职业尊荣，激发立警从警的使命感和自豪感。应当综合运用多种措施，切实关爱司法警察身体健康、保护心理健康。应当通过组织举行司法警察职业仪式，在司法警察入警、授予（晋升）警衔、立功授奖、从警特定年限、退休等职业生涯关键节点举办简朴庄重的仪式，增强司法警察职业认同。应当不断完善司法警察表彰奖励工作机制，加大及时表彰工作力度，深入挖掘、不断培树反映时代特征、体现使命要求、践行职业精神的各类典型，汇聚司法警察队伍正能量，有效发挥先进典型的示范引领作用，增强司法警察职业荣誉感。

习近平向中国人民警察队伍授旗并致训词

周强：深入学习贯彻习近平总书记训词精神
进一步加强人民法院司法警察队伍建设

第三节　人民法院司法警察业务素质

一、司法警察业务素质的概述

（一）司法警察业务素质的内涵

业务，即个人的或某个机构的专业工作。业务素质，即专业工作的水平，包括专业工作知识（专业理论水平）、专业工作技能（专业技术水平）、专业工作熟练程度（专业训练水平）等。

司法警察的业务素质，就是工作素养的水平。从广义上讲，包括所有的业务。从狭义上讲，是指司法警察的文化程度、业务知识、工作技能、执法水平等素养的综合体现。业务知识是知识结构的主体部分，包括：专业理论和专业技术。掌握知识的多与少、深与浅，是衡量司法警察能力的一个重要依据。

（二）提高司法警察业务素质的重要意义

1. 提高司法警察业务素质，关系到党和国家的政治声誉。国际上对一个国家的政治稳定和社会秩序的好坏也是以法制秩序的好坏作为第一影响衡量标准的。如果我们的司法警察的业务素质不高，法制秩序不好，违法犯罪活动就会猖獗，这就有损我国在国际上的声誉。对此，为了维护国家民族的尊严，司法警察应不断提高业务素质，为祖国争光。

2. 提高司法警察业务素质，是服从现代化建设和深化改革服务的需要。现代化建设是党和全国人民的中心任务，也是全国人民的根本利益所在，加强法制秩序建设的目的就是给现代化建设事业创造一个安定的社会环境，使人民群众有一个安全的生产环境和工作环境。为此，创造良好的法制秩序正是司法警察的神圣职责。司法警察业务素质的高低直接关系到国家的现代化建设，提高司法警察业务素质是深化改革的需要。

3. 提高司法警察业务素质，是严峻的斗争形势和繁重的工作任务的需要。随着时代变化步伐的加快，司法警察将担负更加艰巨繁重的工作任务，这就对司法警察提出了更高的要求，司法警察必须有为审检服务、为法制献身的强烈意识，要具备在严峻的斗争形势下适应繁重的工作任务的素质，练就一身克敌制胜的过硬本领，依法打击犯罪，保卫人民，有效地维护法制秩序的持续稳定，为改革开放和经济建设保驾护航。

4. 提高司法警察的业务素质，是解决警力不足的重要渠道。有关资料表明，目前我国警察从数量上与西方国家的警察相比差距甚远。在不可能大量增加警察数量的情况下，解决警力不足的现实办法就是大力提高警察业务素质，向素质要警力。

二、司法警察业务素质的主要内容

（一）司法警察业务素质的分类

业务素质是解决具体问题的能力和方法，司法警察业务素质是指司法警察履行职责，做好本职工作应当具备的素养和能力，主要包括法律素质和专业技能素质。法律素质是指基层民警在现实生活中了解、掌握和熟悉国家法律的程度以及严格执行国家法律的能力。专业技能素质是指基层民警在现实生活中为了履行职责，完成本职工作应当具备和运用专门技术的能力。

1. 法律素质。司法警察是人民法院具有武装性质的司法行政执法力量，是我国法治专门队伍中的重要力量。伴随着我国依法治国理念的全面推进，法治文明的进步要求我们应当掌握必备的法律知识和先进的法治观念、法治思维。司法警察一般应掌握包括宪法知识、法学理论知识、刑事法律知识、民事法律知识，行政法的一般原理及相关知识。精通有关法律规定，并熟悉各法律部门的有机联系和相互制约关系，这是司法警察执法为民能力的基础。

司法警察只有具备基本的法律素质，才能成为知法守法、懂法护法的合格的警察，警察不仅要熟知国家的法律法规，而且要熟练掌握工作规范和条例，做到依法办事，公正执法。

2. 技能素质。技能是法警完成工作任务的基础，强化教育训练是提高技能素质的重要途径，坚持经常化是巩固提高技能素质的重要保证。因为司法警察队伍是人民法院编成的一支准军事化的队伍，为了提高法警队伍的综合素质，建立一支正规化、现代化、革命化的队伍，要做到威武强壮的"召之即来，来之能战，战之能胜"的队伍，就必须具备一定的技能基础，就要加强技能训练。有了过硬的军事技能；才能服务于审判工作，才能完成各项执行任务。有了一定的技能基础，就要加强技能训练。有了过硬的军事技能；才能服务于审判工作，才能完成各项执行任务。有了一定的技能基础，加上一定的人员编制，才能拉得出，打得胜，所以说技能训练是司法警察部门的必要课程。

3. 科学理论知识素质。司法警察具备的科学理论知识方面的素质，就是要掌握马列主义、毛泽东思想的基本原理，联系实际，学会用辩证唯物主义和历史唯物主义的世界观和方法论去观察问题、分析问题和解决问题。同时，还要掌握一定的法学、行政管理学、社会学、警察管理学、犯罪社会学、治安管理学，以及有关的社会科学知识。

4. 业务知识素质。具备高度的政策水平，学会做群众工作。正视自己的工作的现状，要熟悉司法警察工作中的斗争方针、原则和方法。会搜集信息。熟练掌握我国宪法、刑法、刑事诉讼法、警察法等，并能运用这些法律武器正确开展同犯罪分子的斗争。司法警察要具有管理知识，领导干部更要具有科学管理知识，使司法警察管理由经验管理上升到科学管理。

(二) 司法警察业务工作的内容

为加强人民法院司法警察队伍建设和科学管理，保障司法警察依法行使职权，根据《公务员法》《法院组织法》《人民警察法》等法律制定《司法警察条例》，是各级人民法院司法警察履行职责的主要依据。《司法警察条例》第7条规定了人民法院司法警察的8项职责，由此也明确了人民法院司法警察的业务工作范围和业务工作方向，确定了司法警察业务工作的重点。

1. 维护审判秩序。审判法庭是人民法院依法行使审判权的场所，是公民、法人维护自身合法权益进行诉讼活动的重要场所，也是公诉机关依法履行职责的重要场所，因此审判法庭需要一个安全有序、庄严肃静的审判环境。然而这些离不开司法警察保证正常的审判秩序。同样，维护审判机关良好的工作秩序，也是人民法院行使好审判权的重要前提，这也是司法警察日常的工作之一。因此，该项业务工作其任务是维护审判秩序，其目的是保证审判活动的顺利进行。

2. 安全检查。安全检查是指人民法院司法警察依法防止未经允许的管制器具、危险物质、限制物品等进入诉讼场所，保障参加诉讼活动人员的人身安全和诉讼工作顺利进行的职务行为。司法警察执行安全检查任务就是对进入诉讼场所的人员及其携带的物品实施安全检查，确保可能危及诉讼工作顺利进行和参加诉讼活动人员人身安全的人员和物品得到严格控制和及时处理。

3. 刑事审判中押解、看管被告人或者罪犯。押解，是指人民法院司法警察在刑事案件审判活动中，依法强制将被告人或罪犯从看守所或其他监管机构押至法院接受审判，再将其还押至看守所或其他羁押场所以保证审判活动顺利进行的职务行为。押解包括提押、庭审押解、还押三个环节。

看管，是指司法警察在刑事审判活动中，依法对在人民法院羁押场所或其他指定地点候审的被告人进行看守管理，保障审判活动安全有序进行的职务行为。

4. 值庭。值庭，是指人民法院司法警察在法庭审判活动中，依法维持法庭秩序，保证参与庭审活动人员的安全，保障审判活动安全有序进行的职务行为。在值庭过程中，司法警察的首要职责是按照审判长或独任审判员的指令传带证人、鉴定人、被害人、有专门知识的其他诉讼参与人，及时到庭参与庭审活动，有序地传递、展示证据材料，维护法庭纪律和秩序。值庭对审判活动有序地进行起着积极的作用，是体现程序正义和提高诉讼效率的重要方式之一。

5. 执行强制措施。强制措施，是指司法机关和行政机关依其职权采取强制手段限制特定的相对人行使某项权利或者强制履行某项义务的处置行为。执行强制措施，是指人民法院司法警察为了保证诉讼活动的顺利进行，按照审判长、独任审判员的指令，或者根据维护诉讼秩序的需要，依法对妨害诉讼行为的行为人采取的排除其妨害行为的强制手段和强制教育方法。

执行强制措施概念中妨害诉讼的行为主要是指故意阻碍或者破坏司法工作人员正常履行职责，扰乱诉讼秩序，妨害诉讼活动正常进行，危害司法工作人员人身安全和司法机关财产安全的行为。妨害诉讼的行为主体，既可以是当事人，也可以是其他诉讼参与人（包括担任辩护人、诉讼代理人的律师和法律服务工作者）或者案外人，还可以是旁听人员。

6. 配合强制执行。强制执行，是指法律赋予执行权的国家机关按照法律规定的程序，运用国家强制力，将已经发生法律效力的法律文书所确定的内容，予以实现的法律活动。

配合强制执行，是指在人民法院对生效法律文书的执行中，司法警察根据本部门下达的命令，配合执行人员实施执行措施或依法采取强制措施，以保障执行活动顺利进行的职务行为。在配合强制执行过程中，司法警察的主要职责是维护好强制执行现场秩序，配合执行人员实施执行措施，对妨碍执行的行为人依法采取强制措施，保护执行人员的人身安全和被执行财产的安全。

7. 协助涉诉信访应急处置。协助涉诉信访应急处置是指司法警察依据相关法律法规，在人民法院涉诉信访事务中，协助相关职能部门，为应对突发事件而进行的控制、劝离、疏散等措施的活动。

8. 执行死刑。执行死刑的主要任务是：根据最高人民法院院长或经授权的高级人民法院院长签发的执行死刑命令，采用枪决或注射等方法，依法剥夺被判处死刑罪犯的生命。

9. 法律、法规规定的其他职责。随着形势的发展和规范司法警察职责的法律制度的逐步完善，司法警察业务工作必将进一步拓宽，为此《司法警察条例》在规定司法警察业务工作时作了弹性规定。

三、提高司法警察业务素质的重要途径

（一）司法警察人员的培训

司法警察直接担负着维护法制秩序，实现司法目的，打击敌人，保护人民的合法权益，保护现代化建设的重任。目前的司法警察有相当一部分缺乏正规的、系统的业务和科学技术培训，与其所担负的任务不相适应，必须通过院校培训这一有效途径，迅速提高业务水平，开发管理人才，调动他们的积极性、创造性，使之成为一支革命化、年轻化、知识化、专业化的队伍，高质量、高效率地完成党和国家交付的任务。

1. 培训的内容。培训的内容。要高度重视能力建设，突出实战、实用、实效导向，切实加强情境式、对抗式练兵，全面提升司法警察的法律政策运用能力、防控风险能力、群众工作能力、科技应用能力、舆情应对能力。进一步加强革命化、正规化、专业化、职业化建设，努力打造一支高素质、有特色、有战斗力的司法警察队伍。

2. 培训的方式和方法。培训的方式，以在职培训为主，结合实际情况，坚持"业余为主，自学为主"，开辟多种渠道办学。

在职培训的方法。举办各种形式的经验交流、剖析实际案例、分析与解答疑难问题也可做专题调查、现场实习、工作方法评价等。但是不论哪种方式或方法都要强调理论联系实际，抓住一二个重大课题进行深入的分析研究，注意实效，防止走过场。

（二）司法警察人员的考核

1. 考核的内容。司法警察的考核内容，应按各自的岗位责任制进行德、能、勤、绩全面考核，但应以考绩为主。考能主要是考核是否具备本职工作要求的业务知识和技能，处理实际问题的工作能力，创造性思维能力，研究问题的能力，组织指挥能力等；考绩主要是考核工作效能，包括完成任务的数量、质量和效果。因为工作实绩能综合反映一个警察的品德能力和贡献大小，所以考核应以考绩为中心。

2. 考核的原则。考核的原则是客观、全面、公平、合理，以求正确地反映干警的实际情况，切忌主观片面和感情用事。在考核中既要看完成任务的情况，又要看执行政策、法规、遵守纪律的情况；既要看数量，又要看质量；既要看工作热情，又要看思想作风；既要看本人总结，又要听他人和有关部门的意见；既要看成绩，又要看不足。

3. 考核方法。考核的方法是多种多样的，人民法院和人民检察院适合综合评议的考核方法，即根据执行岗位责任制的情况，按照所制定的考核内容和标准，采取平时考核与定期考核相结合，有步骤地进行。做出实事求是、恰如其分的评价。考核结果要同本人见面，准许本人提出意见和保留意见。考核资料装入本人档案，作为升降、奖惩、任用的依据。

第四节 司法警察身心素质

一、司法警察的身体素质

（一）司法警察身体素质概述

1. 司法警察身体素质的概念。身体素质一般是指人体在活动中所表现出来的力量、速度、耐力、灵敏、柔韧等机能。身体素质的强弱，是衡量一个人体质状况的重要标志之一。司法警察的身体素质是指警察在执行警务活动中其肌肉活动所表现出的力量、速度、耐力、灵敏及柔韧等机能的统称。司法警察的身体素质的发展是衡量其机体机能的重要标志，也是其掌握和提高专业机能的基础。作为围绕审判和检察工作进行执法活动的武装力量，必须有强健的体魄才能适应工作的需要。维护法庭秩序，服务审判和检察工作，时常处置突发性事件，进行多项执法活动等，对身体素质有着特殊的要求。懂得身体素质的构成，重视身体素质的培养，了解身体素质的形成和完善的规律，对于司法警察来说是十分必要的。

2. 司法警察身体素质的内容。

（1）特殊的体能。

第一，身体的基本运动素质。力量素质。力量素质是身体基本素质的一种，是指在肌肉紧张或收缩时表现出来的一种能力。力量素质是基本素质中的首要素质，因为人体中几乎所有的运动方式都是抗阻力而产生的，同时力量素质又是其他素质发展的重要基础，如耐力、灵敏等。

速度素质。速度是指机体（或机体某部位）快速运动的能力。

耐力素质。耐力也称"耐久力""支持力"，指人体在尽可能长的时间内进行肌肉活动的能力，也可看作是抗疲劳的能力。耐力素质的训练不仅是身体方面的训练，同时也是培养吃苦耐劳、坚忍不拔的意志品质的过程。

灵敏素质。灵敏是人体的各种运动技能和基本运动素质在移动过程中的综合表现，是在各种变化的条件下，能够迅速准确、协调改变身体运动的能力。司法警察学习掌握和运用擒拿格斗、警械具使用和汽车驾驶技术等技能对灵敏素质有着特殊的要求。

柔韧素质。柔韧是指人体关节肌肉、肌腱、韧带等软组织的伸展能力。柔韧素质是司法警察从事职业活动的基本素质。特别是肩、腰髋、膝、腕、脚踝等关节部位的活动幅度，对于走、跑、跳、攀等基本活动是必需的，还有助于司法警察形成优美的姿态。在擒拿格斗和警用械具技术的掌握中，对全身的柔韧性则有着特殊的要求。由于柔韧性的发展受到年龄的局限，所以在招收警员的体检中，对柔韧的要求应有所体现。

第二，运动技能。运动技能，是指机体在肌肉活动中所表现出来的能力。司法警察的运动机能是在人体基本活动能力的基础上，通过学习练习掌握一定的技能而获得的一种运动能力。

运动机能的提高，是司法警察身体素质整体提高的核心。它的发展与有机体机能水平的提高是相一致的。全面的体能发展也是机体形态、机能协调发展的重要因素，它的提高对形成司法警察强壮的体格，保持充沛的精力和增强对外界环境的适应能力，以及对疾病的抵抗力有着直接的影响作用。

第三，人体的基本活动能力。人体的基本活动能力是在人体先天的基础上，通过后天技能的学习掌握获得并不断加强的能力。

体能对于司法警察的身体素质来说具有特殊重要的作用，是司法警察身体素质整体提高的核心素质。它的发展与有机体机能提高过程是相一致的。例如：发展了耐力素质，有机体的中枢神经系统、心血管系统、呼吸系统、物质的代谢功能及肌肉的能量储备等都得到了发展。因此，全面的体能发展也是机体形态、机能协调发展的重要因素。它的提高对形成司法警察强壮的体格、优美的姿态，保持充沛的精力和增强对外界环境的适应能力及对疾病的抵抗力有着直接的影响和作用。应尽快制定出司法警察的体育锻炼标准，对体能作出具体规定。

(2) 机体的健康水平。机体机能的健康水平是指机体各部门器官系统的机能状况。机能是身体活动基础，某一机能水平影响着人体工作运动时所需要的某一方面的身体能力。健康的机体是司法警察参加正常警务工作的必要条件。

司法警察的健康机体，一方面是通过精神与体力来体现的。体力是精神的支柱，精神是体力的表现。司法警察应加强身体的锻炼，增强体能，以提高工作效率、质量。

(3) 充沛的精力。精力是指精神和体力，是人体在活动中表现出来的旺盛的活力，振奋的精神及能够付出的体力。反映了人的意志、情感与身体活动的强度、速度移动性等特征。充沛的精力在实际工作中表现为，精神振作、元气充实、意志坚定、判断迅速、反应灵敏、动作果断有力，能够长时间地工作。

司法警察在职业活动中，精神和体力是统一的一个整体。体力是精神的支柱，精神是体能的表现，犹如水和舟的关系。身着警服的司法警察，既要始终保持威严、庄重、从容不迫、朝气蓬勃的精神面貌，不怕苦、不怕累、不畏艰难和疲劳的作风，以及和蔼可亲，潇洒自如的风度，同时还要有敏捷的判断、应变能力和果断有力的动作，这就必须具备很强的精神和体能的耐受力。充沛的精力是司法警察必须具备的。

(4) 较强的适应力和抗病力。对环境的适应能力，是指有机体通过自身的调节机构，在一定范围内不断调节机能的活动水平，以适应环境变化的能力。在外界环境发生变化时，人体机能随之发生的变化，总是使有机体内部形成相对恒定的环境。它有两个特点：一是人体机能活动变化总是与环境变化相适应的；二是人体机能活动总是作为一个整体来进行的，即体内各器官、各系统机能活动的变化是紧密配合、相互协调的。所以说,人体机能的高速调节方式是很复杂的。主要有三种调节方式:神经调节、体液调节和身体的自我调节。

(二)提高司法警察身体素质的基本方法

1. 体能训练的概念。提高身体素质的途径和手段有很多种,基本方法是体能训练。体能训练是提高警务技能的必要条件,是加强司法警察队伍正规化建设、素质强警和自身安全防护的重要手段,对于提高司法警察队伍的战斗力具有重要意义。体能是指有机体在先天遗传的基础上,通过后天训练而获得的在形态结构、功能和调节方面及其在物质能量的贮存与转移方面所具有的潜在能力,以及其与外界环境相结合所表现出来的综合运动能力。运动素质是体能的主要外在表现形式。

体能训练是运动训练的重要组成部分,是结合专项需要并通过合理负荷的动作练习,是改善身体形态、提高机体各器官系统的机能、充分发展运动素质、促进运动成绩提高的过程。它是技术和战术训练的基础,并对掌握专项技术、战术、承担大负荷的训练和激烈的实战、促进身体健康、防止伤病及延长运动寿命等具有极为重要的意义。

体能训练的基本内容是充分发展与警务实战技能水平密切相关的力量、速度、耐力、柔韧和灵敏等运动素质,从而深刻影响和促进身体形态和机能的改善,提高健康水平,为专项运动能力和技术水平的不断发展奠定良好的基础。

2. 体能训练的基本原则。体能训练的基本原则是依据体能训练活动的客观规律而确定的组织体能训练必须遵循的基本准则,是训练活动客观规律的反映,对训练实践具有普遍的指导意义。

(1)导向激励与健康保障训练原则,是指以实现预设目标为导向,激励司法警察积极参与,并在为司法警察身心健康提供有力保障的条件下组织训练活动的原则。

(2)实战需要与区别对待训练原则,是指根据训练项目的共性特点或在警务活动中取得期待效果的需要,从实战出发,针对司法警察个性特征,科学安排训练过程的周期、阶段划分、训练内容、方法、手段和负荷等要素的训练原则。

（3）系统持续与周期安排训练原则，是指司法警察系统持续地进行运动训练，并应分阶段作出周期性安排的训练原则。

（4）适宜负荷与适时恢复训练原则，是指根据司法警察的现实可能和人体机能的训练适应规律，以及提高警务实战能力的需要，在训练中给予相应量度的负荷，负荷后及时消除在训练中所产生的疲劳，通过机体适应过程，提高实战能力和取得理想训练效果的训练原则。

3. 体能训练的基本要求。体能训练的基本方法是指在制定训练计划中，应综合考量各种训练内容、方法、手段、负荷、季节等要素所产生的有利和不利因素，达到提高训练质效、完成训练目标的目的。把握以下体能训练的基本要求，对科学合理安排训练课内容具有重要的指导意义：①合理处理好一般体能训练和专项体能训练关系。②体能训练应该与技术、战术、心理等训练相结合。③在体能训练中应加强思想政治教育，培养不怕苦、不怕累的品质。

4. 体能训练的基本方法。体能训练的基本方法是指训练活动中，发展司法警察警务实战能力、完成任务的途径和方法。常用训练法有以下几种：

（1）完整训练法，是指从技术动作或战术配合的开始到结束，不分部分和环节，完整地进行联系的训练方法。

（2）分解训练法，是指将完整的技术动作或战术配合合理地分成若干个环节或部分，并按环节或部分分别进行训练的方法。

（3）重复训练法，是指多次重复同一练习，两次（组）练习之间安排相对充分休息的练习方法。

（4）间歇训练法，是指对多次练习时的间隙时间作出严格规定，使机体处于不完全恢复状态下，反复进行练习的训练方法。

（5）持续训练法，是指负荷强度较低、负荷时间较长、不间断地进行练习的训练方法。

（6）变换训练法，是指变换运动负荷、练习内容、练习形式以及条件，以提高受训者的积极性、趣味性、适应性和应变能力的训练方法。

（7）循环训练法，是指根据训练的基本任务，将练习手段设置为若干个练习站，受训者按照既定的顺序和路线，依次完成每站练习任务为一个循环的训练方法。一次训练课可安排几个循环训练，每个循环间歇时间为2分钟~3

分钟。

（8）比赛训练法，是指在近似、模拟或真实、严格的比赛条件下，按比赛的规则和方法进行训练的方法。

5. 体能训练的基本内容。在体能训练中，不同训练项目有其不同的训练价值和目的，司法警察应根据性别、年龄、身体状况、气候环境以及场地、设施等因素，选择简单、实用、有效、易练的项目进行训练提高身体素质。

具体说来，力量锻炼可分为上肢锻炼和下肢锻炼。锻炼上肢力量可选择引体向上、俯卧撑等运动，也可借助哑铃、拉力器等器械；锻炼下肢可选择蹲起、跳台阶、快速跑等。耐力锻炼可分为有氧耐力和无氧耐力。有氧耐力运动包括长跑、游泳、登山、健美操等；无氧耐力运动包括爆发运动，如短跑、跳高、跳远等。爆发力较差的人应注意缩短运动距离。以长跑为例，可以从每天 500 米开始，逐渐过渡到 800 米、1000 米等。柔韧锻炼可使全身舒展，须持之以恒才能见效果。柔韧性的好坏，不仅取决于结构方面的特点，而且也取决于神经系统支配骨骼肌的机能状态。柔韧性较差的人应注意，运动时减小动作幅度。最好的柔韧锻炼是户外慢跑，它能使全身各器官舒展、心情舒畅。

二、司法警察的心理素质

心理素质既有先天固有的心理品格，也有后天养成的因素。司法警察应当具备以下心理素质：思维灵活，反应敏捷；决心坚定，行动果断；观察细致，记忆力持久，反映准确，联想丰富；自制力强；有坚韧的毅力和耐心；爱憎分明，富有同情心。

（一）司法警察心理素质概述

1. 司法警察心理素质的概念。人的心理是心理现象和心理活动的简称。心理现象，即心理活动的表现形式。

心理现象，一般分为心理过程和个性心理特征。心理过程，是指人脑对客观事物反映的动态过程。个性心理特征是指心理过程产生在不同生活经历的个人所表现出来的不同心理特点。

心理素质，是指人的心理状态和心理条件。警察的心理素质指警察人员在值勤、训练、保证各项任务完成等方面应具备的心理条件。

司法警察要保证良好的心理素质，就要不断地进行心理锻炼和自我修养。目的是使心理品质能全面地发展提高，心理机能得到充分发挥，更好地施展自己的才能，提高警察的战斗力，为保卫祖国贡献自己的力量。

2. 司法警察心理素质的内容。

（1）责任心。司法警察强烈的工作责任感是指其基于对自己所从事的工作的社会意义的认识，而自觉产生出来的一种责任重大的情感体验。在工作中表现为对事业的执着追求和献身精神，能够自觉承担艰巨的任务，不怕挑重担，克服一切困难和阻碍，具有积极工作的主动性、自觉性。

强烈的工作责任感，能够使司法警察认真履行自己的职责，一丝不苟地对待每项工作，全心全意地为人民服务；即使身处险境也能够挺身而出去排除险情，救助他人；敢于同违法犯罪分子作斗争。当圆满地完成任务，尽到自己的职责时，就会感到满意、愉快、高兴；当未能尽到责任，工作遭受挫折或失败时，就会感到遗憾、内疚、不安。

司法警察的强烈的工作责任感，无论是对其自身修养，还是对共同行为的影响，都是一种强烈有力的心理动力。这种动力的作用表现为：激励司法警察克服常人难以想象的困难和艰辛，坚守岗位；激励司法警察爱憎分明，全心全意地为人民服务，坚决同违法犯罪分子作斗争；激励司法警察刻苦钻研业务，提高业务水平。

（2）敏锐的观察力。观察是人在自然状态下为完成一定的任务而进行的有计划的知觉过程。善于全面、深入、正确地认识事物特点的能力，即为观察力。司法警察的观察力是指在工作过程中所形成的洞察各种事物和现象的能力。这种能力既表现在对显性异常信息的捕捉，也表现在对隐性异常现象的感知，并且深入对事物和现象的本质的认识，即见微知著，由表及里。

对司法警察的观察力主要有如下要求：观察要有明确的目的和任务。观察必须以观察者具备一定的知识，掌握一定的工作方法为前提。司法警察的知识面越宽，专业知识越精，对观察所得到的现象理解得就越深刻，收获就越大。丰富的经验有助于观察成功。

（3）良好的注意力。注意力是一种特殊的心理活动，是人的心理活动对外界一定事物的集中指向。在工作中我们也把它称为警惕性。

司法警察良好的注意力应包括注意的稳定性、广阔性和分配性。

司法警察注意力的要求有：注意范围要广；要善于合理分配自己的注意力；要有稳定性；要善于转移自己的注意力。

（4）积极的情绪情感。情绪与情感是伴随认识活动而产生的一种心理活动过程。人们在认识客观世界的过程中，不仅反映客观事物各种不同的属性以及他们之间的各种关系，揭示事物的本质，而且还要对所反映的事物产生这样或那样的态度。有些事物使人愉快，有些事物使人忧愁。这种伴随对客观事物的态度产生的愉快、忧愁、快乐、痛苦等体验，就是情绪和情感的表现形式。

情绪主要是与生理需要（如饮食的需要、性的需要、躲避危险的需要等）能否得到满足相联系的体验，是低级的、简单的态度体验。情感则是与人的社会性需要（如交际的需要、求知的需要、遵守道德准则的需要等）是否得到满足相联系的体验，是高级的、复杂的态度体验；情绪总是由当时的情境所引起，一般不太稳定，常随情境变化而改变。情感虽具有情境性，但较为稳定和持久；情绪通常具有较明显的冲动性和外部表现，而情感则不太明显。

情绪、情感与人的生理需要和社会性需要紧密相连。当人的需要得到满足时，就会产生积极的情绪情感。而当人的需要得不到满足时，就会产生消极的情绪情感。积极的情绪情感有增力的作用，消极的情感有减力的作用，积极的情绪情感能够使警察产生积极的工作行为，在值勤时能精神饱满地做好工作，态度和蔼，言语文明，秉公执法。能使警察的感受性提高，使其精力充沛，体力增强，观察情况清晰敏锐，思维灵活，注意力高度集中，处事果断及时，反应迅速。警察在满意、快乐、喜欢的情绪情感体验中工作，能够提高工作效率。

作为司法警察，在工作时必须具有积极的情绪情感，努力克服消极的情绪情感，以保证工作的顺利进行。司法警察不能带着消极的心境去工作，应该学会控制自己的心境，通过意志的努力和平时的修养锻炼，培养良好的积极的心境，克服消极的心境，使自己始终保持旺盛的精力，做自己心境的主人。

应激是指由出乎意料的紧急情况所引起的高度紧张的情绪状态。人在突如其来或十分紧急的情况下，必须迅速地判明情况，果断地作出反应。这一时刻，往往会出现应激。在应激状态中，要求司法警察迅速地判明情况，冷静沉着，急中生智，瞬间反应，做出选择，采取果断措施以应付危急局面。应激状态下，司法警察的行为究竟如何表现，与每个人的个性特征、知识经验以及意志品质等有密切关系。司法警察要有意识地在实践中锻炼自己，磨炼意志，培养沉着冷静、处变不惊、遇乱不慌的能力，加强应付危险情境的心理训练，使自己的应激水平逐渐提高。

（5）积极的意志品质。意志是人们改造世界不可缺少的心理因素。人们在改造客观世界的过程中，自觉地确定活动的目的，并为实现预定的目的，有意识地支配、调节其运动的心理现象，就构成了人的意志过程。意志对行动的支配和调节作用表现在两个方面：发动和制止。发动表现为推动人们去从事达到预定目的所需要的行动；制止表现为阻止与预定目的不符合的愿望和行动。意志不仅能支配和调节人的行为，而且还能对人的认识过程和情感过程产生影响。意志促使人的认识更加具有目的性和方向性，由于意志的努力，人能够集中注意力，进行复杂的思维，进行主动的、精细的观察。意志对人的情绪情感具有调节作用。意志坚强的人可以控制消极的情绪，克服消极情绪的干扰，在逆境中仍能把行动进行到底。而意志薄弱者往往容易被消极情绪所压倒，使行动半途而废。

坚强的意志应包括自觉性、果断性、坚持性、自制性等内容。

意志的自觉性是指司法警察对工作的目的及其社会意义有正确而深刻的理解，并能主动支配行为使之符合工作目的。表现在工作中就是能自觉地遵守一切纪律，克服一切困难，千方百计地完成各种任务，即使受到挫折，甚至失败，也不退缩，并能自觉调整、修正自己的行为，以完成工作任务。

所谓意志的果断性，是指在司法警察的工作中，能迅速而坚定地进行决断的能力。在各种场合下，司法警察都必须能当机立断，即使面临危险甚至危及生命，也能挺身而出，尤其在处理一些突发事件和群体性事件中，正确判断，及时处置，更需要勇敢果断的品质。

所谓意志的坚持性，是指司法警察能以充沛的精力和坚忍不拔的毅力克服困难和挫折，坚决地完成各种工作的能力。表现在工作中就是不论遇到什么困难，都能坚定不移，百折不挠。

意志的自制性是指司法警察善于克制自己的情绪，并能有意识地调节和支配自己的思想和行动的能力。司法警察的坚强意志力是一种内在力量的表现。一个自制性强的司法警察，其言行必须有针对性，并能抑制不合理的冲动。顺境时，不忘乎所以，妄自尊大；逆境时，能沉着冷静，不至于因冲动而说错话、做错事。

司法警察的意志品质主要表现为以下几个方面：

第一，自觉性。司法警察在警务工作中，应当有高度的自觉性。在遇到困难和危险的时候，能够坚定地克服困难，不惜牺牲自己的一切。具有高度自觉性的司法警察在工作中还表现出主动性和探索精神。

第二，果断性。果断性是指司法警察根据实际情况的变化，及时地毫不拖延地作出决策，并坚决地予以执行的意志品质。具有这种意志品质的司法警察，善于根据具体情况，进行分析判断，明辨是非真伪，能够迅速而正确地作出行动的决定并坚决执行之。在其身上，果断性的意志品质表现为在危急时刻，能够当机立断，快速反应，置个人生死安危于不顾，挺身而出排除险情。

第三，顽强性。顽强性是指司法警察能够长时间地保持充沛的精力，以坚韧的毅力克服一切困难和障碍，实现既定目的的意志品质，也叫坚毅性。司法警察的顽强意志正是体现在能够克服这些内部和外部的困难，达到既定的目标，完成任务上。

第四，勇敢坚强。司法警察在执行具有武装性质的任务中，常会遇到危险情况。这时领导在沉着、机智、果敢的基础上产生的处置措施或对策，最终需要司法警察以具体的行动来实现。当决心付诸行动时，又需要有勇敢这个崇高的意志品质。在危险时刻不退缩，能以献身精神排除困难险阻去夺取胜利是司法警察特有的职业作风。勇敢必须是有理智的勇敢，司法警察要大智大勇，智勇兼备。

第五，较好的自制性。所谓自制性，是指司法警察在意志行动过程中善于调节控制自己的思想、情绪、言行的一种意志品质。无论在日常工作中还是执行司法警务的某项任务中，司法警察个人常会因为某些因素的刺激而引起感情上的冲动，这种被刺激起来的情绪一旦失去控制就会造成工作失误。司法警察需要坚强的自制力来控制自己的情绪，使自己在受到某些因素刺激时不为感情所左右，始终在理智下支配自己的言行。自制性以信念和自觉性为基础，司法警察具有坚定的职业信念和高度的工作自觉性，时刻意识到自己的责任和使命，自觉地把自己的言行举止与国家安危、群众安全、社会稳定、自己所代表的利益联系在一起，那么在工作中，就会对事物的真假是非作出明确的辨别，并形成一定标准和态度，也就有能力抵制各种因素的刺激干扰，从而控制调节自己的思想情绪和言行，保持心理平衡，使意志行动沿着预定的目标方向进展。

司法警察用意志自制力和控制力调节自己的行为时，不但有克制的特点，而且还具有激励的作用。司法警察愈能激励自己坚定不移地执行决定，就愈能克制自己不良的思想情绪言行，如此又能愈加坚定不移地执行决定。

（6）较高的思辨能力。

第一，良好的记忆力。记忆，是人脑对经验的反映，是经验的印留、保持和再作用的过程。记忆是人的心理活动中十分重要的，具有决定意义的心理特征，因为记忆是人们进行活动的重要保证，也是人们经验积累或心理发展的前提。

司法警察要认真履行职责，其一切行为活动都离不开记忆。司法警察良好的记忆力也是源自于根据职业的需要不断锻炼的结果。司法警察要提高工作能力就要努力提高记忆力。完整的记忆力活动分为识记、保持、再认知和回忆四个基本过程。

第二，丰富的想象力。所谓想象力，是人对头脑中的表象加工、改组，从而创立新思想、新的形象的能力，是高度发展的认识能力。

司法警察具备丰富的想象力，是根据他们的任务、职责的需要，能将过去、当前所感知的事物，进行由此及彼、由表及里的和纵向、横向的联想加工，想象出当前或并未感知过的事物的能力。这种心理品质也是司法警察完成各种任务的一个必要条件。

良好的想象力也是司法警察形成良好的思维预见所必需的。司法警察丰富的想象力不是天生就有的，它通过培养锻炼才能形成发展。

第三，良好的思维力。思维力是智力要素中的核心，是司法警察工作能力的重要因素。

思维是指人以已有的知识为中介，对客观现实的概括的间接反映。它是在人是实际生活的过程中，在感觉经验的基础上，在头脑中对事物进行分析与综合，抽象与概括，形成一定概念，并应用要领进行判断和推理，从而认识事物一般和本质的特征及规律性联系的心理过程。司法警察应具备的良好的思维力，是指司法警察在感知的基础上对与本职工作有关的客观事物和对象，应用已有的知识经验和正确的思想方法，通过分析、综合、判断、推理、启发、联想的逻辑思维过程，作出符合事实过滤性结论的能力。这种能力又主要表现在思维的正确性、预见性、敏捷性以及思维的广阔性和深刻性方面。

（7）广泛的兴趣。兴趣是人为了满足某种心理需要而对一定客体（事物或活动）的内在趋向性和选择性。司法警察的兴趣是指司法警察在工作中对有关事物和现象的优先注意和集中注意的心理趋向。兴趣带有明显的情绪色彩，当一名警察对某种事物或现象发生兴趣时，他的心理活动就处于兴奋状态。保持这种兴奋状态对做好工作，提高工作效率有着重要的作用。

司法警察的兴趣包括工作兴趣和生活兴趣。在司法警察的兴趣中，工作兴趣专一、持久，处于主要地位，而生活兴趣丰富、广泛，处于辅助地位。

（二）提高司法警察心理素质的主要途径

1. 学习与实践相结合。司法警察通过系统学习心理科学知识，了解和掌握自身心理活动的规律，并且运用心理学所提示的人的心理活动的普遍规律去预测和控制自身心理现象的发生。通过学习心理科学知识，可以为自己在工作实践中有目的、有针对性地培养和提高心理素质。

司法警察学习了心理学知识，认识到观察是一种有目的的知觉，目的是否明确，任务是否具体，都会直接影响到观察的结果。这样司法警察在工作中就会有意识地、独立地给自己提出观察的目的和任务，并且尽量使任务具体化，促使自己的观察成功，认识到人的观察力是在实践活动中经过长期的训练发展起来的，司法警察就会有意识地在工作中、在日常生活中加强观察学习，经常给自己提出观察的要求，在工作中总结观察成功的原因，培养自己良好的观察习惯；认识到观察力是以必要的专业知识为基础的，司法警察应努力学习专业知识扩大视野。

2. 加强心理训练。司法警察的心理训练是指有目的、有意识地培养和提高自己在紧张、困难、危险、劳累的工作环境里完成任务所需要的心理素质，并保持心理稳定和健康的训练。也就是运用心理学原理，模拟出类似实际工作时的环境和环境中影响司法警察心理的刺激因素，使司法警察能够产生出近似于实际工作时的心理活动，体验各种刺激因素对心理的影响，使司法警察在心理上受到锻炼，提高心理容量和心理活动水平，增强适应能力，从而能够在实际工作中对真实情况作出适应性的反应。

对司法警察进行心理训练，有助于提高他们的心理活动水平。进行心理训练，可以使司法警察在面对刺激因素时，形成一种对刺激的相对性的反应，学会控制自己，减少因紧张给工作造成的困难。进行心理训练，还有助于司法警察克服心理障碍。

心理训练的内容，包括认识、情感、意志等心理过程的训练和个性特征的训练。加强司法警察的心理训练，能够逐步培养司法警察具有适应紧张、危险状态的特定的心理，这种心理既能保证司法警察进行有效的工作，提高工作效率，又能增强其心理承受能力，有助于心理健康。

3. 树立科学的世界观和人生观。马克思主义世界观是科学的世界观。有了正确的世界观，用它来看待人生，指导工作，就能树立正确的人生观。作为司法警察，只有树立起正确的世界观和人生观，才能正确地看待工作和生活，沉着、冷静、正确地对待各种待遇。从这个意义上讲，树立正确的世界观和人生观是养成良好的心理素质的基础。

4. 丰富业余文化生活。要设法丰富司法警察的业余文化生活，调整工作带来的精神压力，满足司法警察健康身心、愉悦心情、公关社交和提高生活质量的需要。业余文化生活本身也直接强化司法警察的心理素质。

5. 加强心理素质训练。心理素质训练是强化司法警察心理素质的重要措施，也是司法警察教育、培训工作的一个重要内容。要对司法警察进行普遍的心理调查研究，建立司法警察心理档案，并据此制定教育、培训计划和目标。对司法警察进行辨认、反应、观察、注意、控制等能力的训练，使其增强对工作的心理适应性。

6. 加强意志培养。正确的人生观是指每名有政治觉悟的人不断树立自己的工作目标，奔着远大的理想，坚定信念，奋力工作的精神支柱。意志行动的动机目的是受理想、信念、世界观的支配的。牢固树立共产主义理想、信念，坚定正确的政治方向是培养意志的关键途径。要牢固树立正确的人生观，就要不断地坚持政治学习，加强自身的政治修养。

培养积极健康的情感，增强意志活动的动力。人的意志行动直接受情感情绪的影响。情感不但能在认识和行动之间起桥梁作用，而且能促使人的认识深化，形成信念、意志。积极健康的情感可以激励人们确立正确的目的，鼓舞人们去行动，去克服困难实现目的。司法警察要不断增强热爱祖国，热爱人民，憎恨敌对势力，憎恨犯罪分子，憎恨不良现象的意识。

在工作实践中不断磨炼意志。实践活动是人的心理产生、深化、发展和形成的基础。司法警察培养提高意志品质单有良好的愿望不行，还必须在具体的工作实践中加强意志的磨炼，也可以通过组织手段去磨炼他们。

加强意志的自我锻炼。培养提高司法警察的意志品质，除了有组织和计划有目的地安排教育训练内容，或者有针对性地赋予某同志特定的任务外，更主要的是司法警察本身要自觉地加强自我锻炼。因为优良的意志品质的形成，必须通过主观努力才能形成，这是培养坚强意志品质的内因。

自我锻炼不是闭门修身养性，要自觉地在实践中进行，要勇于解剖自己，要对自己意志品质上的优点、缺点进行自我剖析，坚持发扬好的意志，努力克服某些意志上的缺陷，这样才能不断提高意志品质。

7. 智力培养。进行智力锻炼，一是在日常工作中善于动脑筋，积极培养锻炼观察力、注意力、记忆力、想象力、思维力、创造力，使自己能够在各种刺激因素的干扰下，不但不影响思维，而且保持冷静的头脑，敏锐地作出判断和决策，机智果断地采取行动。二是在进行智力锻炼中，针对我们的工作特点，有意设置各种造成认识和思考困难的情境，加强空间方位感、时间感和机动方面的训练。

8. 职业性格的培养。工作中，每名司法警察的思想品格、言行举止、态度作风，都能反映他的性格特征。其性格品质的高低优劣，不但关系到工作中的主观指导方向和策略，而且关系到工作作风、警察形象等问题。优良的职业性格，往往是认真履行职责，圆满完成任务的基础。所以加强职业性格修养，提高心理品质，是做好本职工作的重要心理保证。

警察职业性格修养的重点，主要在于职业道德，对为保卫社会安全而努力认真地工作等方面的态度和行为特征的表现。具体表现为：有为保卫国家安全而坚守岗位的决心和信心，有勇于奉献的大无畏精神，有高度的正义感、责任感和义务感；在工作中或在战斗中有胆有略，勇敢坚定，机智灵活，果断顽强，严守纪律，身先士卒，以及胜不骄、败不馁等性格特征。

9. 增加心理素质训练，掌握一定的心理学知识。随着经济的高速发展，社会竞争的加剧，现代人普遍要面临着大于以往的心理压力。当一个人的心理承受能力达到极限时，而这个人又不善于进行自我调控，就很有可能发生一些问题。在实际生活中，很多犯罪的发生往往就来自于此。所以，增加必要的心理素质训练，提高心理素质，掌握一定的心理学知识是很有必要的，这样做的好处在于有利于警员自身的强化，而警员自身的强化会形成法警队伍的总体强化，也是做好新时期司法警察工作所必需的。从自身强化的角度来说：司法警察队伍在发展上也面临着压力。由于司法警察工作的特点和自身条件，造成司法警察面临着区别于其他警种的压力，既要掌握作为警察应该掌握的专业知识，又要掌握司法警察工作所要求的专业技能。通俗的说：就是要文武双全。所以，就必须具备较高的心理素质和较强的心理承受力，这样做有利于警员更好的承受竞争带来的压力。

从做好司法警察工作的角度来说：做为准军事化队伍的管理，心理素质训练也是必要的。当一名警员面对穷凶极恶的罪犯的时候，仅仅是不害怕、勇于斗争是不够的。还必须学会诸如：迂回、劝解、稳定情绪等方式、方法，巧妙地开展工作，从而使工作取得事倍功半的效果。某位司法警察就曾经利用巧妙的劝解，使一名欲翻供而拒不配合提讯的犯罪嫌疑人放弃了顽抗到底的想法，最终交代了自己的罪行。进行心理素质训练，掌握一定的心理学知识，虽然有一定的难度。但是，只要结合司法警察的工作特点，还是可以做到的。

在进行心理训练时，可以学习掌握一些简单的心理知识，如：如何达到共情；掌握犯罪心理学的内容等。只要和司法警察工作自身的特点相结合，学以致用，用以致学，很快就能掌握，经过一个不长的过程（3个月到半年），在法警中队、法警分队等小范围内，整体素质就会有所提高。

任何事物，必须在实践中总结发展。英勇善战的士兵必须经过千锤百炼，司法警察队伍的发展和建设也蕴涵着这个道理。

思考题

1. 什么是素质、职业素质？
2. 司法警察职业素质的内容？
3. 司法警察政治素质的内容？

4. 押解勤务的概念、特点与分类？
5. 看管勤务的主要任务是什么？
6. 值庭勤务的主要任务和特点是什么？
7. 法庭安全检查勤务的主要任务是什么？
8. 司法警察参与执行勤务的主要任务有哪些？
9. 诉讼中强制措施的种类有哪些？如何实施？

材料分析

2019年4月，相关部门对某区人民法院原三级警督司法警察董某某严重违纪违法问题进行了纪律审查、监察调查。

经查，董某某违反中央八项规定精神（违反廉洁纪律），违规收受购物卡，接受可能影响公正执行公务的宴请、娱乐活动，接受可能影响公正执行公务的礼金、礼品、代价券；利用职务上的便利，为他人谋取利益，或利用其职权或者地位形成的便利条件，通过其他国家工作人员职务上的行为，为请托人谋取不正当利益，非法收受他人财物，涉嫌受贿犯罪；实施为黑社会性质组织通风报信及帮助逃避查禁的包庇行为，涉嫌包庇黑社会性质组织犯罪。

董某某身为中共党员和人民警察，理想信念丧失，纪律意识淡漠，严重违反党的纪律和国家法律法规，并涉嫌受贿犯罪和包庇黑社会性质组织犯罪，且在党的十九大后继续不收敛、不收手，性质恶劣，情节严重，给党的事业和形象造成严重损害。依据《中国共产党纪律处分条例》《中华人民共和国监察法》《公务员法》《人民警察法》《公职人员政务处分暂行规定》等有关规定，经某区纪委常委会、监委委务会审议，决定给予董某某开除党籍处分，开除公职处分，收缴违纪所得；将董某某涉嫌犯罪问题移送检察机关并依法提起公诉。

审查、调查期间，董某某认错态度较好，能如实交代自己的违纪违法并涉嫌犯罪的事实，对自己所犯错误有较深刻的认错悔过表现，并剖析了原因，认识到自己忘记了党员身份，淡薄了纪法意识。

问题：如何提升司法警察职业素质？

第五章 司法警察行为规范

学习目标

通过本章学习,了解司法警察行为法律规范、纪律规范和执法监督的概念,掌握司法警察行为的法律规范、纪律规范、执法监督以及警务督察的相关内容,增强司法警察自身的行为规范意识,树立规范化执法的基本理念,形成规范化执法的行为习惯。

重点提示

司法警察行为规范　法律规范　纪律规范　执法监督

司法警察的行为规范是指由国家相关机构制定或确认的司法警察在履行职务活动时应遵循的规则和准则。司法警察的行为规范为社会大众普遍价值观所认可并对司法警察具有一般约束力。司法警察的行为规范包括法律规范与纪律规范。

第一节 司法警察行为的法律规范

一、司法警察行为法律规范的概念

司法警察行为法律规范是指司法警察在履行法定职责行为时应遵循的法律规定,它包括司法警察所获得的法律授权、法律支持、法律保障以及司法警察必须遵从的法律服从、法律约束、法律制裁。它表现为法律、法规和人民法院制定的规范性文件(包括条例、规则、细则、办法等)等形式。它规范司法警察的职务活动,规范司法警察的执法行为,引导司法警察严格、规范、公正、文明地执法。

司法警察行为法律规范主要包括司法警察执法主体、执法内容、执法权限、执法程序等方面的法律性规定,为司法警察实施警务活动提供了行为主体适格、行为内容正当、行为权限有据、行为程序合法的标准和指引。

二、司法警察行为法律规范的作用

司法警察行为法律规范具有普遍约束力和国家强制性。根据司法警察行为法律规范作用的指向和侧重点，可以将行为法律规范在司法警察执业活动中的作用分为指引作用、评价作用、教育作用、预测作用和强制作用。

（一）司法警察行为法律规范的指引作用

司法警察行为法律规范的指引作用是指法律所具有的、能够为司法警察提供一种既定的行为模式，从而引导司法警察在法律范围内活动的作用。指引作用是法律首要的作用，它引导着司法警察正确进行执法活动。通过法律法规的指引作用，司法警察的执法依照法定程序实施，以实现效益和公平的价值观以及程序正义。

（二）司法警察行为法律规范的预测作用

司法警察行为法律规范的预测作用是指法律通过其规定，告知司法警察某种行为所具有的、为法律所肯定或否定的性质以及它所导致的法律后果，使司法警察能够根据已有的法律对想要实施的行为进行评判，预先评估自己行为的后果，以及他人行为的趋向与后果，从而对自己将要实施的行为做出正确的选择。

（三）司法警察行为法律规范的评价作用

司法警察行为法律规范的评价作用是指法律规范所具有的、能够评价司法警察行为的法律标准，它具有客观性、有效性、概括性、公开性以及稳定性。司法警察行为法律规范作为一种行为标准，对判断、衡量司法警察行为是合法还是违法，以及司法警察行为进行的状态程度，具有判断、衡量的作用。

（四）司法警察行为法律规范的教育作用

司法警察行为法律规范的教育作用是指法律所具有的、通过法律规定和实施而影响司法警察思想，培养和提高司法警察法律意识，引导司法警察依法行为。法律规范的教育作用主要是通过以下方式来实现：一是正面教育，即通过对合法行为加以保护、赞许或奖励，使之对其他司法警察的行为起到表率、示范作用。二是反面教育，即通过对违法行为实施制裁，对包括违法者本人在内的一般人起到警示和警戒的作用。

（五）司法警察行为法律规范的强制作用

司法警察行为法律规范的强制作用表现在运用国家强制力制裁、惩罚违法行为。这种作用的对象是违法犯罪者的行为。强制作用是其他作用的保证，如果司法警察行为法律规范失去强制作用，其他作用也难以实现。

三、司法警察行为法律规范的内容

司法警察行为法律规范的内容是指法律法规对司法警察职务行为的相关规定。这些规定有的散见于各个法律法规的条文中，有的集中规定在某一部法律或规范性文件中。根据法律规范适用的对象范围，可以将司法警察行为的法律规范分为三个层次：首先是适用于一般社会人、普通公民的一般性法律规范；其次是适用于公务员、法院工作人员的关联性法律规范；最后是适用于人民警察、司法警察的专门性法律规范。

（一）司法警察行为的一般性法律规范

司法警察是具有中华人民共和国国籍的公民，与其他普通公民一样必须遵守中华人民共和国的所有法律法规，不能有法外特权，也不享有司法豁免权。《宪法》第5条第4款规定："一切国家机关和武装力量、各政党和各社会团体、各企事业组织都必须遵守宪法和法律。一切违反宪法和法律的行为必须予以追究。"第5款规定："任何组织或者个人都不得有超越宪法和法律的特权。"因此，司法警察作为中华人民共和国公民，必须和所有中华人民共和国公民一样，遵守中华人民共和国普遍适用的法律法规的规定。

（二）司法警察行为的关联性法律规范

司法警察行为的关联性法律规范是特定地适用于司法警察的职业类别即国家公务员、法院工作人员的职业角色的相关法律法规。主要有《公务员法》《法院组织法》《公务员考核规定》《公务员录用规定》《公务员职务任免与职务升降规定（试行）》《公务员奖励规定》《公务员辞去公职规定》《公务员辞退规定》等法律规章以及《人民法院工作人员处分条例》等规范性文件。《公务员法》第14条第1项规定："忠于宪法，模范遵守、自觉维护宪法和法律，自觉接受中国共产党领导。"因此，司法警察作为执法者、公务员，代表国家执行法律，通过打击违法犯罪为司法公平正义的实现提供支持保障，因此，司法警察还必须遵守《公务员法》《法院组织法》等特别法的规定，为其他一般的普通公民做出行为表率，模范遵守国家宪法和法律，严格以此为行为指南和准则。

（三）司法警察行为的专门性法律规范

司法警察行为的专门性法律规范包括人民警察类特别法律规范和司法警察类特别法律规范。司法警察是人民警察的重要组成部分，适用于司法警察的人民警察法律规范主要有《人民警察法》《中华人民共和国人民警察使用警械和武器条例》《警衔条例》等。作为人民法院具有武装性质的司法行政执法力量，司法警察还要接受最高人民法院制定颁布的、有关司法警察工作的规范性文件约束。其中，有关司法警察行为规范的主要有《司法警察条例》《刑事审判警务保障工作规则》《执法细则》《预防和处置突发事件规则》《人民法院司法警察内务条令》（以下简称《内务条令》）等。《人民警察法》第4条规定："人民警察必须以宪法和法律为活动准则，忠于职守，清正廉洁，纪律严明，服从命令，严格执法。"第18条规定："国家安全机关、监狱、劳动教养管理机关的人民警察和人民法院、人民检察院的司法警察，分别依照有关法律、行政法规的规定履行职权。"人民法院司法警察依照《法院组织法》《司法警察条例》的规定具有下列职责：①维护审判秩序；②对进入审判区域的人员进行安全检查；③刑事审判中押解、看管被告人或者罪犯，传带证人、鉴定人和传递证据；④在生效法律文书的强制执行中，配合实施执行措施，必要时依法采取强制措施；⑤执行死刑；⑥协助机关安全和涉诉信访应急处置工作；⑦执行拘传、拘留等强制措施；⑧法律、法规规定的其他职责。

第二节 司法警察行为的纪律规范

一、司法警察行为纪律规范的概念

纪律通常是指社会上的某些单位或组织为了维护自身利益，并保证该组织或该单位工作任务的顺利完成而制定的对其内部成员具有约束力的行为规范。纪律可分为政治纪律、组织纪律、工作纪律、学习纪律等。依据纪律的重要程度、目标指向，可分为首要纪律、一般纪律、内部纪律、对外纪律、组织纪律、个人纪律等。

司法警察行为纪律规范是指根据司法警察职业特点而制定的，要求司法警察在行使权力时必须遵守的义务性行为规范的总称。它是司法警察为正确履行国家法律赋予的职责和义务，保证各项任务的完成，必须遵守的行为准则。以法律的形式确定下来的纪律存在于《公务员法》和《人民警察法》中。这说明纪律行为规范，对于公务员、警察行业来说，有着特别重要的地位与作用，也说明司法警察是纪律部队，其纪律不同于其他组织的纪律，它不是一般的组织纪律，而是具有法律属性的纪律，司法警察行为纪律规范具有更明确、更强烈的强制性和约束作用。司法警察从事的是执法工作，在纪律规范要求方面，有着比一般普通职业更高的行为约束要求。

司法警察纪律规范主要包括三大类：第一类是上升为法律规范而具有法律约束力的纪律规范，如《人民警察法》《公务员法》等法律法规中关于适用于司法警察的纪律性规定。第二类是最高人民法院颁布的规范性文件中有关人民法院工作人员的纪律规范，如《最高人民法院关于在审判工作中防止法院内部人员干扰办案的若干规定》《人民法院工作人员处分条例》《关于纠正节日不正之风的"十个不准"规定》《关于人民法院落实廉政准则防止利益冲突的若干规定》等规范性文件，这些规范适用于所有人民法院的工作人员，当然也适用于在人民法院工作的司法警察。第三类是专门适用于司法警察的纪律规定，这些纪律规范散见于《刑事审判警务保障工作规则》《执法细则》《预防和处置突发事件规则》《安全检查规则》等部门规章之中。最高人民法院政治部还发布了《关于全国法院司法警察参照执行公安部五条禁令的通知》的规定。此外，还有地方各级人民法院制定的有关司法警察的纪律规定。

公安机关人民警察纪律条令

二、司法警察行为纪律规范的作用

（一）通过纪律规范的保障，有利于提高司法警察队伍战斗力

司法警察是武装性质的司法行政执法力量，严密的组织与严格的纪律要求是其具有强大战斗力的保证。司法警察要靠铁的纪律保证其依法行使职权，要靠铁的纪律凝聚强大的战斗力。司法警察队伍应当把纪律看成自己的生命。作为武装性质的纪律部队，司法警察只有通过纪律规范的保障，才能保证有统一的意志和统一的行动，以牢固的凝聚力和强大的战斗力，优质高效地为审判活动提供忠实可靠的服务与保障，完成党和国家嘱托的重任。

人民法院司法警察内务条令

（二）通过纪律规范的模范遵守，有利于增强司法公信力，树立司法权威

司法警察的公信力是司法公信力的重要组成部分。司法警察应该加强职业操守，把公正廉洁作为工作的首要价值目标，通过公正执法使社会公众从诉讼程序中感受到人民法院是可以依赖的，增强司法的公信力。作为司法机关的执法人员，司法警察还必须以身作则，做遵纪守法、依法办事的楷模，为社会公众树立行为表率，树立司法权威，从而赢得更多的信赖，获得更多公众对执法活动的支持。

（三）通过纪律规范的遵守执行，有利于保护当事人的合法权益

司法警察纪律规范要求司法警察必须清正廉洁，光明磊落，刚直不阿，廉洁自律，秉公执法；做到拒腐蚀、永不沾，两袖清风，一身正气；服从命令，一切行动听从上级的指挥，做到有令必行，有禁必止，保证警令畅通，使上级的命令和指示得到迅速有效的贯彻执行。司法警察通过对纪律规范的遵守执行，做到严格规范公正文明执法，保护当事人的合法权益。

三、司法警察行为纪律规范的内容

司法警察行为纪律规范内容从来源上看，主要有来自党的纪律、公务员

的纪律、人民法院工作人员的纪律、人民警察的纪律、司法警察的纪律等；从形式上看，既有法律、法规、条例、规定、命令、禁令等表现形式，也有党和政府下发的文件、会议纪要的表现形式；依照《人民法院工作人员处分条例》的分类，人民法院工作人员的纪律主要分为政治纪律、办案纪律、廉政纪律、组织人事纪律、财经纪律、失职行为、违反管理秩序和社会道德七大类；依照《人民警察法》的分类，司法警察的纪律，可大致分为政治纪律、组织纪律、工作纪律、廉政纪律四大方面。

(一) 政治纪律

司法警察的政治纪律是对司法警察在政治思想上的要求，是指司法警察在政治立场、政治方向、政治言论、政治行为方面必须遵守的行为规范。政治纪律是司法警察第一位的纪律规范，是司法警察在政治生活中必须遵循的行为准则。

司法警察的政治纪律，是政治立场的纪律，也就是在政治立场上，应坚持与以习近平总书记为核心的党中央保持高度一致。司法警察必须深刻理解人民法院作为政法机关的政治属性，坚定不移地坚持党对人民法院的绝对领导，坚决维护习近平总书记在党中央和全党的核心地位，坚决维护党中央权威和集中统一领导，确保在政治立场、政治方向、政治原则、政治道路上同党中央保持高度一致，增强走中国特色社会主义法治道路的坚定性和自觉性。其次，忠于中国共产党是司法警察的政治立场、政治方向、政治言论、政治行为的具体表现，司法警察作为对党绝对忠诚的国家机器，宣誓服从命令、听从指挥，就是服从和接受党的领导和指挥。党对各级党组织和党员在政治活动和政治行为中的基本要求和约束，同样对司法警察队伍中的每一位成员适用。最后，司法警察要与全体人民法院工作人员一样，以习近平新时代中国特色社会主义思想为指导，深入贯彻党的十九大精神和全国"两会"精神，紧紧围绕"努力让人民群众在每一个司法案件中感受到公平正义"的工作目标，提高政治素质、规范执法办案行为、提高司法能力水平、努力建设一支适应新时代人民法院改革发展要求的司法警察队伍。

《公务员法》《人民警察法》等均对司法警察的政治纪律进行了规定，对司法警察在政治方向、政治言论、政治行为方面的纪律规范主要有：不得散布有损于国家声誉、形象和威信的口头或书面言论；不得参加国家明令取缔、禁止以及未依法得到批准的社会团体或其他组织；不得参加以反对国家为目的的集会、游行、示威等活动；不得参加罢工；不得在对外交往中损害国家荣誉和利益。

（二）组织纪律

司法警察的组织纪律是对司法警察行动上的要求，是调整司法警察队伍内部下级与上级、个人与集体、个人与组织、个人与领导、组织与组织、局部与整体之间关系的行为规范。

司法警察的组织纪律强调的是组织上的服从。主要包括：必须服从全局；坚决服从领导、服从指挥、服从命令；坚持步调一致。步调一致与服从领导、服从全局是一致的，一切行动听指挥是警察职业的一个特点。服从领导，才能达到步调一致，行动统一；执行命令，上级的决定才能得到贯彻；下级服从上级，个人服从组织，少数服从多数，是完成各项任务的重要保证。司法警察不得参与派系活动，必须听从组织调度，自觉接受监督，无条件地完成领导交办的工作，坚持民主集中制原则。

（三）工作纪律

司法警察的工作纪律是对司法警察在工作上的要求，是指司法警察在警务工作中必须遵守的行为规范。它是指导、调整、约束、规范司法警察的工作行为，用于保障司法警察按其职责履行职务，保障执法工作正常进行的，由党纪、政纪与国法所构成的行为规范。

司法警察的工作纪律主要包含执法纪律、保密纪律、廉政纪律、群众纪律等四个方面。这些纪律主要源自于《公务员法》《人民警察法》以及最高人民法院制定的关于人民法院工作人员的工作纪律和关于司法警察执法规定的部门规章之中。

1. 执法纪律。司法警察的执法纪律是司法警察按照法律规定的权限和程序履行执法职责，具有约束力的行为规范。

《公务员法》规定，公务员必须按照规定的权限和程序认真履行职责，努力提高工作效率；忠于职守，勤勉尽责，服从和执行上级依法作出的决定和命令；遵守纪律，恪守职业道德。必须遵守纪律，不得玩忽职守，贻误工作；不得拒绝执行上级依法作出的决定和命令；不得压制批评，打击报复；不得弄虚作假，误导、欺骗领导和公众；不得滥用职权，侵害公民、法人或者其他组织的合法权益；不得参与或者支持色情、吸毒、赌博、迷信等活动；不得违反职业道德、社会公德；不得从事或者参与营利性活动，在企业或者其他营利性组织中兼任职务。

《人民警察法》规定，人民警察必须做到：秉公执法，办事公道；模范遵守社会公德礼貌待人，文明执勤；尊重人民群众的风俗习惯，人民警察遇到公民人身、财产安全受到侵犯或者处于其他危难的情形，应当立即救助；对公民提出解决纠纷的要求，应当给予帮助；对公民的报警案件，应当及时查处。人民警察应当积极参加抢险救灾和社会公益工作。

最高人民法院在《关于人民法院落实廉政准则防止利益冲突的若干规定》《最高人民法院关于在审判工作中防止法院内部人员干扰办案的若干规定》《人民法院工作人员处分条例》等规范性文件中，列举了人民法院工作人员应当被处罚的违反办案纪律、违反廉政纪律、违反财经纪律、失职行为、违反管理秩序等几种违纪行为。

执法纪律要求司法警察要积极履行公务，秉公执法，文明执法。积极履行公务：一是要严格履行上列法律法规所规定的各项职责，尽职尽责，恪尽职守；二是要正确行使法律法规所规定的各项权力，绝不以权谋私；三是要执法不阿，敢于同一切不正之风作斗争。秉公执法：一是要严格执法；二是要廉洁执法。文明执法，要求司法警察执法要做到文明礼貌，热情耐心，受理群众求助不推诿搪塞、不敷衍了事。

执法纪律还要求司法警察执行警务保障任务时，应当按规定着装，佩戴人民警察标志，携带人民警察证等有效证件，保持警容严整，举止端庄，自觉维护良好的执法形象。司法警察履行警务保障职责，应当严格遵守国家法律法规，严格遵守人民法院和人民警察的纪律规定，保守工作秘密，尊重和保障人权，严禁下列行为：泄露审判执行工作秘密；插手过问他人办理的案件；接受案件当事人及相关人员的请客送礼；玩忽职守，不履行法定义务；体罚、虐待、侮辱被告人；非法搜查他人身体和物品，非法限制他人人身自由；其他违法违纪行为。

2. 保密纪律。司法警察的保密纪律是指司法警察严格保守党和国家机密以及工作机密的行为规范。

党和国家的机密是指关系党和国家的安全和利益，依照法定程序确定的在一定时限内只限一定范围的人员知悉的事项。司法警察的工作机密，是仅限于司法警察在一定时限内和一定范围内知悉的与职业工作相关的事项，包括审判执行工作秘密和警务工作秘密。司法警察因职务关系会接触国家机密，如果在保密时限内擅自公开或擅自扩大接触范围，就是泄密。泄露党和国家的秘密，可能会给党和国家的安全和利益造成各种损害后果。泄露司法警察工作机密，可能会损害司法权威，妨碍审判执行活动，给司法公正带来干扰，给司法警察的形象带来负面影响。

严格保守党和国家的秘密，坚决保卫党和国家利益，是每一个司法警察应尽的义务。司法警察必须严守保密纪律，不该问的坚决不问，不该说的坚决不说，不该看的坚决不看。绝不允许徇私枉法，给违法犯罪人员通风报信，违者必然要受到法律的追究。对违反党和国家保密规定的司法警察，要根据情节依法处理。

关于保密工作制度条例

3. 廉政纪律。司法警察的廉政纪律是司法警察在从事公务活动或其他与行使职权有关的活动中，按其职责履行公务时应当遵守的廉洁用权的行为规则，是实现司法警察清正、清廉、政治清明的重要保障。

为了落实廉政工作，最高人民法院发布了《关于人民法院落实廉政准则防止利益冲突的若干规定》《最高人民法院关于在审判工作中防止法院内部人员干扰办案的若干规定》（已失效）。

司法警察作为公务员，必须遵照《公务员法》的规定，清正廉洁，公道正派，不得有贪污、行贿、受贿，利用职务之便为自己或者他人谋取私利的行为。不得组织、参办企业以及参与其他营利性的经营活动。司法警察必须保持司法廉洁，严格遵守有关廉政规定，不得插手过问他人办理的案件；不得接受案件当事人及相关人员的请客送礼，不得违反规定为案件当事人及其亲属、代理人、辩护人或者其他关系人转递涉案材料；不得违反规定打听正在办理的案件情况；不得以任何理由为案件当事人说情打招呼。不准给刑事被告人带口信、送钱物；对当事人及其利害关系人、代理人、辩护人的馈赠或者贿赂行为，应果断拒绝并给予批评，司法警察不得玩忽职守，不履行法定义务。

违反廉政纪律的行为主要有贪污、索贿、受贿、行贿、介绍贿赂、挪用公款、利用职务之便为自己或者他人谋取私利、巨额财产来源不明，违反财经纪律，挥霍浪费国家资财等。腐败是司法公正的最大威胁，廉政纪律是遏制腐败蔓延的重要手段。唯有严查权权交易、权钱交易和权色交易行为，超标准、超范围接待以及收受礼品、礼金、消费卡等行为，才能保证执法者清正廉洁的政治本色。

4. 群众纪律。司法警察的群众纪律是指调整司法警察与人民群众关系的行为准则与行为规范。为人民服务，维护人民群众的利益，不以任何借口、任何形式侵占和损害人民群众的利益，为群众排忧解难是司法警察重要的社会服务职能。

群众纪律总的原则是不允许以任何借口、手段侵犯和损害人民群众的正当权利和利益。其主要内容是：增强群众观念，全心全意为人民服务，树立群众利益高于一切的思想；尊重和维护人民群众的正当权利与利益；尊重人民群众的宗教信仰、风俗习惯；爱护人民群众的财产和生命；关心人民群众的疾苦；以平等的态度对待人民群众；在政治上维护人民群众的权利；在物质生活和精神文化生活上关心人民群众的利益和需要；尊重人民群众的社会主义积极性，倾听人民群众的呼声，接受人民群众的批评、监督和帮助；保护和捍卫人民群众的利益，同危害人民群众利益的行为作坚决的斗争。

群众纪律要求司法警察必须做到：秉公执法，办事公道；模范遵守社会公德；礼貌待人，文明执勤；尊重人民群众的风俗习惯。司法警察遇到公民人身、财产安全受到侵犯或者处于其他危难情形，应当立即救助；对公民提出解决纠纷的要求，应当给予帮助；对公民的报警案件，应当及时查处。司法警察应当积极参加抢险救灾和社会公益工作。

群众纪律是密切司法警察与人民群众关系的重要保证。它要求司法警察必须坚持全心全意为人民服务的宗旨，随时随地维护人民群众的利益，不允许以任何借口、任何形式侵占和损害人民群众的利益。在改革开放和发展社会主义市场经济的新的历史条件下，要维护实现社会的公平正义，实现中国梦，要更加严格地执行群众工作纪律，在明确自己权力边界的前提下，把维护群众的利益作为思考问题、完成本职工作的基本出发点，绝不能以权谋私、侵犯群众的合法利益。对于那些极个别欺凌百姓，鱼肉人民，假借公器，牟取私利的害群之马，必须严加惩处，以儆效尤。

四、司法警察违纪行为的处理

司法警察的违纪行为是指司法警察违反法律、法规以及最高人民法院关于司法警察执法规范性文件中的相关纪律规定，应当承担纪律责任的行为。司法警察违纪处分是指有权处理的机关单位对司法警察违纪行为所作出的一种行政处理决定。司法警察违纪处分的相应规定，主要源自于《公务员法》《人民警察法》《中国共产党纪律处分条例》以及最高人民法院制定的《人民法院工作人员处分条例》和关于司法警察执法规定的部门规章之中。

《公务员法》规定，公务员因违法违纪应当承担纪律责任的，依法给予处分；违纪行为情节轻微，经批评教育后改正的，可以免予处分。处分分为警告、记过、记大过、降级、撤职、开除。

《人民警察法》规定，对受行政处分的司法警察，按照国家有关规定，可以降低警衔、取消警衔。对违反纪律的司法警察，必要时可以对其采取停止执行职务、禁闭的措施。

《中国共产党纪律处分条例》规定，党的纪律是党的各级组织和全体党员必须遵守的行为规则。党组织和党员违反党章和其他党内法规，违反国家法律、法规，违反党和国家政策、社会主义道德，危害党、国家和人民利益的行为，依照规定应当给予党纪处分的，都必须受到追究。对党员的纪律处分种类分为：警告；严重警告；撤销党内职务；留党察看；开除党籍。对于违犯党纪的党组织，上级党组织应当责令其作出检查或者进行通报批评。对于严重违犯党纪、本身又不能纠正的党组织，根据情节严重的程度，可以予以改组或解散。

《人民法院工作人员处分条例》也对人民法院工作人员的违纪行为进行了细化规定，列举了主要的违纪行为及违纪后果。

司法警察部门及其司法警察必须严格遵照《司法警察条例》《执法细则》《刑事审判警务保障工作规则》等部门规章的相关规定履行职务，若有违规履职者，应当根据违规行为的性质和严重程度，对相关责任人给予纪律处分。构成犯罪的，依法追究刑事责任。

第三节 司法警察的执法监督

一、司法警察执法监督的概念

监督，意为"监察督促"。从字面上理解，是对人们的行为进行监视察看，如果发现不符合要求的行为，就督促行为人纠正。监督的概念和监督的行为在社会各行各业中都存在。

司法警察的执法监督有广义和狭义之分。广义的是指以国家机关（包括权力机关、司法机关、行政机关）、党、社会组织和团体（包括人民政协、各民主党派、工会、共青团、妇联、媒体舆论组织等）和公民为主体，对司法警察所进行的警务行为的监督。狭义的是指法律监督机关和依照法律规定有监督权的国家机关对司法警察所实施的监督。一般而言，司法警察的执法监督是指广义上的监督。

司法警察执法监督的行为表现分为监察行为、督促行为、撤销行为、纠正行为等。

从产生的法律后果来看，有的直接产生法律效力，有的间接产生法律效力，有的并不产生法律效力。

司法警察执法监督的目的以警务活动职能的实现与公民合法权益不受侵害为目的。司法警察执法监督的价值在于保证警务工作的合法顺利展开，在司法警察的执法行为依法进行的同时，应尽最大可能地削减使对方的合法权益受非法侵害、剥夺的可能性。

二、司法警察执法监督的特征

（一）司法警察执法监督的判断和控制性

这是对司法警察的执法行为是否合法、适当做出准确的判断，确定可靠的参照标准，这个标准就是与司法警察行为相关的法律、法规和纪律。监督主体、监督标准、监督对象这三者构成了监督行为的基本框架。司法警察的执法监督就在这一框架中进行。

(二) 司法警察执法监督主体的全面性

这一特征在我国的执法监督体系中极为突出。司法警察的执法监督的主体不仅有党、国家机关，还有社会组织和群众团体，以及媒体舆论单位和公民个人等。

司法警察执法监督主体的全面性，既是提高监督主体监督效率的重要保障，也是建设社会主义民主与法制，实现执法监督社会化的基本要求和重要体现。

(三) 司法警察执法监督的广泛性

它要求对所有司法警察的执法行为都必须实行有效的监督。

三、司法警察执法监督的种类

对司法警察执法活动进行的监督，从不同的角度可以划分为不同的种类。

以监督的时间顺序为标准，可分为事前监督、事中监督和事后监督。事前监督是在具体的执法行为实施之前进行监督，一般适用于司法警察上级机关对下级机关报请审批的执法活动进行的监督；事中监督是对正在进行的执法活动进行的监督，这种监督既存在于司法警察机关内部的监督活动中，也存在于国家监督机关和社会与公民的监督活动中；事后监督是在具体的执法行为实施之后，对执法行为是否合法、适当进行的监督，适用于全部的监督活动。

以监督的对象不同为标准，可分为对司法警察机关的监督和对司法警察人员的监督。根据我国现行法律的规定，重要的职权由司法警察机关行使，如决定、命令等，有些职权由司法警察个人行使，如询问、安检、送达等。无论是司法警察机关还是司法警察个人，其执法活动都要受到监督。

以监督的方向不同为标准，可分为纵向监督、横向监督和双向监督。纵向监督是司法警察上级机关对下级机关的监督；横向监督是国家监督机关对司法警察机关的监督和司法警察机关内部专职监督机构对执法机构的监督；双向监督是相对人（公民、法人，或其他社会组织）对司法警察所做的行为不服，提出异议和申诉，由此引起的监督活动。

以监督有无直接法律效力为标准，可分为有直接法律效力的监督和无直接法律效力的监督。国家的法律监督机关、监察监督机关的监督，司法警察机关内部监督，能够直接引出法律后果，是有直接法律效力的监督；社会监督和公民监督必须经过国家法定机关受理后才能引起法律后果，是无直接法律效力的监督。

以监督的主体不同为标准，还可分为党的监督、人大的监督、国家检察机关的监督、行政监察机关的监督、司法警察机关内部的监督以及社会与公民的监督。

四、司法警察执法监督的作用

（一）执法监督是确保司法警察依法履行职责的主要手段

司法警察执法监督的核心是对司法警察履行职责、行使职权活动合法性的监督。司法警察必须以宪法、法律为活动准则，履行法律规定的职责。司法警察严格执法，是在执行国家和人民的意志，维护国家和人民的利益，这是由司法警察的性质、地位所决定的。司法警察在行使权力的同时，承担着依法履行职责的义务，负有接受国家和人民监督的义务。对司法警察进行执法监督，对于保障其依法履行职责、行使权力具有重要作用。

通过执法监督，建立健全司法警察依法履职免责救济、不实举报正名澄清等制度，依法打击妨碍执法、恶意抹黑炒作的违法行为，注重人文关怀和心理疏导，确保司法警察不受正当执法造成的负面后果追责，保护司法警察依法行使职权，维护司法警察执法权威。

（二）执法监督是确保司法警察正确行使职权的基本方式

司法警察行使职权是法律实施的主要方式，法律实施是社会主义法治建设的重要内容，司法警察执法监督对法律实施起着承前启后的作用，必须贯穿始终，全程监督。司法警察的性质和职权，决定了司法警察的执法活动直接涉及参与审判活动人员的人身权利和财产权利。为了防止司法警察滥用权力侵犯参与审判活动人员的合法权益，保证司法警察正确行使职权，就必须建立和完善执法监督制度，从而达到保护公民合法权益的目的。

执法监督是开展执法监督的基本方法，是实现司法公正的主要手段，是建设法治国家的重要体现。实现国家治理体系和治理能力现代化，很重要的一个方面就是要有规范的司法权力运行机制，严格的执法监督保障体系。司法警察在处理重要警务活动中行使职权及使用器械都要受执法监督的监督。执法监督是确保人民警察光辉形象的重要防火墙，能确保司法警察正确行使职权，让人民群众更加满意。

（三）执法监督是确保司法警察严格遵守纪律的重要抓手

司法警察执法监督是加强司法警察队伍建设，落实从严治警方针的重要举措，是严格管理司法警察队伍的内在要求，应当贯穿于队伍建设的全过程。通过执法监督，可以增强司法警察的责任心，促使其依法履行职责；可以提高司法警察的使命感，促使其正确行使职权；可以巩固司法警察的荣辱观，促使其严格遵守纪律。应该说，执法监督更是司法警察队伍廉政建设的需要。

执法监督的意义和作用，从根本上讲，是通过对司法警察队伍履行职责、行使职权和遵守纪律的全面监督，及时指出问题，切实消除隐患，确保警务安全。执法监督也是坚持司法警察队伍正规化、专业化、职业化方向，加强司法警察队伍执法规范化建设的重要抓手。通过实施执法监督，能进一步确保司法警察依法履行职责、正确行使职权、严格遵守纪律。

五、司法警察执法监督的内容

（一）检察监督

我国《宪法》第134条规定："中华人民共和国人民检察院是国家的法律监督机关。"人民检察院由国家权力机关产生，对宪法、法律的统一实施进行法律监督。司法警察的执法活动是其监督的主要内容之一。根据我国《宪法》《中华人民共和国人民检察院组织法》《法院组织法》《刑事诉讼法》《人民警察法》等法律的规定，检察机关对司法警察活动的监督主要体现为：一是对在诉讼活动实行法律监督中发现的司法警察利用职权实施的非法拘禁、刑讯逼供、非法搜查等侵犯公民权利、损害司法公正的犯罪，可以由人民检察院立案侦查。二是对触犯刑法的司法警察依法提起公诉。提起公诉既针对在执法活动中触犯刑法的司法警察，也针对在执法活动外触犯刑法的司法警察。

（二）行政监察监督

行政监察监督，是国家监察机关对国家行政机关和工作人员是否有行政违法行为，须承担何种行政责任进行监督、检查并作出处理的活动。司法警察队伍是国家重要的执法护法队伍，司法警察的执法活动当然要受到行政监察机关的监督。

(三) 行政督察监督

行政督察监督，分两部分内容：一是行政监督，是指司法警察机关内部，上级机关根据行政层次的隶属关系，对下级机关进行的监督；二是监察监督，是指各级司法警察机关内部设立的专门督察机构，对司法警察执行法律、遵守法律的情况进行监督。

1. 行政监督。《人民警察法》第43条规定："人民警察的上级机关对下级机关的执法活动进行监督，发现其作出的处理或者决定有错误的，应当予以撤销或者变更。"根据此规定，上级机关行政监督的内容主要是下级机关做出的处理和决定。处理是指司法警察机关为警务活动的需要或对违法违规事件、人员而采取的措施，决定是指司法警察对如何行动做出的主张，如安检搜查。

司法警察上级机关对下级机关的监督，是行政工作下级服从上级的原则的体现。这种监督有两种方式：一是依照职权直接监督，也就是通过对下级机关的组织、指导、督促、检查等形式实行监督。上级机关通过对下级机关的组织、指导，具体实施司法警察的各项职能，保证法律的正确执行；通过对下级机关的督促、检查，发现执法过程中的偏差和失误，及时地扭转和纠正。二是依据申请间接监督，上级司法警察机关接到公民、法人或者其他组织的申诉或复议申请，按照法定程序对下级机关做出的各种裁决、处理、处罚、强制措施等进行审查，发现有违法或不当之处，通过作出申诉裁决或复议决定予以撤销或变更。

为了完善人民法院司法警务监督机制，推进全面从严治警，规范司法警察部门及司法警察依法履行职责、行使职权，最高人民法院2019年10月24日出台了《人民法院司法警务督察工作（试行）规则》（以下简称《督察规则》）。该规则指出，最高人民法院领导全国法院司法警务督察工作，上级人民法院领导下级人民法院司法警务督察工作。最高人民法院政治部司法警察管理局、高级人民法院司法警察总队、中级人民法院司法警察支队负责本级及下级人民法院的司法警务督察工作。根据该规则，上级人民法院司法警察部门在司法警务督察中发现下级人民法院司法警察部门及司法警察存在下列情形，经院领导批准，可以所在人民法院的名义向下级人民法院下发督察通报：①贯彻落实司法警察条例、条令、工作规则及其他相关文件不力，严重影响司法警察队伍建设以及司法警务工作正常开展的；②组织开展司法警务保障工作不力，司法警察及司法警务辅助人员配备不足，有可能造成警务安全责任事故或者严重影响审判执行以及法院其他工作安全有序进行的；③严重违反武器、警械以及警用车辆管理使用相关规定的；④执法理念不正确，工作方式简单粗暴，警风警纪不整等，严重影响司法警察形象的；⑤法院安全设施、警用装备等未按照规定建设、配发，存在严重安全隐患的。

2. 监察监督。《人民警察法》第47条规定："公安机关建立督察制度，对公安机关的人民警察执行法律、法规、遵守纪律的情况进行监督。"督察制度，是指对某项活动进行监督检查的制度。人民法院参照公安机关的规定也在司法警察内部设置了督察制度，对司法警察执行法律法规，遵守法律的情况进行监督检查。

这一制度具体体现在《督察规则》中。该规则规定，最高人民法院政治部司法警察管理局、地方各级人民法院司法警察部门设督察长，分别由司法警察管理局局长、司法警察总（支、大）队长兼任。各级人民法院选配政治过硬、业务精通、廉洁自律、作风优良的司法警务督察人员具体执行各级人民法院的警务督察工作。司法警务督察人员应当严格遵守纪律，自觉接受监督，依法履行职责，正确行使职权。司法警务督察人员违反该规则或者在司法警务督察工作中违法违纪的，应当依照有关法律和纪律的规定追究责任。应当依照有关法律和纪律的规定追究责任。

建立督察制度，对司法警察执行法律法规、遵守纪律的情况行使监督职能，目的在于维护法律的权威，树立司法警察的光辉形象，解决司法警察在执行法律、遵守纪律过程中存在的偏差和问题，促使司法警察依法行使职权。而有效地发挥督察制度的威力，既能教育督促司法警察正确适用法律、自觉遵守纪律，又能及时发现和解决执法活动中存在的问题，带动廉政工作的展开，促进司法警察提高自身素质，促进社会主义民主法制建设的发展，使人民的合法权益得到进一步的保障。

督察监督同其他类型的监督相比，有其自身的特点。督察监督不仅针对司法警察机关内部的执法机构和执法工作人员，也针对机关内部其他机构（如后勤、政工等）和从事其他工作的司法警察，不仅监督执行法律、法规的情况，而且监督遵守纪律、遵守规章制度的情况。《督察规则》规定人民法院司法警察部门负责本级人民法院的司法警务工作及本院司法警察和司法警务辅助人员的职务行为督察。具体事项包括：①司法警察条例、条令、工作规则及其他相关文件的贯彻落实情况；②庭审警务保障、安全检查、配合强制执行、执行强制措施等工作的组织开展情况；③人民法院安全管理工作规定的贯彻落实以及协助机关安全、维护人民法院干警人身安全工作的组织开展情况；④司法警察使用武器、警械以及警用车辆的情况；⑤司法警察严格规范公正文明执法、遵守警风警纪、制式服装以及警用标志管理规定的情况；⑥司法警察部门及司法警察依法履行职责、行使职权和遵守纪律的其他情况。

司法警务督察人员在督察中，对违反警风警纪、制式服装以及警用标志管理规定的，可以当场予以纠正；对违反规定使用武器、警械以及警用车辆的，可以扣留其武器、警械、警用车辆；对拒绝、阻碍督察人员执行督察工作的，可以强制带离现场。

该规则还对督察的方式、程序等进行了规定，并且赋予各高级人民法院可以根据该规则，结合实际情况，制定辖区法院司法警务督察工作实施细则的权力。

（四）社会监督

社会监督，是指来自国家机关以外的社会组织如人民政协、社会团体、企事业单位和公民个人对司法警察执法活动的监督。社会监督的方式通常是有关的组织或个人对司法警察机关采取的措施、做出的决定提出批评建议，对司法警察的违法违纪行为进行检举、控告等。社会监督区别于其他类型监督在于，这种监督是一种非国家性质的监督，不具有严格的法律强制性，也不直接产生法律后果，而是通过批评、建议、控告等方式，引起国家有关机关的关注，从而导致带强制性的监督手段的运用。

《人民警察法》第44条规定，"人民警察执行职务，必须自觉地接受社会和公民的监督"，为了保障社会和公众能够有效地对人民警察进行监督，《人民警察法》第44条还规定，"人民警察机关作出的与公众利益有直接有关的规定，应当向公众公布"。以法律形式将这一公布制度确定下来，意义重大。如果不把与公众直接相关的规定公布于众，社会与公民对这些规定一无所知，就不能充分地进行监督。而将有关的规定公之于众，不仅便于社会和公众行使监督权利，而且有利于改正规定中可能存在的失误，弥补其中的不足，保证警察机关决策的正确性，还能充分调动社会组织和公民个人参政议政的积极性，促进民主政治的发展。

我国现阶段社会监督的形式主要有以下几种：一是政协对执法活动的监督。参加政协的各党派各团体各界人士，对国家的大政方针进行政治协商，通过提出批评、建议等方式，对国家机关及其工作人员的执法活动进行监督。二是社会组织对执法活动的监督。社会组织包括各种社会团体、企事业单位等。社会组织遍布全国各地各行各业，有联系群众广泛的特点。这些组织通过批评、建议、控告、检举等方式，对执法活动进行监督。三是公民个人对执法活动的监督。公民对国家机关及其执法人员的违法或不当行为，有权检举、控告，要求对责任人进行惩处；对自己受到的不公正处理，有权以提出申诉、申请复议、提起诉讼等方式，要求恢复自己的权利，补偿自己的损失。四是舆论的监督。舆论机构利用舆论媒介的作用，反映广大公民和社会组织的意愿和要求，检举、揭发和控告国家工作人员的违法渎职行为。

（五）回避监督

司法警察的职务回避，是检察院司法警察在执法活动中，遇到《刑事诉讼法》《人民警察法》规定的需要回避的情形，由本人提出申请或者由当事人及其法定代理人要求其停止该活动，为检察院司法警察公正执法创造一个良好的主客观环境的法律制度。实行职务回避，可以避免徇私舞弊，避免由于存在个人偏见或有碍情面等因素引起的不公正处理，还可以避免嫌疑，增加公众对司法警察的信任感。职务回避既是司法警察自我监督的一种方式，也是社会公众监督的一个途径，所以将其列入执法监督的内容之中。

根据《刑事诉讼法》和《人民警察法》的规定，检察院司法警察在参与办理自侦案件的过程中，应当回避的情况有三种：一是涉及的司法警察是案件的当事人或是当事人的近亲属。按照《刑事诉讼法》的规定，近亲属指夫妻、父母、子女、同胞兄弟姐妹等有亲属关系的成员。如果警察本人是案件的当事人，应当回避，如果其近亲属是案件的当事人，该警察也应回避。二是警察本人或其近亲属与案件有利害关系，应该回避。有利害关系，指同案件的事实、案件的当事人或近亲属有某种财产关系或人身关系的牵连，案件的处理结果会对其产生有利或不利的影响。比如与案件的当事人有恋爱关系、债权关系，就会成为需要回避的理由。三是与案件当事人有其他关系，可能影响案件公正处理的。其他关系指除上述两种关系以外的某种关系，如警察与当事人是战友、同学等。这些关系涉及范围广，不一定绝对需要回避。只有这种关系的存在可能影响到公正处理案件时，才成为回避的理由。

回避的提出有两种情况：一是司法警察本人认为自己属于应该回避的情况，主动提出回避申请；二是案件的当事人或者其法定代理人认为司法警察有属于应该回避的情形，提出要求其回避的申请。回避的申请，无论是警察本人自行提出的，还是当事人或者其法定代理人提出的，都需要有关机关或领导人批准方可实行。根据司法警察执法活动的特点，在回避申请未得到批准之前，司法警察一般不应停止执法活动。

思考题

1. 从党纪、政纪、国家法律三个方面谈对司法警察违法违纪行为的惩处规定。
2. 探讨司法警察执法监督在实践中的功效与不足。
3. 检察机关如何对司法警察进行执法监督？
4. 行政监察监督与行政督察监督的区别是什么？

材料分析

《第五巡回法庭司法警察行为规范》

为严格执行纪律，加强日常管理，根据《最高人民法院司法警察条例》和《第五巡回法庭十项纪律规定（试行）》《第五巡回法庭工作人员考勤办法》的规定，结合法警队工作实际，制定本规范。

第一条 本规范适用于第五巡回法庭法警队全体司法警察。

第二条　值班、执勤人员需提前准备好警用装备和物件，按时到岗，严格履行好岗位职责。

第三条　值班、执勤人员不得擅自脱岗、串岗、闲聊、瞌睡、玩手机及电脑游戏；未经队领导或带班干部批准，各组人员不得自行替换、交换值班岗位。

第四条　值班、执勤人员在工作岗位不得做与岗位职责无关的事。工作期间不得饮酒。

第五条　值班、执勤人员要做到警容严整，姿态端庄，精神饱满，穿着警服不得佩戴其他饰品。

第六条　交接班时值班、执勤人员要规范填写交接班记录，做好相关警用装备和物品的交接。

第七条　每日清场时，值班、执勤人员必须做到分工明确、无死角、无遗漏，在确认所有当事人及信访人员离开后再行记录、交接。

第八条　值班、执勤人员要强化工作责任感，严守文明执勤"四步法"和依法执勤"四步法"，认真做到"六个一"。遇突发情况，应在第一时间报告队领导和带班干部，并及时进行妥善处置。

第九条　工作时间必须保证通讯设备畅通。不参加值班及执行其他任务的人员，上班时也应做到警容严整、着装整齐、精神饱满，在办公室内原地待命，不得做与工作无关的事情。

第十条　接访日期间一般不准请假，确有特殊情况须请假的应提前一天以上向组长、带班干部及队领导报告；周五补休原则上每组不能超过一人。除庭里安排学习、培训或其他工作外，每周五为警队学习培训日。

第十一条　自觉维护好办公室及各岗位内务、卫生。

第十二条　严格遵守上、下班时间，不得迟到早退。严格遵守、执行请销假制度，未经批准不到岗的视为旷工。

第十三条　队领导通过综合考评情况表，以日登记统计、周讲评通报、月抄送评定的形式抓好规范的落实。

第十四条　本办法自公布之日起实施。

附：

依法执勤"四步法"：录（录像）、劝（劝告）、警（警告）、控（控制）。

文明执勤"四步法"：观（观察）、问（问询）、检（安检检查）、导（引导）。

六个一：一声称呼一微笑；一个手势一个礼；一次搀扶一杯水。

问题： 试分析上述材料的性质和作用？

第六章　司法警察警务保障制度

学习目标

通过本章学习，把握司法警察警务保障制度的概念和基本要求；熟知刑事审判警务保障制度、配合执行警务保障制度、突发事件处置制度的内容；熟悉司法警察的内务制度。

重点提示

警务保障　押解　看管　值庭　安检　机关安保　突发事件处置

第一节　审判警务保障制度

一、司法警察警务保障制度概述

（一）司法警察警务保障的内涵

根据《司法警察条例》第3条的规定，人民法院司法警察肩负着预防、制止和惩治妨碍审判活动的违法犯罪行为，维护审判秩序，保障审判工作顺利进行的职责。人民法院司法警察主要承担着刑事案件的庭审警务保障任务，同时，根据需要，还为民事案件、行政诉讼案件的庭审提供警务保障。此外，根据我国《民事诉讼法》《刑事诉讼法》及《司法警察条例》第7条的规定，人民法院司法警察还承担着配合执行警务保障、执行死刑、协助机关安全和涉诉信访的应急处置、执行拘传、拘留等强制措施等职责。由此可见，司法警察警务保障不仅仅指"庭审保障"，还包括法律赋予的其他警务保障职责。综合而言，司法警察警务保障是指在审判、生效法律文书的执行及死刑执行等工作中，司法警察依法维护审判及执行秩序、采取强制措施，保障审判、执行等活动顺利进行的各项警务保障工作的统称。

（二）司法警察警务保障制度的意义

司法警察是人民法院具有武装性质的司法行政执法力量，保障人民法院审判、执行工作的顺利进行是其义不容辞的责任。长期以来，人民法院司法警察队伍建设相对滞后，1997 年《司法警察暂行条例》颁布后，司法警察的职责相对明确了，但司法警察怎么履行职责却并没有明确规定。这导致各地人民法院司法警察在履行职责时存在很大的随意性，且存在潜在的安全隐患。只有建立完善的警务保障制度，才能确保司法警察依法、高效地履行法定职责，保障人民法院审判活动有序进行。

1. 司法警察警务保障制度，规定了人民法院司法警察实施押解、看管、值庭、安全检查、配合实施强制执行等执法行为时应当承担的具体职责，有利于司法警察依法履行法定职责。

2. 司法警察警务保障制度为司法警察履行职责设定了必要的执法程序，为司法警察文明、规范执法提供了制度保障。

3. 司法警察警务保障制度为司法警察采取强制措施提供了具体的执法依据。司法警察警务保障制度明确规定了司法警察对妨碍人民法院诉讼活动的违法行为，可依法采取警告、训诫、强行带离、拘留等强制措施。这些措施有利于司法警察制止妨碍人民法院诉讼活动的违法行为，保障人民法院诉讼活动的顺利进行。

二、刑事案件审判警务保障制度

为规范人民法院司法警察庭审保障工作，保障人民法院刑事审判活动的顺利进行，最高人民法院先后制定了《人民法院司法警察押解规则》《人民法院司法警察值庭规则》《人民法院司法警察看管规则》《安全检查规则》《刑事审判警务保障工作规则》《人民法院司法警察视频提讯警务保障规则》。这些规章制度的出台，规范了人民法院司法警察在刑事审判保障工作中的警力配置、装备配备、履职程序、履职行为等具体事项，为司法警察履行刑事审判保障工作职责提供了具体的制度依据，有利于消除刑事审判保障工作中的安全隐患，促进司法警察规范执法。但是，由于上述规章制度出台时间不一，因而难免在各规章制度之间存在重复甚至矛盾冲突的现象。为进一步完善司法警察刑事审判保障的规章制度，2019 年 1 月最高人民法院就上述规则进行了修订,将《人民法院司法警察押解规则》《人民法院司法警察值庭规则》《人民法院司法警察看管规则》《人民法院司法警察视频提讯警务保障规则》纳入人民法院司法警察刑事审判警务保障规则之中,形成统一的《刑事审判警务保障工作规则》该规则主要包括以下内容:

(一)押解制度

押解是指人民法院司法警察在刑事案件审判活动中,依法强制将被告人从看守所或其他羁押场所押至法庭接受审判后还押看守所或其他羁押场所,保证审判活动顺利进行的职务行为。

《刑事审判警务保障工作规则》规定了押解司法警察的职责,明确了司法警察在押解前应做哪些准备工作,就提押、法庭押解及还押的程序做了具体规定。押解制度使人民法院司法警察的押解工作更加规范、有序,有利于杜绝押解警务工作中的安全隐患,确保押解警务的顺利实施。

(二)看管制度

看管是人民法院司法警察根据审判工作的需要,在候审期间依法在人民法院羁押室或其他指定地点对被告人进行看守管理,保证审判活动顺利进行的职务行为。

《刑事审判警务保障工作规则》就执行看管的司法警察的职责做出了规定,并就执行看管的司法警察的警力配备、着装及装备配备、看管的组织实施等事项做出了明确规定。

(三)值庭制度

值庭是人民法院司法警察在法庭审判活动中,为维护法庭秩序,保证参与审判活动人员的安全,保证审判活动顺利进行所实施的职务行为。《刑事审判警务保障工作规则》规定了值庭的司法警察的法定职责,确定了值庭的区域、值庭的基本要求,明确了值庭的司法警察有权根据旁听人员违法行为的程度采取不同的强制措施。

三、民事和行政案件庭审警务保障制度

(一)民事和行政案件庭审警务保障的执法依据

《司法警察条例》第7条规定,维护审判秩序是司法警察的职责之一。一般情况下,民事案件、行政案件的审判不需要司法警察维护法庭秩序,但是,

近年来，民事、行政案件的审判过程中，当事人因矛盾冲突激烈或对法院裁判不满而相互厮打或攻击法官的现象时有发生。为避免此类现象的发生，《执法细则》规定，司法警察部门应人民法院业务部门的用警申请，应予派警维护法庭秩序，保证参与审判活动人员安全和审判活动的顺利进行。

（二）民事和行政案件庭审警务保障制度的主要内容

1. 司法警察部门提供警务保障的条件。《执法细则》规定，对具有以下情形的民事、行政案件，相关业务部门在进行风险评估后，认为确实需要司法警察值庭或者维护秩序的，可以提出用警申请：①在辖区内有较大社会影响的案件；②当事人及旁听人员数量众多的案件；③当事人之间矛盾容易激化的案件；④具有较大社会影响的涉外案件；⑤其他需要司法警察提供警务保障的案件。

2. 民事和行政案件庭审警务保障的组织实施。民事和行政案件符合上述情形、需要庭审警务保障的，案件承办部门应当提前向司法警察部门提出用警申请，并报请分管司法警察工作法院领导批准，由司法警察部门组织实施。司法警察部门在接到任务后，应当主动与申请用警部门或者案件承办法官联系，进一步了解矛盾争议情况和当事人可能发生的问题等案件相关情况，根据了解的案件基本情况制定保障方案。开庭前，司法警察应当按时到达法庭，了解掌握旁听人员基本情况，引导旁听人员按规定区域就座。庭审活动中，司法警察应维护法庭秩序，对违反法庭纪律的人员予以制止、劝阻或者采取相应强制措施，保障参与庭审活动人员安全。

四、安全检查制度

安全检查是人民法院司法警察根据审判工作需要，依法防止限制物品、管制物品、易燃易爆物品、强腐蚀性物品等危险物品进入审判场所，保证参加庭审活动人员的人身安全和审判工作的顺利进行的职务行为。

为保证人民法院审判工作的顺利进行，规范人民法院司法警察的安全检查活动，最高人民法院于2004年5月24日发布了《安全检查规则》。《安全检查规则》规定了人民法院安检场所的装备配置、人员配备，明确了针对不同对象实施安全检查的具体内容。《安全检查规则》明确规定了不得进入审判场所的人员范围以及不得携带进入审判场所的物品范围；就安全检查工作中的证件查验和登记、人身安全检查、随身携带物品的安全检查方法、动作也做出了明确规定，并规定了对查出的限制物品、管制物品和危险物品的处理办法。

《安全检查规则》规范了司法警察的安全检查活动，使人民法院司法警察开展安全检查工作有章可循，有利于消除安全隐患、保障人民法院诉讼活动的顺利进行。

第二节 其他警务保障制度

一、配合强制执行警务保障制度

（一）司法警察配合执行的执法依据

《司法警察条例》第 7 条和《最高人民法院关于人民法院司法警察依法履行职权的规定》第 1 条规定，在强制执行中，配合实施对被执行人身份、财产、处所的调查、搜查、查封、冻结、扣押、划拨、强制迁出等执行措施。基此规定，在人民法院对生效法律文书的强制执行中，司法警察有责任依法配合实施执行措施，维护现场秩序，必要时依法采取强制措施，以确保执行工作顺利进行。

（二）司法警察配合执行的职责

一般情况下，司法警察部门应根据执行部门的用警申请，了解了有关案情、被执行人和执行标的物基本情况后，与执行部门共同分析可能出现的情况，制定周密的保障方案，部署配合执行的警力。

司法警察配合执行部门强制执行，在实践中主要有以下几项工作任务：

1. 配合执行人员实施搜查、查封、扣押、强制迁出等执行措施。由于搜查、查封、扣押、强制迁出等执行措施具有强制性特点，人民法院执行员在实施执行时最容易遭到来自被执行人及其家属的抵触，执行人员遭受伤害的案件时有发生。为保障人民法院执行工作的顺利进行，维护法律的权威，必须要借助人民法院司法警察的力量，以确保这些执行措施能够有效地付诸实施。司法警察接受任务后，应积极配合执行人员实施搜查、查封、扣押、强制迁出等强制执行措施，保障执行工作的顺利进行。

2. 做好执行警戒工作，保障执行人员和各种装备的安全。在执行工作中，执行人员遭到围攻、侮辱、扣留、殴打等情况已屡见不鲜，这给执行工作的顺利完成造成很大威胁。担任警戒任务的司法警察应在执行实施前，设置好执行警戒区域，将被执行区域实施有效隔离，避免无关人员进入执行区域、围观执行活动而给执行活动带来的阻碍。警戒的司法警察要严密监控被执行人及其他围观人员，防止被执行人自伤、自杀、行凶等行为发生。一旦发生被执行人袭击执行人员，企图自伤、自杀等情况，应迅速果断地予以处置。

3. 看护好被查封、扣押财产，防止转移、哄抢、损毁。对查封、扣押的财产，易搬运的则应在最短的时间内搬运至易保管的场所；不易搬动或不能尽快处理的应责令被执行人负责保管，并在有关法律文书上签字；同时采取加固、密封、派人坚守等手段，保证财产安全。

4. 制止被执行人及其他人员的违法行为。在强制执行过程中，被执行人或与财产有关的案外人，可能会实施各种各样的违法行为，给执行工作带来种种障碍和困难。对此，司法警察应积极主动地做好说服教育工作，并采取强制措施，预防、制止违法行为的发生，保障执行工作圆满完成。

二、司法警察协助机关安保警务制度

（一）司法警察协助安保警务的法律依据

根据《司法警察条例》第7条和《最高人民法院关于人民法院司法警察依法履行职权的规定》第1条的规定，协助机关安全保卫是人民法院司法警察的职责之一。司法警察参与机关安全保卫工作，主要是在本级人民法院机关安全领导小组的领导下，协助机关安全保卫部门做好人民法院机关的各项安全防范工作、制定突发事件的预防和应急处置预案，维护机关工作秩序，保障人民法院各项工作顺利进行。

（二）司法警察协助安保警务的组织、实施

1. 建立安保组织机构。为保障安保勤务的有效实施，司法警察部门应当设立应急分队，落实具体的负责人、组成人员，保证遇有突发事件能够随时出警。

2. 协助安全保卫部门做好防范工作。司法警察部门应当根据人民法院安

全保卫工作的要求，协助做好人民法院重点部位的监控、安全检查、机关安全巡查、机关安全应急处置等工作，维护机关办公秩序。在信访场所设置监控、安全检查设备和防闯、防爆、防护等设施以及必要的警用装备。

3. 制定安保突发事件处置预案。司法警察部门应会同法院其他部门，分析本院实际情况，制订安全保卫突发事件的应急处置预案，并根据预案进行演练，以检验预案的可操作性。

三、司法警察协助涉诉信访警务制度

（一）司法警察协助涉诉信访警务的法律依据

根据《司法警察条例》第 7 条和《最高人民法院关于人民法院司法警察依法履行职权的规定》第 1 条规定，协助业务部门做好涉诉信访的应急处置工作是司法警察的职责之一。

（二）司法警察协助涉诉信访工作的职责

司法警察应协助涉诉信访部门做好涉诉信访突发事件的预防和应急处置工作，维护涉诉信访工作秩序，保障涉诉信访工作安全。

（三）司法警察协助涉诉信访警务的组织、实施

1. 设施、设备的配置。信访场所应当设有监控、安全检查等设备；司法警察部门根据需要派驻警力并配备必要的警用装备。

2. 协助做好涉诉信访工作人员登记台账。司法警察要协助涉诉信访工作人员对进入信访接待场所的信访人进行登记和安全检查，协助做好对信访接待场所的执勤、巡查；对情绪激动的信访人做好耐心的劝解工作，经劝阻无效的，可采取警告、训诫等措施，及时制止信访人员违反规定的行为，维护涉诉信访工作秩序。

四、司法警察处置突发事件制度

（一）突发事件的界定

根据 2019 年 1 月修订的《预防和处置突发事件规则》第 2 条的规定，突发事件是指突然发生，造成或者可能造成人员伤亡、财产损失，损害司法权威，妨碍审判执行活动，危及法院安全，需要人民法院司法警察采取应急处置措施予以应对的紧急情况。如刑事被告人脱逃，当事人在法院自伤、自残，

当事人纠集旁听人员冲击法院，等等。

在我国社会步入转型发展时期，社会各种矛盾多发；有些社会矛盾转移、集中到人民法院，人民法院面对的各类突发事件也有所增加。这些突发事件处理不当或不及时，往往会给人民法院带来负面影响。为此，司法警察应高度重视突发事件的危害性，建立有效的应急处置机制，妥善处置各类突发事件。

(二) 司法警察处置突发事件的基本原则

突发事件一旦发生，如果处置不及时或处置不得当，都将造成难以挽回的损失，使人民法院的日常工作面临被动的局面。为使突发事件得到妥善处置，必须坚持以下原则：

1. 坚持预防为主的原则。虽然突发事件的发生具有突然性，但是只要人民法院结合自身的工作实践深入分析当前矛盾的特点和规律，周密部署，就可以降低突发事件发生的概率，有效应对突发事件的发生，减少突发事件给人民法院审判工作带来的消极影响。

2. 坚持依法依规的原则。人民法院司法警察处置突发事件过程中，要坚持依法行使职权，要严格依据法律规定的条件和程序采取强制措施。

3. 坚持慎用警械的原则。司法警察要成功处置突发事件，不可避免地要根据具体情形采取必要的强制措施，其中包括使用警械具。这就有可能会给执法对象造成伤害。因此，司法警察在处置突发事件时应慎用警械，以避免矛盾激化或给当事人造成不必要的伤害。

4. 坚持积极稳妥的原则。人民法院突发事件类型繁多，错综复杂，涉及的部门也多。司法警察在处置突发事件时要与相关部门通力合作，密切配合，不应相互推诿，使事态严重。司法警察处置突发事件过程中，不同的对象要进行区别对待，对当事人的正当诉求要认真对待，合理疏导；对无理纠缠、蓄意破坏法院秩序的，要坚决予以打击，绝不手软；对于企图以自伤、自残的手段给人民法院施加压力的，要及时予以制止；对不明真相的围观群众，要耐心做好宣传、疏导工作。

(三) 司法警察处置突发事件的基本流程

各级人民法院应当成立由院领导担任组长、相关部门负责人为成员的应急领导小组，定期召开专题会议，分析形势任务，制定完善突发事件处置预案；成立由司法警察及相关人员组成的应急分队，该应急分队应保持备勤状态，并按照突发事件处置预案，定期或者不定期组织演练，做好突发事件处置的各项准备工作；一旦发生突发事件，应当严格按照《人民法院司法警务要情报告制度》的规定，及时报告相关事项，以便启动突发事件处置预案，迅速作出响应。具体内容如下：

1. 建立统一领导、分工负责、密切协同、共同应对的管理体制。人民法院面对的突发事件涉及面比较广，要处理突发事件，需要不同部门相互配合。为有效应对突发事件，各级人民法院司法警察部门应在人民法院反恐安保领导小组的领导下，组建应急分队，并定期召开专题会议，分析形势任务，统筹协调和组织指挥突发事件的预防和处置工作。

2. 制定突发事件处置预案。司法警察部门应负责制定突发事件处置预案，明确应急处置的组织领导和职责分工，制定突发事件的处置流程、应急措施、保障措施，确定突发事件处置的联防联动机制。

3. 启动突发事件应急处置预案。司法警察部门组建的应急分队应保持备勤状态，加强突发事件处置的应急演练，检验处置预案的有效性和自身的组织、反应能力。一旦发生突发事件，司法警察应先期控制现场，及时报告司法警察部门负责人。根据法院反恐安保领导小组的指令，司法警察部门启动突发事件处置预案，组织应急分队携带装备及时赶赴现场，在反恐安保领导小组的指挥下果断处置。现场处置完毕，司法警察部门组织现场检查，消除隐患，尽快恢复工作秩序。必要时，向公安机关移交涉事人员和相关证据，配合相关部门做好善后工作。

思考题

1. 什么是司法警察警务保障？它有什么要求？
2. 司法警察庭审警务保障分哪几个环节？
3. 什么是提押？司法警察提押时有哪些职责？
4. 什么是看管？司法警察看管时有哪些职责？
5. 什么是值庭？司法警察值庭时有哪些主要任务？
6. 如何理解配合执行警务保障？
7. 司法警察提押被告人时，如何预防和处置押解中的突发事件？

8. 司法警察看管时如何防止被告人之间串供？
9. 如何看待值庭的司法警察在庭审中的地位与作用？
10. 配合执行的司法警察能否采取强制执行措施？
11. 司法警察在协助机关安保时的主要职责有哪些？
12. 司法警察在涉诉信访的应急处置时主要做哪些工作？

人民法院法警依法履行职务的行为，
不适用于《治安管理处罚法》，公安机关不具有管辖权

【文书来源】：中国裁判文书网

【审理法院】：黑龙江省黑河市中级人民法院

【案　　号】：（2016）黑 11 行终 67 号

【裁判日期】：2016-12-23

上诉人：吕某

被上诉人：黑河市公安局经济合作区分局（以下简称合作区分局）。

黑河市公安局经济合作区分局大黑河岛边防派出所（以下简称大岛派出所）。

案件基本事实：2015 年 4 月 17 日 9 时许，在黑河市中级人民法院信访办接待室，原告吕某因对其所代理的一起信访案件接待处理不满意，说话声音较大。后中级人民法院的法警及保安来到信访办接待室对其进行劝阻，因劝阻无效，二名法警及一名保安将吕某强行带离接待室。在带离过程中，法警王某手持执法记录仪进行执法记录。在中级人民法院门外，吕某用左手将法警王某所持执法记录仪打落在水泥地上造成执法记录仪损坏，后被告大岛派出所联系厂家并被告知该执法记录仪已经损坏致无法修复。执法记录仪被打落后，法警拨打 110 指挥中心询问被告大岛派出所报警电话号码并向大岛派出所报案。大岛派出所干警及时来到中级人民法院，调取了法院监控录像并用执法记录仪记录了执法过程，监控录像和执法记录仪视频资料显示：吕某在现场情绪较为激动，其外面所穿的衣服自始至终没系扣子且扣子没有缺少，干警要求其配合到派出所作调查笔录,其表示处理完法院的事情后他自己去派出所;在法警带离吕某离开信访接待室过程中,吕某有用脚踢法警的行为,在法院门外其用左手将法警所持执法记录仪打掉在地,整个过程没有发现法警对吕某有殴打行为。2015年4月17日18时许,吕某来到大岛派出所接受询问,在其询问笔录中陈述:"我今天在中级法院被法警拽了,左脚大脚趾疼、左手手背有淤青,法警让我小点声,但是我说话声音平时就大,法警王某、徐某在我右侧和左侧一人拽着我一个胳膊将我从主任办公室往外拽,我左手拽着王某的衣服,右手抓着徐某胸口的衣服,我用力也挺大的。他们将我从主任办公室拽到大厅,又从大厅将我推出门外。我不用公安机关对此事进行调查和处理,我就是要对方的现场录像,要对方向我道歉……"2015年5月12日,大岛派出所委托黑河市公安局刑事技术支队对吕某受伤部位进行伤害程度鉴定。2015年5月18日,黑河市公安局刑事技术支队作出(河)公(刑技)鉴(法临)字[2015]63号鉴定书,鉴定意见:被鉴定人吕某体表软组织挫伤属轻微伤。2015年5月19日,合作区分局将鉴定意见通知书送达给吕某。庭审中,吕某向法庭出示医院2份诊断书,证明其左脚软组织挫伤、手背组织挫伤,并根据内科学医学原理其左脚被跺伤导致了痛风。现吕某要求二被告对中级人民法院法警徐某、王某和保安刘某三人给予治安管理处罚。二被告认为中级人民法院法警徐某、王某和刘某三人对吕某扰乱单位秩序采取强制带离措施属于依法履行职务行为,不构成治安案件,不归公安机关管辖并口头告知原告。

一审法院裁判意见:

黑河市爱辉区人民法院认为,人民法院司法警察是《中华人民共和国人民警察法》规定的独立警种之一,它隶属于各级人民法院,有自己特有的组织机构和序列,执行着自己特定的司法任务。《人民法院司法警察条例》第7条司法警察的职责中第6项规定:"协助机关安全和涉诉信访应急处置工作";第13条规定:"对严重扰乱人民法院工作秩序、危害人民法院工作人员人身安全及法院机关财产安全的,人民法院司法警察应当采取训诫、制止、控制等处置措施,保存相关证据,对涉嫌违法犯罪的,及时移送公安机关。"故对严重扰乱人民法院工作秩序的行为,法警有权制止。本案吕某作为一名警察在其退休后代理的一起信访案件中,因对法院工作人员接待处理不满意,在中级人民法院信访办接待室大声说话,法警及保安在对其劝阻无效后将其强行带离接待室。在带离过程中,吕某用脚踢法警,后用手将法警所持执法记录仪打落在水泥地上造成执法记录仪损坏的行为,均属严重扰乱人民法院工作秩序的行为,法警及保安拉拽吕某将其强行带离的行为,是为了维护法院正常的办公秩序,属于依法执行公务,不能认定是违反治安管理行为。故本案中被告在进行初查后依据《人民法院司法警察条例》第7条第6项、第13条之规定认为:中级人民法院法警徐某、王某和刘某三人执行职务的行为,不属于《中华人民共和国治安管理处罚法》规定的违反治安管理的行为并口头告知原告吕某,被告已经履行了职责,应予支持。原告要求二被告依法履行法定职责,对违法者作出治安处罚决定的理由不成立,本院不予支持。本案经本院审判委员会讨论决定,依照《最高人民法院关于执行〈中华人民共和国行政诉讼法〉若干问题的解释》第56条第4项之规定,判决驳回原告吕某的诉讼请求。案件受理费50.00元,由原告吕某承担。

上诉人上诉理由:

一审判决后,吕某不服,上诉至黑河市中级人民法院称:①原审判决偷换概念、判决谬误。上诉人是对两被上诉人拒绝履行法定职责不作为提起的保护人身权诉讼,而原审判决以上诉人扰乱了法院工作秩序驳回诉讼请求,偷换了概念和主题;②原审判决颠倒是非、信口雌黄。事件起因是中院违背了院领导亲自接待这一承诺,然后才有原审判决认定"我说话声较大",然后就是徐某等人的群殴,上诉人的行为并未严重扰乱人民法院工作秩序;③被上诉人对其提出的上诉人造成执法记录仪损坏无任何证据;④上诉人在中院被群殴致伤是事实。有中院等人的笔录对我"强行带离""强带""拽""推"表述,及公安鉴定体表软组织挫伤属轻微伤的结论可以证明;⑤一审法院与中院及两被上诉人串通。隐匿了上诉人举证材料,违反了法定程序;⑥一审拒不复制和调取证据;⑦一审适用法律、法规不当。原判以《人民法院司法警察条例》第12条认为中院等人的行为是履行职务的行为,该认定错误。应认定为被上诉人违法执法并野蛮殴打上诉人并致轻微伤,触犯了《中华人民共和国治安管理处罚法》第43条。请求二审法院撤销(2016)黑1102行初13号判决。并由被上诉人承担诉讼费。

被上诉人答辩理由:

被上诉人合作区分局及大岛派出所共同答辩称，对2015年4月17日原告吕某与黑河市中级人民法院法警发生纠纷一事，一审法院认定中级人民法院法警属于依法履行职务行为事实清楚、证据确凿充分。①2015年4月17日上午9时许，答辩人大岛派出所接到110指挥中心派警（后确认为中级人民法院法警询问110指挥中心后拨打派出所电话报警）称在中级法院内有人闹事。民警接警后立即到达现场，经现场调查，吕某因诉讼信访一事在中级人民法院内与工作人员发生争执，扰乱了办公秩序。依照《人民法院司法警察条例》的相关规定，法警徐某、王某、刘某将吕某带离办公室。此过程中，吕某将法警手中的执法记录仪打掉在地，致使执法记录仪不能正常使用。②大岛派出所在出警过程中，充分听取了双方当事人陈述和申辩，依法对双方当事人制作了询问笔录，并调取了中级人民法院内部的监控视频。经过调查核实，吕某是一起信访案件当事人的委托代理人，其在黑河市中级人民法院信访办了解委托人吴某媛信访案件情况时，因对结果不满意，对工作人员大吵大叫、拍打桌子。中级人民法院当时有案件正在开庭审理，为不影响案件审理，法院工作人员多次劝阻吕某的情况下，其不但不听劝告反而更加激愤，于是法警依法将其强制带离，在将其强制带离过程中，吕某在大厅内抢夺法警佩戴的执法记录仪并打掉在地上，致使记录仪被摔坏。而吕某在做笔录时称其在被法警带离的过程左手背淤青、左脚拇指红肿。③受理警情后，大岛派出所于2015年5月12日，委托黑河市公安局刑事技术支队，对吕某受伤部位进行伤害程度鉴定。2015年5月18日，黑河市公安局刑事技术支队法医鉴定所作出（河）公（刑技）鉴（法临）字［2015］63号鉴定意见：被鉴定人吕某体表软组织挫伤属轻微伤。当日，大岛派出所将鉴定意见通知书送达吕某，吕某签署收到。随后，吕某要求答辩人对黑河市中级人民法院法警徐某、王某、刘某三人给予治安管理处罚。答辩人依据《人民法院司法警察条例》第7条第6项、第13条之规定，口头告知吕某：黑河市中级人民法院法警依法执行职务行为，受法律保护，且不属于《中华人民共和国治安管理处罚法》规定的违反治安管理范畴，不属公安机关管辖，可向纪检等相关部门反映，吕某对此答复不服。请求二审法院驳回原告请求。

二审法院裁判意见：

黑河市中级人民法院认为，《中华人民共和国治安管理处罚法》第4条规定:"在中华人民共和国领域内发生的违反治安管理行为,除法律有特别规定的外,适用本法。"《中华人民共和国人民警察法》第18条规定:"……人民法院、人民检察院的司法警察,分别依照有关法律、行政法规的规定履行职权。"吕某在其代理的一起信访案件中,因对法院工作人员接待处理不满意,在中级人民法院信访办接待室大声说话,法警及保安对其劝阻无效后将其强行带离接待室。在带离过程中,吕某用脚踢法警,后用手将法警所持执法记录仪打落在水泥地上造成执法记录仪损坏的行为,严重扰乱人民法院工作秩序,法警及保安拉拽吕某将其强行带离的行为,是为了维护法院正常的办公秩序,依法履行《人民法院司法警察条例》规定的职务的行为。该行为不适用于《中华人民共和国治安管理处罚法》。因此,公安机关不具有管辖权。合作区分局、大岛派出所不存在不履行法定职责的行为。原审判决认定事实清楚,适用法律正确。依照《中华人民共和国行政诉讼法》第89条第1款第1项之规定,判决如下:

驳回上诉,维持原判。

二审案件受理费50.00元,由上诉人吕某承担。

本判决为终审判决。

问题:结合本案,谈谈法院司法警察履行职权行为的性质。

第七章 司法警察日常管理制度

学习目标

通过本章学习，把握司法警察内务制度的概念和基本要求；熟知司法警察礼仪制度、警容风纪制度、调用警制度的内容；熟悉枪械管理及证件管理的基本要求。

重点提示

内务制度　礼仪　着装　调用警　枪械　证件

第一节　内务制度

为了加强人民法院司法警察队伍正规化建设，进一步规范内务管理，2007年1月10日最高人民法院颁布了《内务条令》。根据该规定，司法警察内务制度包括会务制度、警容风纪制度、请示报告制度、请销假制度、台账管理制度、日常礼仪制度等。

一、司法警察礼仪制度

礼仪是指在人际交往中，以一定的约定俗成的程序方式来表现的律己敬人的过程，涉及穿着、交往、沟通、情商等内容。司法警察礼仪是人民法院司法警察在日常工作中应当遵循的基本礼节，是司法警察内在修养和素质的外在表现。根据《内务条令》第30条的规定，司法警察礼仪制度包括下列内容：

（一）敬礼

司法警察敬礼分为举手礼、注目礼和持枪礼。通常情况下行举手礼；携带武器装备不便或在列队的情况下，一般行注目礼；持枪礼仅限于执行阅警和仪仗任务时使用。

1. 参加庆典、集会等重大活动升国旗时，着警服列队的司法警察应当自行立正、行注目礼，带队人员应当行举手礼；未列队的司法警察应当行注目礼。奏（唱）国歌时，应当自行立正。

2. 晋见或者遇见上级党政领导、法院领导、司法警察领导时，着警服的司法警察应当行举手礼；因携带武器装备或者执行任务需要，不便行举手礼时，可以行注目礼。

3. 列队的司法警察在行进间遇见领导时，带队人员应当行举手礼，其他人员应当行注目礼。

4. 司法警察交接岗时，或不同单位的司法警察因公接触时，应当互相敬礼。

（二）称呼

司法警察之间通常称职务，或者姓加职务，或者职务加同志。上级对下级以及同级间的称呼，可以称姓名或者姓名加同志；下级对上级，称职务，或者姓加职务，或者职务加同志。在不知道对方职务时，可以称警衔加同志或者同志。

（三）报告

司法警察在下列时机和场合的礼节：

1. 听到上级呼唤时，应当立即答"到"；回答上级询问时，应当自动立正；领受上级命令后，应当回答"是"。

2. 司法警察进入上级室内前，应当喊"报告"或者敲门，得到允许后方可进入并向上级敬礼；上级进来时，应当自行起立。迎接领导检查工作时应立正报告，训练时当院长或上级领导检查训练情况时由警队领导或指挥员喊"停止训练""立正"并报告。

3. 报告词应当简明、扼要，其内容通常包括报告单位、正在进行的工作或者活动、报告人的职务和姓名（对直接上级不报告报告人的职务和姓名）等。

（四）其他场合礼节

1. 进入同级或者他人室内前，应当先敲门，经允许后方可进入。

2. 接电话时应文明用语，主动说"你好""请讲""再见"等。

3. 司法警察依法执行职务时，应按照最高人民法院《关于人民法院司法警察执行公务时使用告知词的通知》的要求履行告知程序，先敬礼，对当事人说明情况，并讲清权利和义务。

4. 司法警察依法执行职务进入居民住宅时，或因公与公民接触时，应当先敬礼并主动出示证件，说明来意。

5. 司法警察在外事活动场合与外宾接触时，应当主动致意。

人民法院司法警察内务条令

二、司法警察警容风纪制度

警容风纪是指警察的仪表和举止，是警察纪律作风、文化素质、军事素质和精神面貌的综合反映和外在表现。警容风纪是一种外显的纪律素质，其他纪律素质都需要通过工作活动而反映和表现出来，而警容风纪以外表的方式，让人一目了然。

（一）加强司法警察警容风纪建设具有重要意义

1. 警容风纪是体现国家与社会文明程度的重要标志之一。司法警察工作中会接触到形形色色的人，在与各类人群打交道时，司法警察的仪表、言谈和举止，直接地、现实地展现在他们面前，在一定程度上成为审判机关的形象表征，也是人民群众判断司法警察精神风貌和国家文明程度的重要标尺。如果不讲究警容风纪，没有严整的警容、端庄的举止和文明的谈吐，势必会损害司法机关的形象，危害警民关系，影响国家声誉。

2. 良好的警容风纪对社会精神文明建设具有积极的推动作用。社会心理学认为，人人都有追求美的天性。当信息载体源源不断地向周围世界输出良性信息时，信息接收者就会在不知不觉中，把这些信息纳入自己的认知结构中，并产生一种内在的驱动力，从而在行动中自愿主动地追求美。根据这一原理，警察以良好的精神面貌活动在法庭内外，会在潜移默化中营造一种摹仿机制，使周围群众更加注重自己的言谈举止，从而在一定程度上改善社会风尚，促进精神文明建设。

3. 良好的警容风纪有利于震慑犯罪、改善警民关系。司法警察以威严的仪表、整洁的着装和文明的谈吐活动在法庭内外，会对犯罪分子产生很大的震慑作用，使其不敢轻举妄动。同时，也会增强旁听人员、当事人的安全感，使其认识到司法警察是自己参与或旁听审判、介入法治生活的强有力的保护者，并在日常活动中，乐于与司法警察打交道，主动密切与司法警察的关系。

(二) 司法警察着装要求

人民法院的司法警察，是为人民法院以审判为中心的各项工作提供服务和保障的一个重要部门，司法警察的性质和所担负的任务，决定其必须具有良好的外在形象。司法警察是一种面对社会公众的职业，其职业活动既反映人民法院的作风形象，又体现司法警察自身的修养和道德水准。根据《内务条令》第27条的规定和《人民法院司法警察着装管理规定》的规定，司法警察应当严格按要求着警服，保持警容严整。

1. 除不宜或者不需要着装的情形外，在工作时间必须着警服。

2. 警服应当配套穿着、保持整洁，不同制式警服不得混穿。不得在警服外罩便服。不得披衣、敞怀、挽袖、卷裤腿。着衬衣时，下摆扎于裤内。警服内着毛衣、绒衣、棉衣等内衣时，下摆不得外露。着春秋装、冬装时必须内着配发的衬衣，系配发的领带，内衣领不得高于制服领。女警怀孕期间应着便服。

3. 戴大檐帽、作训帽时，男警帽檐前缘与眉同高，女警帽檐稍向后倾。

4. 着警服时，只准穿黑、棕色鞋。鞋跟高度男警不超过3厘米，女警不超过4厘米。工作时间不得穿拖鞋和赤脚穿鞋。

5. 执勤、训练、检阅或者携带武器、警械具时，应扎外腰带。

6. 严格按照授予警衔的命令佩戴警衔标志，规范缀钉警号、胸徽、帽徽、领花、臂章等，不得佩戴其他与司法警察身份或者执行公务无关的标志。

7. 应当爱护和妥善保管警服、警衔标志、警号、胸徽、帽徽、领花、臂章等，不得变卖，擅自拆改或者借送给外人。退警时专用标志一律上交。

(三) 司法警察的仪容仪表要求

1. 司法警察应当保持头发整洁。不得染彩发，男性司法警察不得留长发、大鬓角、卷发（自然卷除外）、剃光头或者蓄胡须，女性司法警察发辫不得过肩。

2. 司法警察不得文身。不得染指甲、留长指甲。着警服时，不得化浓妆；不得围围巾；不得在外露的腰带上系挂钥匙或饰物；不得戴耳环、项链、戒指等首饰；除工作需要和眼疾外，不得戴墨镜等有色眼镜。

（四）司法警察言谈举止要求

司法警察应当举止端庄，谈吐文明，精神振作，姿态良好：

1. 着警服时，不得边走边吃东西、扇扇子；不得在公共场所或者其他禁止吸烟的场所吸烟；不得背手、袖手、插兜、搭肩挽臂、揽腰；不得嬉笑打闹、高声喧哗；不得席地坐卧；非公务不得进入歌厅等娱乐场所。

2. 不得酗酒、赌博和打架斗殴；不得参加宗教、迷信活动。

3. 两名以上司法警察着装徒步巡逻执勤或者外出时，应当两人成行、三人成列，威严有序。

4. 外出时，必须遵守公共秩序和交通规则，遵守社会公德，自觉维护司法警察形象。

三、警务工作台账登记制度

司法警察部门必须建立登记、统计制度。每日人员分布情况，职能履行情况，教育训练情况，装备管理情况，警容风纪情况，完成各项任务情况以及院、上级部门通知、要求等活动情况都要登记统计在册。司法警察部门的领导要监督检查登记统计情况，如发现遗失、漏填等情况时，应当及时补记。上级司法警察部门应定期对有关工作记录情况进行检查，督促履行。

四、文件收发和保管制度

司法警察部门应当指定专人收发和保管文件。收发文件应当办理登记手续，妥善保管，并严格执行保密规定。需要归档的文件，应当按照要求立卷归档；不需要归档的文件，应当登记造册，按程序销毁。

五、保密制度

司法警察必须遵守国家保密法律、法规，严守保密纪律，保守人民法院工作秘密。司法警察不得谈论有关案件的性质、结果等情况，不得将工作中知悉的秘密泄露他人。司法警察部门应当根据工作情况,经常进行保密教育和保密检查,发现泄密问题及时报告并严肃处理。在执法活动中非经允许,任何个人不得拍照、录像(音)。

第二节 调用警制度

一、健全司法警察调用警制度的意义

司法警察警力调用制度是规范人民法院司法警察警力调动、使用范围和程序的准则。健全警力调用制度具有重要的意义:

(一)有利于依法使用警力

我国《人民警察法》第33条规定,人民警察对超越法律、法规规定的人民警察职责范围的指令,有权拒绝执行,并同时向上级机关报告。虽然司法警察的职责在《司法警察条例》中有明确的规定,但仍有单位超越司法警察的职责范围申请调用警力。司法警察警力调用制度中规定了严格的用警审批程序,确保警力使用的合法性。

(二)有利于提高司法警察队伍战斗力

司法警察警力调用制度规定了上级司法警察部门可以依职权调用辖区警力,同时也规定下级司法警察部门可以申请调用警力,在调用警力的同时也可调用相应的装备,这样就可以集中优势警力和优势装备完成艰巨的警务任务。

(三)有利于提高警务工作效率

针对一些跨辖区的警务任务,有关司法警察部门向上级司法警察部门提出申请,经批准,可调用就近警力完成警务任务,避免有关司法警察部门长途奔波执行任务,浪费警力资源,甚至贻误战机。

二、司法警察调用警制度的主要内容

(一)司法警察职责范围内的警务任务可调用警力

人民法院司法警察部门和其他部门,根据《司法警察条例》第7条中有

关司法警察职责的规定，可以调用或申请调用本院或其他法院的司法警察，所调用的警力用于执行司法警察职责范围内的警务任务。

（二）调用警力也可同时调用司法警察警用装备

（三）各级司法警察部门在警力调用中的职责

各级司法警察部门在警力调用中的职责不同，具体如下：

1. 最高人民法院政治部司法警察局负责协调跨省、自治区、直辖市的重大警务活动，领导和管理全国法院的司法警察警力调用工作，直接管理跨省、自治区、直辖市的警力和警用装备。

2. 高级人民法院司法警察总队负责领导和管理本辖区内人民法院司法警察的警力调用工作，并接受和履行最高人民法院政治部司法警察局的调警任务，统一组织、调用、指挥辖区内人民法院司法警察及管理对由司法警察部门管理的警用装备的调用工作。

3. 中级人民法院司法警察支队负责领导和管理本辖区内人民法院司法警察的警力调用工作，并接受和履行高级人民法院司法警察总队的调警任务，统一组织、调用、指挥本辖区内司法警察及管理对由司法警察部门管理的警用装备的调用工作。

4. 基层人民法院接受上级人民法院司法警察部门调警的命令与指挥，并履行调警任务。

调用警力原则上应逐级进行，特殊情况需越级调用警力的，被调用警力的部门要在执行命令的同时，向上一级人民法院司法警察管理部门报告。申请调用警力应逐级进行。下级人民法院司法警察部门接到上级人民法院司法警察部门下达的调警命令，应向本院分管院领导报告，并及时组织、落实警力及警用装备，按时完成指定任务。对不能完成调警任务或调警命令所指定的警力任务的，有关法院司法警察部门应及时报告发出调警命令的司法警察部门，并说明具体原因。

（四）警力调用的审批程序

各级司法警察部门调用警力的程序具体如下：

1. 上级人民法院司法警察部门调用警力的，应填发警力调用命令，并按权限履行审批程序。

2. 下级人民法院司法警察部门申请调用警力和其他部门向司法警察部门

申请调用警力的，需填写申请警力调用审批表，并按权限履行审批程序。

（五）警力调用的责任承担

1. 无故不履行或错误履行警力调用任务的，被调用的司法警察部门应承担相应责任。

2. 对超越法律、法规规定的司法警察职责范围的警力调用，有关法院司法警察部门有权拒绝执行，并同时向上级人民法院司法警察部门报告。

3. 发出的调警任务错误或不当的，由发出警力调用命令的司法警察部门承担责任。

第三节　枪械管理制度

一、司法警察枪支管理制度

人民法院司法警察是一支具有武装性质的司法力量，为保障司法警察依法履行职责，根据《中华人民共和国枪支管理法》（以下简称《枪支管理法》）第 5 条的规定，人民法院的司法警察在依法履行职责时确有必要使用枪支的，可以配备公务用枪。为加强人民法院公务用枪的管理，保障枪支安全，最高人民法院根据《人民警察法》《中华人民共和国枪支管理法》《公务用枪配备办法》等规定，于 2017 年 7 月制定了《人民法院公务用枪管理规定》；为保障人民法院司法警察依法履行职责，规范司法警察佩戴、使用枪支的行为，最高人民法院同时发布了《人民法院司法警察佩戴使用枪支办法》。

（一）配枪管理

1. 配枪部门与人员。根据《人民法院公务用枪管理规定》的规定，司法警察部门是人民法院唯一可以配备公务用枪的部门，其他任何部门不得配备公务用枪；司法警察是人民法院唯一具有佩戴、使用公务用枪资格的人员。

2. 管理职能分工。配备公务用枪，地方各级人民法院院长是公务用枪管理的第一责任人，其对本院公务用枪的制度建设与落实承担全部责任；中级以上人民法院司法警察部门是本院公务用枪的主管部门，负责对本院公务用枪的直接管理，同时负责指导下级法院的公务用枪工作。

3. 配备公务用枪的审批程序。

（1）基层人民法院配备公务用枪，由司法警察部门根据《公务用枪配备办法》，提出购置计划，报行政装备部门审核，经本院主要负责人批准后报送中级人民法院司法警察部门和行政装备部门共同审核，中级人民法院司法警察部门与行政装备部门共同审核后报送高级人民法院司法警察部门和行政装备部门审核。中级人民法院本单位配备公务用枪，依照上述规定的程序办理。高级人民法院司法警察部门与行政装备部门共同汇总审核辖区法院（包括本单位）所提公务用枪购置计划，经本院主要负责人批准后，按照有关规定向所在地省级人民政府公安机关申请统一组织购置，并报最高人民法院备案。

（2）持枪证的核发与管理。人民法院司法警察符合下列条件的，由司法警察部门提出，经政治部审核，报所属人民法院主要负责人批准后，按照规定向公安机关申请核发持枪证：①已授予司法警察警衔；②熟知枪支管理使用法律法规规章制度；③熟练掌握所配枪支的结构性能及使用保养技能；④通过了法律政策考试、实弹射击考核。

（二）枪支的储存与保管

1. 枪支弹药库（室）建设。配备枪支的人民法院应当设立符合国家标准的枪支弹药库（室），并配置数字化枪支弹药管理专用设备；划定验枪区域，配置验枪的专用设施；同时安装防盗报警装置和视频监控系统。

2. 储存与保管。人民法院应当集中储存、保管枪支。枪支弹药库（室）应 24 小时有人值守或监控，并实施枪支、弹药分开入室（柜）存放；随枪支配备的附件及工具也随枪支一同入柜保管，并设置明显标志。枪支弹药库（室）的保管实施双人双锁的管理制度，以确保枪支存放的安全。

司法警察的持枪证由所在法院集中保管，在需要用枪时随枪支一并领取，使用后随同枪支一起及时交还保管人员。人民法院不得擅自委托其他单位代管公务用枪；如因特殊情况需要委托代管的，应当报经本院主要负责人及上一级司法警察部门同意后实施。

3. 枪弹管理员的职责。人民法院应当选配政治审查合格、业务熟练的专（兼）职枪弹管理员。枪弹管理人员主要承担以下职责：①严格遵守枪支管理规定，保守秘密，熟练掌握枪支的结构性能；②严格执行公务用枪购置、调拨、报废的出入库制度的规定，及时准确做好登记；③负责枪支储存、保管、领取、交还的登记等工作，定期检查，以确保账、物、卡、簿相符，资料齐全；④对枪支弹药库（室、柜）和安全防范设施进行日常检查，一旦发现问题应及时报告、整改；⑤根据工作需要和"用旧存新、发零整取"的原则，及时提出更新枪支弹药的意见。

4. 枪支弹药档案。人民法院应当建立健全枪支管理（电子）档案。枪支管理档案包括枪支的配备、领取、使用、保管、交还、报废以及安全防范制度检查等内容。档案应分类建档、规范管理，方便检查。枪弹管理员变动时，应当在司法警察部门负责人的主持下，对库存枪支、弹药和管理档案、台账做好清点、登记、交接手续。

（三）枪支领用

1. 临时用枪的枪支领用。司法警察因执行公务或者参加射击训练等情形需要使用枪支的，应当由司法警察部门负责人批准后，交枪支管理员核对；核对无误后领取枪支，任务完成后应及时交还。

2. 日常配枪的枪支领用。配枪的司法警察需要每天配枪执行任务的，同样要严格枪支领用手续；具体由司法警察部门负责人审批，审批后配枪司法警察上班时领取枪支，下班时交还，并做好领用登记。

（四）枪支佩戴

1. 司法警察佩戴枪支的场合。司法警察在执行下列任务时，应当佩戴枪支：①重大刑事案件提讯、庭审、宣判（含远程视频提讯、庭审、宣判）中的押解、看管、值庭；②执行死刑；③处置危及人民法院安全的暴力、恐怖突发事件；④法律法规和最高人民法院规定的应当佩戴枪支的其他情形。

此外，司法警察在实施执行拘传、拘留强制措施以及执行其他风险较大的勤务时，经部门负责人批准，也可以佩戴枪支。

2. 枪支保管。经核准配枪的司法警察，应当按规定佩戴枪支，确保枪不离人，枪弹分离（可由一人携带）；着警服佩戴手枪时，应当使用制式枪套、枪纲；着便装佩戴手枪时，应当选用便携式枪套；着警服佩戴长枪时，应当使用制式枪背带，采取肩枪、背枪或者挎枪方式。

司法警察佩戴枪支时，应当随身携带人民警察证、持枪证、枪证；除执行任务外，不得进入娱乐场所；严禁饮酒或者酒后带枪、严禁参加非警务活动；一旦发生枪支丢失、被盗抢等事故，应当向所属司法警察部门、事发地公安机关报告。

此外，佩戴枪支的司法警察还应妥善保管持枪证；在领取或交还枪支时进行登记、报告、验枪；不得私自维修枪支或者更换枪支零部件；严禁将枪支出租、出借他人。

3. 配枪资格的取消。配枪的司法警察警察具有下列情形之一的，由司法警察部门负责人决定暂时停止其配枪资格，收回持枪证：①因涉嫌违法违纪违规被调查或者被停止执行职务；②与他人产生重大纠纷或者家庭存在重大变故；③因身体或者心理原因暂时丧失管理枪支能力；④未通过年度法律政策考试、实弹射击考核；⑤其他司法警察部门负责人认为应暂停配枪资格的情形。上述情形消失后，应当及时恢复其配枪资格。

配枪的司法警察具有下列情形之一的，按规定取消其配枪资格，收回持枪证：①因违法违纪违规行为不适宜继续配枪；②因身体或者心理原因丧失管理枪支能力；③退休或者调离司法警察部门；④其他不适宜继续配枪的情形。

被取消配枪资格的，司法警察部门应当及时向公安机关申请注销持枪证。

（五）枪支维护与运输

1. 枪支维护。为做好对枪支的维护和保养，人民法院要选配枪械员，负责对枪支的维护和保养。枪械员要按月对本院的枪支进行维护和保养，及时检查、排除枪支故障，发现枪支损坏、弹药超期的，及时提出维护、报废意见。

2. 枪支运输。人民法院运输枪支弹药时，要严格遵守有关规定，制定安全的保卫计划，确定运输负责人，明确运输人员的分工，保守秘密，确保运输安全。运输枪支弹药应采用安全可靠的密闭式车辆，按规定办理运输许可证件。运输途中遇交通事故或其他紧急情况时，要及时报警，请求公安机关协助解决，并同时向本院主管部门负责人报告。

3. 枪支报废。人民法院对收回的超范围、超标准配备的枪支，报废的枪支的型号、枪号、数量以及超过有效期的弹药品种、数量都应登记备案。报废的公务用枪，由中级以上人民法院根据公安机关的安排移送销毁。

二、司法警察警用装备的配备制度

为保障人民法院审判执行工作安全顺利进行，进一步提升司法警察应对和处置突发事件水平,最高人民法院根据《人民警察法》《人民警察装备配备标准》《司法警察条例》等有关规定,先后制定了《人民法院司法警察警用装备配备标准》《人民法院司法警察不同执勤岗位警用装备配备标准》,根据上述规定,警用装备配备是司法警察依法履行职责的必要条件,各级人民法院应当按照规定的项目和数量配齐配全,保障司法警察能够顺利完成各项工作任务和处置各类突发事件,保护司法警察的人身安全。

(一)配备警用装备的原则

1. 各级人民法院负责本院警用装备的购置及配备。警用装备的配备应当坚持保障必需、不断完善、实用高效、安全可靠的原则。案件数量较多和任务较重的人民法院应当根据实际情况和有关部门协商,有关部门同意后,在装备配备的项目和数量上可以酌情提高。

2. 各级人民法院应当根据警用装备的年度配备计划,积极与有关部门协调,设立警用装备专项资金,并做到专款专用,按照标准配齐、配全警用装备,并根据相关规定和使用情况,对警用装备及时进行更新。

3. 各级人民法院对警用装备要严格管理,建立、健全管理及使用制度,防止警用装备丢失、损毁,严格禁止非警务人员使用警械具,严禁司法警察违法使用警械具。

(二)执勤岗位警用装备配备标准

1. 值庭时佩戴的装备。①警棍;②手铐;③催泪喷射器;④对讲机;⑤现场执法记录仪(必要时);⑥枪支(必要时)。

2. 押解时佩戴的装备。①警棍;②手铐;③催泪喷射器;④对讲机;⑤急救包;⑥现场执法记录仪(必要时);⑦强光手电(必要时);⑧警用水壶;⑨脚镣(必要时);⑩防眩目眼镜(必要时);⑪枪支(必要时)。

3. 看管时佩戴的装备。①警棍;②手铐;③催泪喷射器;④对讲机;⑤现场执法记录仪(必要时);⑥枪支(必要时)。

4. 安全检查时佩戴的装备。①警棍;②手铐;③催泪喷射器;④对讲机;⑤现场执法记录仪(必要时);⑥防刺服(必要时);⑦防暴头盔(必要时)。

5. 配合强制执行时佩戴的装备。①警棍;②手铐;③催泪喷射器;④对讲机;⑤急救包;⑥现场执法记录仪;⑦防割手套;⑧强光手电(必要时);⑨警用水壶(必要时);⑩防刺服(必要时);⑪防暴头盔(必要时)。

6. 执行死刑时佩戴的装备。①警棍；②手铐；③脚镣；④对讲机；⑤枪支（必要时）。

7. 协助机关安全应急处置时佩戴的装备。①警棍；②手铐；③催泪喷射器；④对讲机；⑤现场执法记录仪；⑥防割手套；⑦强光手电（必要时）；⑧防刺服（必要时）；⑨防暴头盔（必要时）。

8. 协助涉诉信访应急处置时佩戴的装备。①警棍；②手铐；③催泪喷射器；④对讲机；⑤现场执法记录仪；⑥防割手套；⑦防刺服（必要时）；⑧防暴头盔（必要时）。

9. 执行强制措施时佩戴的装备。①警棍；②手铐；③催泪喷射器；④对讲机；⑤急救包；⑥现场执法记录仪；⑦防割手套；⑧警用水壶（必要时）；⑨防刺服（必要时）；⑩防暴头盔（必要时）。

为便于警械、武器的佩戴和使用，各级人民法院应当为司法警察配发多功能腰带和方便携带执法装备的执勤服。

第四节　证件管理制度

一、警号与人民警察证管理制度

（一）警号与人民警察证的制作与发放

人民警察证是司法警察身份和执行职务的专用凭证，而警号是司法警察的标志，只能配发给人民法院在编在职并已评授警衔的司法警察。警号由最高人民法院根据行政区划确定各省号段后，由各高级人民法院司法警察总队自行编排、制作。司法警察的人民警察证由高级人民法院司法警察总队审查、登记造册，报最高人民法院政治部司法警察局审查后统一制作。人民法院司法警察警号为司法警察专用标志人民警察证是其专用证件，警号与人民警察证应当严格按照有关规定制作，其他单位和个人不得制作、仿造、买卖、佩戴，违者要追究责任。

（二）人民警察证的使用

司法警察依法执行任务时，必须携带和出示人民警察证。除工作特殊需要外，司法警察不得使用与实际身份不相符的证件。司法警察对配发的警号和人民警察证要妥善保管和正确使用，不得涂改、复制、转借、抵押、赠送、买卖。严禁将证件用于非警务活动或者非法活动。如有损坏、丢失，应及时报发放机关，经发放机关审查批准后予以补发。警号丢失经审查批准后予以补发同号。

（三）人民警察证的更换与补发

司法警察因衔级、职务变动、工作单位变动需更换人民警察证的，按照警衔审批权限层报各高级人民法院审核后，报最高人民法院政治部司法警察局审核后制作发放。司法警察发现证件遗失、被盗（抢）或者严重损坏等无法继续使用情形的，应当及时报告所属部门并补办。

（四）警号与人民警察证的回收

司法警察调离工作岗位或辞职、辞退，在办理手续时，由司法警察管理部门收回警号和人民警察证。司法警察退休后，由司法警察管理部门收回其人民警察证。司法警察因衔级变动换发新人民警察证时收回其旧证。警号和人民警察证收回后应报发证机关备案。

二、公务用枪证件管理制度

司法警察应严格按照《中华人民共和国枪支管理法》有关公务用枪的规定和《人民法院用枪管理规定》的规定，统一申领持枪证，申领后统一保管。除特殊情况并经批准由个人保管使用外，一律实行使用前办理审批手续后向枪支保管部门领取公务用枪枪证和公务用枪持枪证、枪支（弹药），使用完及时归还并记录使用情况的管理制度，确保枪支（弹药）管理、使用的安全。

第五节　司法警察警务要情报告制度

重大情况报告制度是下级法院司法警察部门对在司法警察工作中出现的重要情况和问题向上级法院司法警察部门及时进行报告的制度，是上级法院司法警察部门加强对司法警察工作管理和监督的有效措施。

一、重大情况报告的主要内容

人民法院司法警察部门对于司法警察工作中发生的下列情况，应进行报告：

1. 司法警察工作中的重要情况。如司法警察工作的重大部署、召开司法警察工作重要会议；落实上级法院指示等。

2. 执行重大警务活动。如对有重大影响案件庭审或宣判的警务保障、重大的执行案件的警务保障、执行死刑等情况。

3. 在执行警务工作中发生的重大情况或突发事件。如发生被告人或罪犯脱逃、自残、自杀、行凶等事件或重大险情；执行警务工作中发生暴力抗法事件等情况。

4. 枪弹、警械管理过程中发生的重大情况。如发生枪支、弹药丢失、被盗、被抢等事件；司法警察违法使用武器、警械等情况。

5. 队伍管理过程中发生的重大情况。如组织较大规模的警力调用；组织较大规模的司法警察训练；司法警察有重大立功表现或严重违法违纪事件等。

二、情况报告的形式

发生重大情况的有关单位要及时报告上级法院司法警察部门，报告应采用书面形式，报告的内容应包括情况发生的时间、经过、结果以及其他还需说明的情况。因特殊情况，时间紧急的，可采用口头报告，但事后应及时补充书面报告，并说明原因。按照有关规定需先要事先请示批准的情况，应按规定办理。

三、情况报告的程序

最高人民法院政治部警务部受理全国法院司法警察重大情况报告；高级人民法院司法警察总队受理本辖区内的司法警察重大情况报告；中级人民法院司法警察支队受理本辖区内重大情况报告。

报告重大情况的单位报告情况要及时准确。一般重大情况及时逐级请示报告；紧急重大情况，可越级请示报告；对一时难以查清的问题，先简报后详报。请示问题应有处理建议。

四、重大情况报告的处理

对于需要答复的请示，上级部门应及时答复报告单位，报告单位应按答复意见办理。对重大情况故意隐瞒不报或迟报的，上级法院应视情节轻重，在一定范围内给予通报批评，并追究有关领导的责任。

思考题

1. 人民法院司法警察礼仪有什么要求？
2. 人民法院司法警察警容风纪有哪些要求？
3. 司法警察在工作中哪些事项需要保密？
4. 什么情况下人民法院可以调用警力？调用警力需要办理哪些审批手续？
5. 人民法院对枪械管理有哪些要求？
6. 人民警察证、持枪证等证件的管理和使用有什么要求？

材料分析

2018年6月（26日）上午，某法院在审理一起贩卖毒品案件时，正在候审的被告人之一马某某提出要上厕所，在未经法警准许情况下突然冲出法庭，并迅速从二楼跳窗逃跑。

脱逃发生在正式开庭之前，也就是法警从看守所提押嫌疑人来到法院后等待开庭的这段时间。从警方公布的视频截图来看，马某某戴着手铐，没带脚镣。他右手捂着左手和手铐，小跑着从法院的走廊经过，有人与他擦肩而过，但没有发现异常。

据了解，马某某有抢劫罪前科，2014年5月才刑满释放。2018年4月27日，法院首次开庭审理了该团伙贩卖毒品案。马某某被指控向他人贩卖甲基苯丙胺37.5克。6月26日，该案第二次开庭。

根据有关规定，一名被告人至少应由两名司法警察押解；重大案件的被告人，应由三名司法警察押解。司法警察要提前检查警具和枪械，明确警力部署和处突措施等。正是因为多个环节的失守，马某某才得以脱逃。

问题：
1. 司法警察怎样才能保持良好的警容风纪？
2. 对超出司法警察职责范围的用警要求，司法警察应如何应对？
3. 司法警察警用装备的佩戴和使用有哪些明确要求？

第八章　司法警察组织管理

学习目标

司法警察的组织形式是以审判工作为中心，为审判工作服务，保障审判工作的完成。对司法警察实行编队管理、双重领导的管理体制。司法警察的管理形式是通过选拔录用合格的法警人员，强化行为和工作规范，使司法警察的教育、培训、晋升与考核制度化、规范化。目前，司法警察的组织管理工作正在进行着深化改革，其中人事编制、领导体制、奖惩措施是改革中的重点，这场改革将带来司法警察的行为和工作日益规范化的新局面，将实现严格依法行事、依法治警、从严治警的工作目标。

重点提示

司法警察的组织管理体制　录用　奖惩　晋升　考核　教育训练

第一节　司法警察组织管理概述

一、司法警察组织管理概念

组织是指按照一定的目的、任务和形式加以编制。管理是指负责某项工作并使之得以顺利进行。司法警察的组织管理就是将个体的司法警察通过一定的形式组织起来，根据司法警察的性质、任务和工作特点进行的包括录用、培训、考核、任用、授衔、晋升、奖惩和辞退等内容的管理，从而建立一支有坚强战斗力的警察队伍。组织管理是司法警察队伍建设的前提和基础。

二、司法警察组织管理内容

(一) 指导思想

司法警察队伍建设要以马克思列宁主义、毛泽东思想、邓小平理论、"三个代表"重要思想、科学发展观、习近平新时代中国特色社会主义思想为指导,以《法院组织法》《人民警察法》《警衔条例》《司法警察条例》为依据,以审判工作为中心,坚持为审判工作服务,全力以赴地保障审判任务的完成;坚持全心全意为人民服务的宗旨,严格执法,文明执法,树立司法权威和司法警察的良好形象;坚持落实有关法规、条例,健全机构,理顺体制,配齐、配好、配强领导班子;坚持依法治警、从严治警、从优待警的方针,在政治上建警,在教育、训练、管理中强警,努力把司法警察队伍建设成为一支忠诚可靠、训练有素、业务精通、纪律严明、作风过硬、保障有力,能够统一指挥、快速反应、严格执法、文明执法的具有坚强战斗力的队伍。

(二) 管理体制

根据《司法警察条例》规定,司法警察实行编队管理、双重领导。各级司法警察部门应按不低于本院在编人员12%的比例配备警力;根据工作需要,应适当配备女司法警察。编队的组织机构分别为最高人民法院政治部及其下设的司法警察管理局,统管全国各级人民法院的司法警察工作。高级人民法院设立司法警察总队,中级人民法院设立司法警察支队,基层人民法院设立司法警察大队;总队、支队、大队设队长、政治委员,根据工作需要可配备副职。

司法警察是人民法院的一支重要司法力量,也是人民法院机构设置不可缺少的重要组成部分,担负着特定的司法任务。人民法院司法警察自成立以来,一直在维护法律尊严和保证审判活动顺利进行等方面发挥着重要作用,尤其是自《司法警察条例》颁布实施以来,各级人民法院在开创司法警察工作新局面方面取得了长足的进步。但是,由于多方面因素的制约,对司法警察的管理存在一些组织方面的问题,对司法警察的职责定位不准的现象仍然存在。最高人民法院《人民法院五年改革纲要》在法院改革的目标中,对司法警察实行编队单列管理等问题作出了明确规定,为司法警察建设指明了方向。只有充分认识司法警察工作存在的问题,明确其下一步的发展方向,理顺各种关系，司法警察工作才能健康发展，为各项审判提供有力保障。

随着依法治国进程的加快和司法改革的逐步深入，各项审判工作对起基本保障作用的司法警察提出了越来越高的要求。司法警察面临的问题，是随着人民法院审判制度改革进程的深化而出现的，这些问题的解决程度决定了司法警察工作的未来和前景。随着形势的发展，司法警察要更好地服务于审判活动，必须符合以下要求：

1. 司法警察职权明确化。这是司法警察依法履行公务的要求，我们要清楚地看到，这是一支占法院干部总数12%的大队伍，不能无视它的存在和发展。必须对司法警察职责、职权进一步明细化，从立法上解决司法警察在履行职务过程中的职权问题，如司法调查取证权、执行现场中的处置权等。

2. 队伍建设规范化。首先，完善司法警察的编队管理，确立规范的垂直领导体制，确立上级法院对下级法院司法警察的领导，形成"最高法院—高级法院—中级法院—基层法院"司法警察队伍的警力网状布局，做到互相协调互为补充，提高司法警察在一个地区的整体作战能力。其次，建立司法警察的高等教育体制，形成自成体系的教育培训系统，解决司法警察长期以来没有固定的培训基地、无法得到正规教育培训的问题。

3. 司法警察警务活动效能化。这是法院审判工作对司法警察的必然要求，同时也是进一步加强司法警察工作的前提。只有实现效能化，才能真正做到以一当十，以少胜多，才能确保不贻误战机。实现警务活动的效能化，要求对整个司法警察队伍实行科学、严格地管理，切实严明纪律，做到一切行动听指挥。

4. 理论研究系统化。司法警察是一支年轻的具有独特功能的队伍，对其性质、地位、职能以及如何更好地发挥其作用必须不断加强理论研究，而目前法院系统对这一课题的研究还相当滞后，理论探讨与司法实践严重断档，致使司法警察的职权一直囿于值庭、押解、执行死刑、机关安全保卫的圈子里。

（三）理顺司法警察部门的领导体制，建立职业化的司法警察队伍

按照《司法警察条例》的要求，司法警察实行编队管理、双重领导，法院司法警察部门上下级之间的关系是领导和被领导的关系，各级法院必须按照《司法警察条例》的要求，坚决贯彻执行。警务活动实行调警令制度，为

保障重大案件的审判和加强参与强制执行的力度，司法警察支队及以上经本院院长或主管副院长批准后，可在本辖区范围内协调组织警力，切实发挥司法警察统一管理的优势，保障重大案件的审判和强制执行任务圆满、顺利地完成。

司法警察是人民法院的一支重要司法力量，为维护法律的尊严和保证审判活动顺利进行发挥了重要作用。但由于管理体制的不健全，工作任务的庞杂性以及入口广、出口紧等因素，目前司法警察队伍存在着人心散，工作积极性不高，人浮于事的现象，影响了审判工作和法院的整体形象。随着法官职业化改革的进一步开展，司法警察职业化改革是势在必行。

1. 当前司法警察管理体制面临的问题。

（1）司法警察执法体制不规范。明确司法警察在执法过程中的职权是职权法定主义的体现。目前司法警察工作领域在不断拓宽，过去主要是服务于刑事审判，现在民事执行工作往往也需要司法警察协助执行，但关于司法警察在执法过程中的职权的法律规定尚显不足，具体体现在：一是司法警察的地位、作用不明确。根据《司法警察条例》规定，司法警察在法官的指挥下履行职权，这表明司法警察在司法中的作用是辅助的性质，仅能执行指令而不能作出指令，但司法警察在参与民事执行工作中的从属地位不应影响其发挥作用，其工作范围可以适当扩大。二是司法警察职权和警察权的规定不明确。《司法警察条例》具体规定了司法警察具有八项职责，但其实为八项工作内容而非职责。司法警察作为一支警察队伍，在司法过程中拥有哪些警察权却没有规定。由于规定不明确，司法警察在司法过程中的处置手段也不明确，显得无所适从。特别是在协助执行的过程中，问题表现得尤为明显，比如有时法官离开现场，而司法警察由于没有得到法官的指令，不能自行采取措施，出现了法官四下忙碌，而司法警察却只能袖手旁观看热闹的情况。

（2）司法警察队伍管理体制不顺。根据《司法警察条例》的规定，对司法警察队伍应实行编队管理和双重领导的管理体制。但目前多数法院，尤其是基层法院的司法警察还未实行编队，大部分司法警察分散于各个庭室，没有进行集中培训和管理；有些法院虽已编队，但固定司法警察少，兼职司法警察多。有些法院虽然解决了编队过程中存在的上述问题，但对司法警察的管理还是由所在法院实行块块管理，没有落实双重领导体制。司法警察队伍的这种管理状况反映出司法警察作为法院内设机构在法院的地位还比较低，对司法警察工作仍不够重视。同时，司法警察在法院晋升的机会较少，审判部门去不了，非审判部门很难去，容易造成整个队伍思想上的不稳定。

理顺司法警察的管理体制，必须从贯彻《司法警察条例》入手，对司法警察进行规范的编队管理，改变各个法院分散管理的局面。在编队过程中，上级法院要大胆地纠正下级法院的不规范管理行为；下级法院司法警察领导干部的调配使用，要征得上级法院司法警察领导的同意，使上级法院对下级法院司法警察工作的垂直领导能行之有效；上级法院对下级法院司法警察的队伍状况、素质状况等要有比较全面的了解，统筹安排、宏观管理。同时对司法警察的警务活动要贯彻实行调警令制度。

（3）司法警察用人体制不理想。自从各级法院司法警察部门成立以来，虽然扩大了对聘用制司法警察的录用范围，但采取的方法不尽相同，也缺乏统一的规定和标准。有的法院将司机改为司法警察，有的法院将勤杂人员当司法警察使用，致使司法警察层次参差不齐，缺乏基本的文化和业务素质。这些做法都是为了凑人数，应付检查，而没有从为审判工作服务的角度来认识问题。很多人曾经认为，司法警察就是看大门，押解犯人，只要身体好，有无文化、素质高低无关紧要。据近几年来的法院大量的信息及新闻报道表明，在刑事开庭时人犯逃脱、自伤、自残的事件时有发生，责任人虽然受到了相应的处罚，但人民法院的声誉也受到了严重的影响。导致此类事件发生的主要原因除了个别司法警察素质低、责任心不强外，还存在以下几个方面因素：一是现有的在编司法警察年龄老化，知识层次已不能满足工作的需要；二是法院系统进人渠道受到组织人事部门的限制，不能及时从社会上补充新鲜血液；三是现有的以工代警人员得不到组织人事部门的承认，影响了他们工作的积极性。长期影响司法警察工作发展和队伍素质提高的有三个问题：一是司法警察队伍只出不进，人员越来越少，年龄越来越大；二是司法警察队伍结构不合理，整体素质相对较低，难以提高执法水平；三是现有司法警察队伍分散管理模式不适应工作的需要。近几年来，针对发现的问题，各个法院都进行了一些有益的探索，基本采用了招聘制的方式。这对法院的工作起到了一定的促进作用，但相应的也出现了不少的弊端：一是复退士兵多且年龄相对较大，能够在职的时间相对较短，刚刚熟悉司法警察业务就面临解聘问题。二是被招聘者绝大多数是来自农村的复退军人，文化素质相对较低，很难适应司法警察执法活动的需要。即使有部分城镇复退军人，也大都存在临时观念，知道不可能成为正式司法警察，从而给管理工作带来难度。三是一部分家长抱着让法院给"看孩子"的思想，认为青少年刚走向社会，对前途认知较差，在法院临时工作一两年，让法院帮着教育管理不会出现差错或产生不良思想，但大部分在另谋出路，一旦时机成熟就另谋高就、一走了之。

2. 针对以上问题，应当理顺的几个方面的关系。

（1）转变用人观念，解决执法权问题。过去，曾经有人多次提过聘用司法警察不是正式干警。如何行使执法权的问题其实与现实工作并不矛盾。司法警察队伍都设有领导和在编正式司法警察，规定外出执行公务必须有在编正式司法警察带队，聘用司法警察只是协助正式司法警察进行工作，做到兵中有官，以官带兵，就可以合理解决聘用司法警察执法权的问题。

（2）改革用警机制，推行军事化管理。在目前人事制度下要解决这个问题，必须实行司法警察聘用制度。现在的大中专院校毕业生已经取消了包分配制度，实行双向选择、自谋职业，他们已经学到了大部分法律知识，只要通过培训，可以成为司法警察队伍的中坚力量，且年龄相对较小，对表现较好的，应该长期聘用，以解决警力不足、编制缺乏和人员流动大的问题，真正实现司法警察队伍的专业化、年轻化、知识化；实行军事化编队管理，能够大幅度提高司法警察队伍的整体素质，使队伍能够反应迅速，提高执法水平。

（3）实行优胜劣汰，处理好用人关系。完善用人制度措施包括疏通司法警察的进口和出口，对在岗司法警察进行优化管理，保持司法警察的活力和战斗力。目前进口上存在的问题主要是进人无固定渠道，司法警察来源复杂，进来的人员素质参差不齐。因此，应大力吸纳大专院校毕业生，从根本上解决进口问题。

对在岗司法警察进行科学管理，首先要从内部建立起良好的机制，积极、稳妥地推进聘用制司法警察制度。聘用制司法警察制度是指人民法院和司法警察签订聘用合同，期限一般1年~5年，聘用期间司法警察和法院其他人员的待遇相同，期满经考核合格的可以续聘，否则则按国家有关规定解除合同。随着国家人事制度改革的深入和社会保障、保险制度的相继建立，在人民法院内部推行聘用制司法警察的条件已基本成熟，聘用制司法警察捧的不是铁饭碗，工作有压力，对司法警察有激励作用，而且这也是理顺司法警察出口、解决老龄化问题的重要途径。根据优胜劣汰的原则，每年进行一次调整，好的留用，差的淘汰，这样既能保留骨干，保持工作的连续性，又能不断充实新鲜血液，使司法警察队伍永远保持生机和活力。充足的人才市场，给我们提供了良好的机会。

（4）加强编队管理，发挥职能作用。人民法院司法警察，是隶属于人民法院直接领导和管理的一支准武装性质的司法力量，要做到招之即来、来之能战、战之能胜，就必须有过硬的素质、严明的纪律。要改变过去那种松散式管理的传统模式，以军事化管理为标准，强调纪律观念、整体观念，实行"警营化"管理，采取"集中管理、集中训练、集体吃住"的作训模式，培养他们良好的纪律作风和顽强的工作作风，使他们养成服从命令听、从指挥的良好习惯。

3. 法院如何进行司法警察职业化改革。根据《最高人民法院关于加强法官队伍职业化建设的若干意见》对法官职业化解释的模式套用，司法警察职业化是指司法警察以保障审判工作顺利进行，执行司法警察的职责为专门职业，并具备独特的职业意识、职业技能、职业道德和职业地位。这就需要：

（1）形成正确的司法理念。司法警察职业化建设要求必须坚持在党的领导下，对司法警察的职业地位进行准确的定位。一方面人民法院的司法警察队伍与法官具有同等的法律地位，同时司法警察也应当正视司法警察工作的服务性和服从性的特点，甘于当"配角"。

（2）养成良好的职业道德。司法警察所从事的职业性质和担负的职责任务决定了司法警察除应当具有公民道德和其他职业道德的共性要求外，还应体现出司法警察职业道德上独具的特征。2001年最高人民法院制定的《中华人民共和国法官职业道德基本准则》，同样适用于司法警察队伍。司法警察应当不断加强政治学习，做到公平正义，忠于职守；严守纪律，服从指挥；注重仪表，文明礼貌；具有团队精神，具有良好的职业道德和职业操守。

（3）具有良好的职业技能。司法警察不仅要与审判人员一样，具备较强的文化素质和法律专业知识，而且还要具有比审判人员更强的身体素质和军事技能。因此必须提高司法警察的准入平台，适时对司法警察进行专项教育培训，对司法警察进行警队式训练。按照年度训练计划，由司法警察支队进行统一组织，使基层法院司法警察能较好地掌握专业技能及处置各类突发事件的本领。

（4）形成较好的激励机制。人民法院司法警察要履行押解、值庭、看管、安检、执行死刑和协助民事执行、安全保卫、处理突发事件等职责，在体力上和精神上承受着更大压力，因此有必要建立警务保障制度，使司法警察依法享有警衔津贴、特殊岗位津贴、卫生补贴及人身保险等福利待遇。健全司法警察考察、评价、监督、激励的选贤任能机制，严格实行奖惩制度，使司法警察队伍具有一定的职务晋升空间。

（5）进一步健全管理体制。对司法警察进行规范的双重领导和编队管理，任用制司法警察和聘任制司法警察必须全部纳入人民法院司法警察管理部门进行管理。对下一级法院司法警察部门主要负责人及司法警察，上级法院在一定条件下可以建议所在法院予以调整、调离。实施统一调警制度，形成统一指挥、统一调配的格局。

（6）合理地规划司法警察的职能。人民法院司法警察在组建初始，仅仅单一服务于刑事审判，伴随新时期审判工作的不断深入发展，司法警察正由单一服务于刑事审判逐步拓展到民商事审判中的多个环节。在条件具备的情况下，可以进一步合理拓展司法警察参与案件范围，使其参与或主办民商事执行案件，将司法警察同时任命为执行员，把在执行工作中的执行裁判权交由具有法官资格的执行员行使，而实施权由司法警察及由其他人充当的执行员去行使。建立健全执行警务化，能很好地激发司法警察的工作热情，巧妙地解决司法警察队伍老龄化的问题，同时有效缓解执行难，达到双赢的状态。

我国公安机关的组织管理体制

第二节 司法警察的录用

一、司法警察录用的概念

司法警察的录用，就是指人民法院和人民检察院在编制限额内，按照规定的条件、原则和程序，采用一定的方法，选拔司法警察人员的过程。

司法警察的录用，必须是在司法警察编制限额内。司法警察的编制数一般应占总人数的12%，人员总数偏少或特殊需要的单位，最高不应超过15%。

二、司法警察录用的原则

（一）公开原则

首先，招考事项公开，通过报刊、广播、电视等新闻媒介发布招考公告，将招考的具体事项向社会公开；其次，考试面向社会，公开进行，平等竞争；最后，考试成绩公开，考试合格者的名单应张榜公布，并通知本人。

（二）平等原则

平等原则，指报考者在报考条件、录用考试和录用标准面前一律平等。凡符合规定条件的人员，都有平等的权利参加录用考试，在平等的条件下竞争。报考者在考试成绩和考核结果面前人人平等。录用与否主要取决于考试成绩的优劣和考核结果的好坏，不因民族、种族、性别、家庭出身、宗教信仰、财产状况、婚姻状况等原因而受到歧视或享有特权，不得造成违法和制造人为的差异。凡通过考试考核合格者，又符合录用条件，则担任司法警察的机会均等，都有权在平等的条件下被择优录用。

（三）竞争原则

竞争原则，一方面，在平等的条件下，报考者以自己的德才为条件，参加竞争考试，优胜者在竞争中产生，从而进入司法警察队伍；另一方面，人民法院和人民检察院为报考者提供一个平等竞争的机会，并通过报考者的竞争，将他们的文化知识水平、法律政策水平、分析问题和解决问题的能力分出高下，优胜劣汰，选拔优秀人才。

（四）择优原则

择优原则，指人民法院和人民检察院根据录用的条件，遵循公开、平等的原则，对考试考核合格者的政治立场、道德品质、文化知识、专业知识、身体素质等进行客观公正的衡量、比较、筛选，按照各方面的综合情况依次编排出拟录用候选人名册，在名册范围内，选择最优秀的人才进入司法警察队伍。

（五）德才兼备原则

德才兼备原则是人民法院和人民检察院在录用司法警察时的择优标准，择优标准包括两个方面，一方面是"德"，即报考者的政治立场、社会主义觉悟、道德品质、历史和现实表现；另一方面是"才"，即文化水平、专业水平、语言和文字表达能力、工作能力等。要选拔优秀人才，必须把德才两方面结合起来考虑，强调德才兼备。

三、司法警察录用的条件

（一）司法警察录用的来源

司法警察的录用主要有以下四个来源：①警察院校的毕业生；②大专以上学历的毕业生[1]；③退伍转业军人；④党政机关、事业单位中适合从事司法警察工作的干部。

（二）司法警察录用的条件

司法警察的录用必须坚持下列基本条件：

1. 政治条件。有一定的马克思列宁主义理论水平，有较高的政治思想觉悟，坚定不移地坚持以经济建设为中心，坚持四项基本原则，坚持改革开放，拥护党的十一届三中全会以来的路线、方针和政策，在政治上、思想上、行动上同党中央保持一致，热爱中国共产党，热爱社会主义社会，热爱人民，全心全意为人民服务，密切联系群众，严格依法办事，秉公执法，不徇私情，

---

[1] 根据《人民警察法》第26条规定，担任人民警察条件之一就是具有高中毕业以上文化程度。随着我国教育事业的发展，对于司法警察工作的要求，目前司法机关招聘司法警察的学历一般要求为大专以上。因此，将"文化素质要求具有大专以上文化程度"作为录用条件之一，是符合当前实际情况和社会发展趋势的。当然，随着社会的发展，以后对司法警察的文化素质要求也会相应提高。

不畏权势，品行端正，作风正派，廉洁奉公，遵纪守法，有正确的入警动机，热爱司法警察工作，有较强的事业心和责任感。

有下列情形之一者不得录用：①政治思想落后，对党和社会主义制度有不满言行者；②有流氓、偷窃等不良行为，道德品质不好者；③受过刑事处罚、曾被劳动教养、受过少年管教以及有犯罪嫌疑尚未查清者；④直系亲属中有被处死、关押的犯罪分子，或有严重政治错误，而本人划不清界限者；⑤直系亲属或对本人有较大影响的旁系亲属（系指在政治上、经济上有直接联系）在国外或港、澳台等地担任反动职务，从事危害国家安全活动，而本人划不清界限者。

2. 文化条件。文化条件包括文化素质和专业素质。文化素质要求具有大专以上文化程度。专业素质要求既要懂得一定的法律知识，熟悉刑事诉讼程序，又要受过司法警察的专业训练，会使用武器、械具。文化条件是对司法警察人员才能方面的要求，它要求司法警察人员必须具备胜任本职工作的文化科学知识和专业技能，这是司法警察人员完成任务的基本保证。

3. 身体条件。司法警察人员必须五官端正，身体健康，机智敏捷，男性身高170cm 七以上，女性身高 160cm 以上，无残疾，无重听，无口吃，无色盲、无色弱，裸眼视力一般在 1.0 以上。

4. 年龄条件。司法警察人员的年龄是 18 岁至 35 岁。司法警察是有一支具有武装性质的司法力量，战斗在同犯罪分子斗争的第一线，它所担负的任务具有时间性、突击性、连续性、复杂性，这就要求司法警察人员必须年轻化。

四、司法警察录用的程序

司法警察录用的程序是根据一定规律编制的录用活动的先后顺序，并以一定的形式加以确定，使之制度化、法律化，成为相关人员遵守的法定程序。根据有关法律和文件，司法警察的录用的程序为：

（一）发布招考公告

在司法警察的录用考试前，人民法院和人民检察院应会同当地人事部门将招考的有关事项通过报刊、广播、网络、电视等向社会公告。招考公告的主要内容包括：招考条件；报名时间、地点、手续；考试时间、地点、科目、方式、内容；复习大纲、参考书目、录取时间等。

（二）资格审查

资格审查就是依照录用的条件，对报考人员的年龄、学历、行为表现等基本情况进行审查，只有符合规定条件的人，才被允许参加录用考试。资格审查的方式就是对报考人员所提供的各种证件、材料等逐一进行审查，在审查的基础上，给符合资格条件的人员发放准考证。

（三）考试

考试有笔试、面试两种形式。

1. 考试内容。

（1）笔试内容。

基础知识：包括党的方针、政策，时事政治，哲学、经济学常识，公文知识，语文与写作以及其他社会常识等；有些地方加考"心理测评"。

职业能力：采取标准化考试办法，测查报考人员从事司法警察工作的潜在能力；

申论：主要考查应考人员对给定材料的分析、概括、提炼、加工能力，测查应考人员的阅读理解能力、综合分析能力、提出问题和解决问题能力、贯彻执行能力、文字表达能力等；

法律知识：重点是法律的基本知识以及从事司法警察工作的基本技能。

（2）面试内容。主要是测查报考人员的自我认识，语言表达能力，逻辑思维及推理、判断能力，分析问题和解决问题的能力，人际协调和应变能力等方面的素质以及速记能力等。

2. 考试合格分数线的划定。考试合格分数线的划定应根据本地考试总体水平和录用比例，由人事部门同人民法院决定。

3. 考试的组织。成批录用考试工作由各省、自治区、直辖市政府人事部门会同同级人民法院和人民检察院组织进行。考试方案需报省级人事部门、人民法院和人民检察院批准，以人民法院和人民检察院为主，由其组织实施。笔试由各省统一命题、统一印卷、统一时间。面试由省人事部门同人民法院和人民检察院根据面试测评要素以及有关规定指定制定具体办法，统一制定试题，组织考官培训。

（四）考核

考核就是通过对考试合格者原工作、学习单位的调查了解，考察了解合格者的政治思想、道德品质、工作态度、业务能力等方面的表现和历史情况，以及是否需要回避的情况。考核要把阅档和考察了解相结合，把握标准，严格进行政治审查。

（五）体格检查

考试考核合格者应在指定医院进行体格检查，以证明其是否合乎所要求的健康标准。体格检查的项目和标准，由各地根据录用的身体条件并结合当地情况确定。

（六）审批

笔试、面试、考核、体检合格者允许填报《录用司法警察审批表》，经地（市）以上人民法院和人民检察院审核同意后提出拟录用人员名单，由地（市）以上人事部门审批。

县（市）人民法院和人民检察院录用司法警察，由同级人事部门审查，报地区（州、盟、市）人民法院和人民检察院复审同意后，报地区（州、盟、市）人事部门批准。

地区（州、盟、市）人民法院和人民检察院录用司法警察，报省（自治区、直辖市）人民法院和人民检察院审核同意后，报地区（州、盟、市）人事部门批准。

省、自治区、直辖市人民法院和人民检察院及其所属单位录用司法警察，由省、自治区、直辖市人民法院和人民检察院政治部门审查同意后，报省、自治区、直辖市人事部门批准。

未经地区（州、盟、市）以上人民法院和人民检察院审核同意，地区（州、盟、市）以上人事部门一律不予批准。未经地区（州、盟、市）以上人事部门批准，所补充的人员不能成为司法警察。对在录用中弄虚作假、徇私舞弊以及拉关系、走后门搞不正之风的当事人和主要负责人要坚决予以处分，违法的要追究刑事责任，对违反规定的录用的人员一律予以清退。

经考试、考核、体检合格，但因数额限制未被录用人员，可由各地人事部门会同人民法院和人民检察院共同建立后备人才库，以备临时录用司法警察人员之用。

（七）培训

人民法院和人民检察院应按照"先培训、后上岗"的原则，组织被录用的司法警察人员进行岗前培训,使他们了解法院和检察院的工作、司法警察工作的性质、任务,明确应遵守的行为规范,掌握司法警察执法技能、工作程序和方法,为正式任职奠定良好的基础。被录用的司法警察人员只有经过培训合格后才能上岗执行任务。

(八) 试用

正式录用为司法警察的人员,一般要有试用期,时间为1年。试用期期间,人民法院和人民检察院应对被试用的司法警察人员进行政治思想、工作能力等方面的考察,试用期满后作出试用考察结论。试用合格者,可视其工作年限和德才表现确定职务等级。对不符合条件或表现不好不适应做司法警察工作的人员,取消其被录用资格,予以辞退或安排回原工作单位。需要进一步考察的,经主管部门批准,可延长试用期,但不得超过半年。延长试用期满后,仍不具备条件的,经由原批准机关批准予以辞退。

公务员面试禁忌

第三节 司法警察的奖惩、考核与晋升

一、司法警察的奖惩

司法警察的奖惩,是指按照有关规定对司法警察的奖励或惩罚。因司法警察表现突出或有一定的业绩而给予荣誉和物质奖励,以资鼓励,称为奖励;因司法警察有过失或业绩不佳而给予的处分、处罚,称为惩罚。

(一) 司法警察奖惩的目的

对司法警察实施奖惩,其目的是表扬先进,激励和鞭策后进,惩罚失职和违纪行为,在维持工作的基本要求和必要的纪律的基础上,调动一切积极因素,提高工作效率和工作效益,发挥司法警察的职能作用。因此,建立奖惩制度,在对司法警察的工作进行评价的基础上,予以奖励或惩罚,是加强人民法院司法警察的队伍管理工作的需要,是人民法院司法警察管理部门的一项长期任务。

(二) 司法警察奖惩的主要内容

1. 奖励。人民法院司法警察奖励的条件,除了坚持四项基本原则,拥护党的路线、方针、政策,热爱司法警察工作,受过司法警察专业训练,懂得法律基本知识,作风正派等基本条件外,还应当包括:

(1) 在同犯罪分子作斗争中,英勇顽强,机智果敢,不怕艰苦,不怕牺牲,表现突出;

(2) 在社会治安综合治理、预防和制止犯罪工作中,有显著成绩;

(3) 在抢险救灾、预防治理灾害事故,保卫国家和人民生命财产安全工作中,有显著成绩;

(4) 在完成本职工作中,恪尽职守,埋头苦干,廉洁奉公,艰苦奋斗,有显著成绩;

(5) 学习文化知识,钻研本职业务,有重大科研成果,为改革人民法院工作作出较大贡献;

(6) 积极参加社会主义精神文明建设,文明办案,有突出事迹;

(7) 正确执行党的路线、方针、政策,模范执行国家法律和司法警察纪律,坚持原则,秉公执法,敢于同违法违纪行为作斗争,表现突出;

(8) 关心群众疾苦,为群众办好事,密切与人民群众的联系,有突出事迹;

(9) 以身作则,深入实际,依靠群众,在执行政策,维持团结,完成任务等方面有显著成绩;

(10) 其他方面有突出成绩或较大贡献。

在具备基本条件的基础上,有上述表现之一的,应当给予奖励。

奖励一般分个人奖励和集体奖励两种:

个人奖励为:嘉奖、三等功、二等功、一等功、二级模范英雄、一级模范英雄。

这些等级的规定,是依据不同的成绩效果来确定的。一般地说,授予二级或一级英雄模范称号的人员,必须是经过较长时间的实践考验,有较高的政治觉悟,在执行任务中,在正确执行党的方针政策和国家法律的过程中,在全国或省级法院系统司法警察中堪称学习的榜样者。

对那些在一定时期的工作中作出突出成绩或有较大贡献的人员，在钻研业务中有重大成果的人员，可以根据其功绩大小给予不同等级的奖励。

对于因执行任务被犯罪分子杀害，为保护国家、集体和人民利益而牺牲的人员，应追授奖励或追认为烈士。

集体奖励分为：嘉奖、三等功、二等功、一等功。集体一般是指科、股、队等基层组织，以及经领导批准的临时工作小组。对集体的奖励，既要注意这个集体在一定时期内的全面表现，也要注意其在某一重大活动或工作中是否作出了突出贡献。

奖励的形式一般可分为定期或不定期两种。定期奖励，即每年年底在总结、评比、考核的基础上对个人、集体进行的奖励。不定期的奖励，主要是对在某些中心工作中，在执行某项重大任务中取得了突出成绩、作出了重大贡献的人员或组织所及时给予的奖励。

一般情况下，个人三等功，集体三等功，应由受奖个人或单位的上一级审批。属于县、州、市法院的司法警察立三等功的，可由县、州、市法院审批。属于省、自治区、直辖市法院和最高人民法院机关的司法警察立三等功的，分别由省、自治区、直辖市法院和最高人民法院审批。个人一、二等功和集体二等功的，由省、自治区、直辖市法院审批，最高人民法院机关的，由最高人民法院审批。一、二级英雄模范和集体一等功的，由最高人民法院审批。个人和集体记功的事迹材料，由审批单位向上一级法院备案。

2. 处分。处分是惩罚的重要形式，一般是指用行政手段对违纪行为的制裁。

处分的范围：一般情况下，人民法院司法警察有下列行为之一者，应根据具体情况，给予处分。

（1）违反党的政策和国家宪法、法律、法令，违反人民法院司法警察纪律的；

（2）在执行任务、同犯罪分子斗争中贻误战机，贪生怕死，临阵脱逃的；

（3）不执行司法警察的任务，不积极履行司法警察职责，消极怠工的；

（4）刑讯逼供、虐待、体罚人犯和收审人员的；

（5）利用职权，贪污受贿，营私舞弊，借执行公务之机侵占他人财物或公共财产的；

（6）有猥亵、调戏妇女等流氓行为的；

（7）复制、传播、收看淫秽录像和其他淫秽物品的；

（8）打击报复、欺压、打骂群众者；

（9）酗酒滋事，无理取闹，败坏法院声誉的；

（10）泄露党和国家机密，泄露法院秘密和案件秘密的；

（11）对武器、警械保管不善造成丢失的；

（12）滥用武器、警械或私自将警服、警械、枪支借给他人的；

（13）对违法、犯罪行为姑息迁就、包庇纵容的；

（14）其他违反纪律应给予处分的。

处分的等级：一般情况下，处分可以分为：①警告；②记过；③记大过；④降级；⑤降职；⑥撤职；⑦开除留用察看；⑧开除。

上述各项处分，均限制在组织纪律的范围之内。触犯刑事法律，构成犯罪的，则要依法受到法律制裁。共产党员、共青团员违反纪律，有时在受到行政处分的同时，还要按照党章、团章的规定，给予必要的党纪、团纪处分。

（三）司法警察奖惩的基本原则

1. 公正评价每个司法警察的是非、功过。要做到奖惩分明，必须把每个司法警察在贯彻执行党的路线、方针、政策和国家法律中的实际表现，作为评判是非、奖惩的主要依据。如果评判的依据不准确，就不可能对每个司法警察作出正确地评价，因而也不可能正确地进行奖励和惩罚。

以功过事实为根据，就是要重证据，重调查研究，从多方面了解事实的全貌，不能偏听偏信，要尊重受奖励和受处分人员的发言权，充分听取他们的意见。对事实的认定，要求全面、完整、正确。作为奖惩的主管部门应杜绝一切个人恩怨、宗派主义、小团体主义及弄虚作假等不正之风对奖惩工作的干扰，客观、公正地反映和评价每个司法警察的功过，根据确切的事实，作出公正的分析和正确的奖惩决定，切忌草率从事。奖励和惩罚都应扎实可靠地以事实为根据，做到奖不虚设，罚不妄加，使奖励和惩罚都能经得起时间的考验。

2. 奖励与惩罚相结合，以奖励为主的原则。奖励与惩罚是相辅相成的两个方面，如果只奖不惩，就会影响奖励的效果；如果只惩不奖，就会削弱惩罚的教育意义。因此，要做到奖励与惩罚相结合，"有功就赏，有过就罚"。但是，从总的方面来说，奖惩工作应以奖励为主，惩罚为辅。

3. 精神奖励与物质奖励相结合，以精神奖励为主的原则。奖励有两种形式，即精神奖励和物质奖励。一般地说，精神奖励主要是给予一定的荣誉；物质奖励主要是给予一定的物质利益。对于司法警察来说，无论是精神上的奖励，还是物质上的奖励，都是一种严肃的政治荣誉。在实行奖励的工作中，两种形式有时结合并用，有时采取其中的一种形式，这要根据具体的情况、需要和条件来决定。在一些场合和情况下，精神奖励比较适用，甚至能起到物质奖励所起不到的作用；在另一些场合或情况下，物质奖励则比较适用，能收到比精神奖励更好的效果。我们在对司法警察奖励的工作中，应当坚持精神奖励和物质奖励相结合，以精神奖励为主的原则。这是因为人民法院的司法警察是为保护人民利益，维护国家法律的尊严，为我国审判事业的发展而服务的。他们以做好自己的工作为荣，对于他们可以较多地采用精神奖励的形式。

4. 教育与处分相结合，以教育为主的原则。惩罚的目的，在于教育和挽救，使之弃旧图新。这就要求在对犯错误的司法警察实行惩罚的时候，要坚持"惩前毖后，治病救人"的方针，反对单纯的惩办主义。对于失职和违反纪律，给工作或人民利益造成损失的同志，应当给予一定的行政纪律处分，即实行惩罚。然而惩罚不是目的，不能单纯地为惩罚而惩罚，惩罚是教育的一种必要手段。在惩罚工作中，必须坚持教育与处分相结合，以教育为主的原则。对于犯了错误的同志，应严肃地进行批评教育，对所犯的错误一定要揭发，并进行认真的批评。批评要摆事实，讲道理，以理服人，不能夸大错误的事实及其性质，要以平等的态度对待犯错误的工作人员，诚恳地帮助他们认识错误、改正错误。

5. 奖励和惩罚要及时、适时。及时、适时奖励，就是除按时奖励外，对那些在完成中心任务或日常工作中，取得优异成绩，作出了重大贡献的人员，也应当在适当时机给予奖励，以鼓舞士气。对于犯错误的人，要一发现问题，就及时处理，及时纠正，把损失和影响减小到最低程度。一般情况下，应规定出一定的时间。

6. 奖励或惩罚要符合实际，恰如其分。对司法警察，主要是根据其一时一事的表现进行奖励或惩罚，既不能以功抵过，也不能以过抵功。

二、司法警察的考核

以几种方法同时并用，相互比较，以保证考核工作的准确性、公正性。

（一）司法警察考核的概念和意义

人民法院司法警察的考核是指各级人民法院按照管辖范围对司法警察的政治素质、工作能力、勤奋精神、工作成绩、职业道德以及性格特征、健康状况等方面作严格的考评、审核，作出是否符合司法警察工作要求的评价。

干部考核是干部管理的重要制度之一。从世界上许多国家的人事制度看，许多国家对考核工作都非常重视。从我国的情况看，我国向来重视干部考核，并在长期的实践中，建立必要的制度，积累了很多有益的经验。尤其是十一届三中全会以来，经过十几年的改革开放，干部考核工作无论在理论上还是在实践上都取得了很大的进展，为干部考核工作的科学化、正规化打下了良好的基础。

司法警察考核的意义在于：

1. 司法警察考核是人民法院对司法警察进行管理的重要环节。考核制度是管理制度的重要组成部分。从我国人民法院司法警察的实际情况看，我国的司法警察制度刚刚起步，各方面的规章制度都有待于进一步完善，在此背景下，对司法警察的考核必然面临着诸多新的问题。所以，我们必须充分认识到考核在对司法警察管理中的地位、作用，在实践中不断发现问题，解决问题，为司法警察管理制度的建立与完善打下基础。

司法警察的考核是司法警察管理工作的重要环节，是各级人民法院为考察了解和正确评价司法警察的思想品德、学识水平、工作能力和工作实绩而经常或定期进行的一项工作，是为了正确地认识和使用干部，更好地贯彻执行党的干部路线和干部政策，为发现人才、选拔人才、使用人才提供真实可靠的依据。不了解每个司法警察干部的全面情况，就很难做到合理使用，也无从培训和提高。对司法警察考核的目的就是为了在正确考察、评价的基础上，做到量才适用，合理分配报酬等，以充分调动司法警察干部的积极性。对司法警察的考核与司法警察的管理的其他环节密切联系，并为司法警察干部的任免、奖惩、调配、使用、培训、工资等方面提供依据。因此，司法警察的考核是司法警察管理工作中不可缺少的一个重要环节，是各级人民法院干部管理部门必须做好的一项工作。

因此，大力加强司法警察的考核工作，努力探索科学的考核方法，对于提高我国人民法院司法警察的管理水平，具有重要意义。

2. 司法警察考核是激励司法警察奋发上进的有效措施。经常对司法警察的工作表现、业务能力、贡献大小进行考核，并根据考核的情况进行奖励、惩罚、升降和使用，对于激励司法警察奋发上进，努力提高工作效率，有着很大的促进作用。通过考核，可以使司法警察了解自己的不足，明确今后努力的方向。司法警察管理部门可以根据考核情况肯定干部的长处，对其提出要求。这不仅有利于帮助司法警察尽职尽责，而且有利于督促和鞭策他们积极工作，奋发上进。所以，在一定意义上可以说对司法警察的考核是奖优罚劣、量才适用所采取的必不可少的手段。

通过考核，可以检验和发现司法警察管理工作中存在的问题，掌握干部队伍的整体素质、结构特点，使司法警察的管理工作不断得到改进，也可以发现司法警察的工作积极性是否调动起来。因此，对司法警察的考核、管理与调动司法警察的工作积极性可以互相促进，相得益彰。

3. 司法警察考核是发现人才、选拔人才的基本方法。通过对司法警察的考核，可以实事求是地评价干部的工作实绩、业务水平、工作态度等，从而为正确地识别每个司法警察的优劣，掌握每个司法警察的长处、特点打下基础，有利于发现人才。此外，司法警察考核可以为人才成长创造一个较好的环境。考核作为一项制度规定下来，能够激励司法警察刻苦钻研业务，努力提高工作能力，尽力施展各自的才能，从而为优秀人才的成长创造理想的环境。

（二）司法警察考核的基本原则

1. 坚持实事求是的原则。司法警察的考核必须坚持实事求是的原则。能否坚持实事求是，直接关系到司法警察考核工作的成败，并影响到司法警察的管理。司法警察的考核如果违反了实事求是的原则，不仅会使考核的结果失去真实性、正确性，而且使考核的价值也完全丧失。坚持实事求是的原则，需要做到以下几个方面：

（1）必须明确考核的指导思想。考核司法警察不应仅仅考察司法警察一般情况，更应着眼于司法警察自身存在的积极因素，发现其内在的潜力，并将其充分发掘出来，做到人尽其才，才尽其用，以便充分调动每个司法警察的积极性。

（2）要用辩证的观点和历史的观点去考核。在对司法警察进行考核的时候，就不能对每个人都适用一个模式。我们必须认识到每个人在与社会相互联系、相互作用的过程中，会出现千差万别的情况，并用辩证的观点处理好本质和现象、形式和内容、原因和结果的关系，辩证地、历史地加以分析，然后得出客观、公正的结论。在考核每位司法警察的时候，必须从实际情况出发，实事求是地进行分析，切忌主观臆断或用静止的形而上学的观点去考核、评价每位司法警察。

（3）坚持公道、正派地考核、评价。公道、正派是每位考核者都必须具备的品德。对各种意见，包括与自己想法不同的意见，都要认真地进行了解、分析。对于重大的问题、原则性的问题，更应反复了解，认真核实，直到得出客观、正确的判断。要坚决反对带着主观片面的想象去考核的错误做法。在分析、评价每位司法警察时，要特别注意避免在大量的繁杂的情况中，为了某一问题而断章取义，甚至隐瞒情况。各级人民法院领导和司法警察管理部门在考核、评价每位司法警察时，要排除一切干扰，坚持实事求是的原则，客观、全面、真实地评价每个同志。用主观想象代替考察了解，用道听途说代替事实根据，用感情、偏见代替政策法规，这都是考核工作中必须克服的重要问题。

2. 坚持多层次考核的原则。多层次考核，包括领导评定、同级评定、下级评定、自我评定等。作为被考核者的上级，不仅可以对每个下级的工作质量、思想状况和能力水平等有清楚的了解，而且可以通过下级之间的相互比较，对被考核者提出更全面的评价。被考核者的同级或下级因为与被考核者朝夕相处，不仅了解他的长处、短处，而且对某些细节都有所了解，能反映出一个人的思想水平、工作能力、态度。自我评定是考核者本人实事求是对自身的评价，它可以作为组织考核的参考。多层次考核的目的在于把考核工作做深、做细，通过大量的深入细致的考察、了解，广泛听取各方面的意见，全面了解被考核者的情况，以便对每个司法警察作出全面、公正、准确的评价。

3. 坚持严格考核的原则。严格考核主要是指：其一，明确而严格的考核标准，即考核要素和具体标准必须明确、客观、合理；其二，灵活而严格的考核方法；其三，严肃认真的考核态度，即考核的思想必须端正，态度必须严肃认真，避免敷衍了事、不负责任的态度。只有这样，才能提高司法警察的素质，巩固和发展考核制度。

（三）司法警察考核的内容

司法警察考核主要考核德、能、勤、绩、廉五个方面。

德，主要是指思想政治素质。坚持四项基本原则，坚持党的路线、方针、政策，要求每位司法警察有高度的职责神圣感，有和犯罪分子进行殊死搏斗的大无畏英雄气概，把保护人民的利益，维护国家法律的尊严作为自己的光荣使命，并在新的形势下，从自身做起，慎独自爱，自觉抵制糖衣炮弹的攻击，保持廉洁自律，反对贪污腐败。

能，主要是指胜任本职工作，完成一定任务所具备的能力。对于司法警察来说，政策水平，业务能力，分析判断能力等显得尤为重要。司法警察的工作成绩、效率，是其业务能力、政策水平的具体表现，也是司法警察考核的重要内容。

勤，主要是指勤奋精神。它主要涉及四个方面，即纪律性、积极性、责任感、出勤率。

绩，主要是指工作的数量和质量，也就是工作的实绩。它主要涉及规定任务的完成情况，创造性、开拓性、工作效率等。

廉，主要是指廉洁自律的情况。它主要涉及以下几个方面：司法警察是否严格遵守党和国家廉洁从政的有关规定；是否廉洁奉公，忠于职守，有无利用职务或职权上的影响谋取不正当利益的行为；是否严格遵守公共财物管理的规定，有无假公济私，化公为私的行为；是否艰苦奋斗，勤俭节约，有无讲排场、比阔气、挥霍公款、铺张浪费的行为等。对司法警察中的领导成员，还要考核其是否严格遵守干部廉洁从政和廉洁自律的有关规定；是否遵守组织人事纪律，有无借选拔任用干部之机谋取私利，搞用人上的不正之风的行为等。

对司法警察的考核，还要强调心理素质的考核。因为人民法院司法警察的职业性质有其特殊性：从工作方面说，要配合法官做好审判工作；从接触对象上说，要经常与刑事犯罪分子、经济犯罪分子打交道。这样，对司法警察的性格特点、感情控制力、应变能力、决断能力等心理方面的素质就不能不作为司法警察考核的内容之一。

（四）司法警察考核的分类及方法

1. 司法警察考核的分类。

（1）根据考核的时间，可以把考核分为定期考核与不定期考核。

（2）根据考核的内容，可以把考核分为工作成绩考核，工作态度考核，学历、经历考核（包括法律知识考核），性格考核等。

（3）根据考核的集中程度，可以把考核分为集中考核、分散考核以及集散混合考核。

（4）根据考核的目的和作用，可以把考核分为例行考核、晋升考核、转正考核和评定警衔考核等。

（5）根据考核的主体，可以把考核划分为上级考核、自我考核、同事考核、下级考核。

2. 司法警察考核的方法。

（1）定性定量考核法。使用定性定量考核法考核司法警察，有以下几个特点。其一，它以标准化的等级测量表为工具对每个司法警察进行评价，让测评人根据对被测评对象情况的了解，对照测评表，评定被测评人各项素质的等级和水平。它有利于司法警察管理部门客观、全面地分析每一个干部。其二，它要求有一定数量的各种层次的人参加评定。这样既有利于充分发扬民主，广泛听取群众意见，又有利于从多种角度了解被考核的司法警察的全面情况，防止评价结果片面、失实。其三，它有利于从司法警察管理部门大量掌握情况，提高考核效率，发现、培训和使用优秀人才。

测评主要有四个步骤：

准备阶段。包括思想发动，向被考核的对象讲明测评的目的、意义。

测评阶段。测评工作最好在规定的时间、地点统一进行。评定人应独立完成评定工作，不互相交谈和观看。测评分为自我测评和组织测评。自我测评，即被测评的对象根据《测评表》自我分析；组织测评，即司法警察管理部门根据对被考核对象的日常考察，进行评定；领导测评，即被考核者的直接领导人以及其他熟悉情况的本单位和上级院司法警察管理部门的领导人进行评定；群众测评，即由熟悉被考核者的下级和同级若干人参加的评定。

原始数据处理阶段。可以将测评的结果输入计算机并且计算出司法警察个体或群体在每一项目中的得分平均数等基本数据，然后描绘出反映司法警察个体和总体状况的各种图表。

分析汇总阶段。根据计算机提供的数据和图表进行进一步分析研究，如对一个法警的全面分析或对其发展潜力的预测分析等等，这些分析结果可以用各种图表表现出来，也可以用文字加以说明。

（2）考试评议法。考试是检查被考核者专业理论的重要手段。考试一般分为口试和笔试两种。通过考试不仅可以广泛地发现人才，而且能够优胜劣汰。

评议就是采用多种方法征求有关人员对被考核人员的意见，并组织进行分析、讨论，最后作出公平、正确的评价。

在实践中，根据考核的需要，考试和评议两者可以分开使用，也可以结合起来，但无论采取哪种方式，都需要事先了解司法警察的全面业务情况，以避免评议结果的片面性。

（3）臆断考核法。臆断考核法是一种凭领导者个人的判断来评定其下属的司法警察的优劣的考核方法。其优点是简便易行，因为领导者一般情况下对自己的下属比较了解。缺点是这种考核全凭领导者个人的感觉、印象来判断，缺乏客观标准，有时不能保证考核结果的公平合理。

（4）工作标准法。工作标准法主要是根据司法警察的工作性质制定相应的工作标准，以此去衡量被考核者工作的优劣。这种方法有明确而具体的客观标准，比较公平合理。

（5）代表比较法。代表比较法是根据考核的目的、考核的要素，并确定每一个考核要素在整个考核中所占的比重，然后从被考核的司法警察中选出几名代表人物，分别代表各要素的一定等级（或分数），再按照各要素的顺序，把每一名别考核者与这些代表任务相比较，看被考核者与哪一类的代表任务最接近，就把他评定为与该任务相同等级（或分数）。代表任务比较法以具体、熟悉的任务为标准，因而比较直观，容易评定。但是，选择和确定合适的代表任务本身却是一件难度很大的工作。

总之，在考核司法警察时，要根据司法警察工作的性质，考核的目的等，选择合适的考核方法。

三、司法警察的晋升

（一）坚持德才兼备

德，即符合革命化的要求，这是考核、晋升和使用司法警察的首要条件。德主要包括是否认真学习党的基本路线、方针、政策；是否具有为人民服务的精神；是否努力学习邓小平理论、"三个代表"重要思想；是否遵纪守法，自觉维护国家和群众的利益；是否忠于职守等。

才，是指要具有担负某一项职务或履行某一职责的知识、才干和能力，即要符合知识化、专业化的要求。

（二）重学历，不惟学历，注重实际工作能力

一个人的知识水平往往与其学历直接相关，学历能反映一个人所受的教育程度和知识水平。但学历的高低与实际工作能力的强弱是有差别的。因此，在晋升、使用司法警察时，重学历但不惟学历，注重其实际工作能力。一个司法警察的实际工作能力如何，要在司法工作实践中检验，并依靠群众鉴别和评议，才能得出正确的结论。

（三）鼓励竞争，注重实效

在机会均等的条件下，司法警察公开参与竞争，这是进取心的表现，应给予鼓励和支持。在晋升、使用司法警察时，要贯彻公开、民主的监督原则，在广泛听取群众意见的基础上，着重看每个司法警察的工作成绩和贡献大小，择优晋升、使用。

（四）任人唯贤

晋升任用司法警察，要兼顾其才干和实绩，量才为主，切忌任人唯亲，嫉贤妒能和思想僵化。只有这样，才能使每位司法警察才适其能、各展所能，避免小才大用、庸才重用。当然对司法警察的晋升任用，也不能求全责备、吹毛求疵，而是要用其所长、扬长避短。

第四节　司法警察教育训练

一、司法警察教育训练的概念

一般而言，训练是指一种有组织地将知识、技能、标准、信息、管理等进行传递的活动。

司法警察教育训练是指为了造就一支对党忠诚、服务人民、执法公正、纪律严明的司法警察队伍，不断提高人民法院司法警察保障庭审安全的能力、执行生效判决的能力、处置突发事件的能力，促进司法警察队伍的革命化、正规化、专业化和职业化建设，有组织地对司法警察进行理论知识、专业技能和职业精神等方面的教育训练活动。司法警察教育训练的含义包含以下几方面内容：

1. 司法警察教育训练的目的。司法警察教育训练的目的是为了造就一支政治素质高、业务能力强、职业技能精的高素质的司法警察队伍，切实担负起保障人民法院审判与执行工作顺利进行的艰巨使命。

2. 司法警察教育训练的任务。司法警察教育训练的基本任务是掌握司法警察基础理论，增强基本体能，提高基本技能和专业技能，培养司法警察严明的纪律、坚强的意志、优良的作风。

3. 司法警察教育训练的内容。司法警察教育训练的内容应根据训练对象的岗位工作需求确定，一般包括：基础理论（思想政治理论、专业基本知识、有关法律法规、有关制度规定等内容）、基本体能与技能（体能、队列、警械具使用、擒拿格斗、警用武器使用、心理应激、创伤急救、计算机基本操作与应用、警用车辆驾驶技术和信息化运用能力等）、专业技能（押解、看管、值庭、安全检查、配合执行、强制措施运用、机关安保及涉诉信访应急处置等）和职业精神（职业价值认识、职业态度、职业道德与操守等）。

二、司法警察教育训练的基本内容

司法警察教育训练的基本内容包括基础理论的教育、基本技能的训练和专业技能的训练三部分。

(一) 司法警察基础理论的教育

1. 习近平新时代中国特色社会主义思想的教育。深入学习马克思列宁主义、毛泽东思想、邓小平理论、"三个代表"重要思想和科学发展观、习近平新时代中国特色社会主义思想，深刻领会核心要义和精神实质，严明政治纪律和政治规矩，增强辨别大是大非问题的本领，把守纪律、讲规矩摆在更加重要的位置。深刻领会其中蕴含的丰富的辩证唯物主义和历史唯物主义思想，提高战略思维、创新思维、辩证思维、底线思维能力，以高度的责任感和使命感，扎实做好各项工作，努力推动国家事业和人民事业不断向前发展。引导司法警察深入理解精神实质和思想精髓，掌握基本原理和科学体系，深化对共产党执政规律、社会主义建设规律、人类社会发展规律的认识，坚定对马克思主义的信仰、对社会主义和共产主义的信念，增强运用马克思主义立场、观点、方法分析解决问题的能力；引导司法警察深刻领会中国特色社会主义的科学内涵，准确把握夺取中国特色社会主义新胜利的基本要求，增强中国特色社会主义道路自信、理论自信、制度自信、文化自信，矢志不渝为中国特色社会主义共同理想而奋斗。

2. 党性党风党纪、党史国史和反腐倡廉的教育。加强党章学习教育，引导广大司法警察把党章作为加强党性修养的根本标准，自觉遵守党章、贯彻党章、维护党章。加强党的纪律特别是政治纪律教育，引导司法警察坚持党的基本理论、基本路线，在思想上、政治上、行动上始终同党中央保持高度一致，引导司法警察树立牢固正确的世界观、权力观、事业观，增强宗旨意识和公仆意识。

加强党史国史特别是党领导人民的奋斗史、创业史、改革开放史教育，帮助司法警察了解党和国家事业发展的来龙去脉，深刻认识党的两个历史问题决议总结的经验教训，切实做到知史爱党、知史爱国，引导司法警察增强忧患意识、使命意识。

加强反腐倡廉教育，引导司法警察保持廉洁操守，筑牢拒腐防变思想防线，提高抵御腐败风险的能力。

3. 社会主义核心价值观和职业道德的教育。组织广大司法警察深入学习社会主义核心价值观，引导他们把握其科学内涵和实践要求，自觉转化为精神信仰，自觉践行社会主义核心价值观，努力做守纪律、讲规矩、敢担当、重实干的模范。

加强中国特色社会主义共同理想教育，开展民族精神和时代精神教育，引导广大司法警察牢记责任、敢于担当、坚持与时俱进、改革创新。

加强社会主义道德和司法警察职业道德教育，通过先进典型和道德模范现身说法等方式，引导司法警察模范践行社会主义荣辱观，讲党性、重品行、作表率，自觉做社会主义道德的示范者、诚信风尚的引领者和公平正义的维护者。

4. 社会主义法治理念和依法治国基本方略的教育。社会主义法治理念的内容可概括为依法治国、执法为民、公平正义、服务大局、党的领导五个方面。依法治国是社会主义法治的核心内容，执法为民是社会主义法治的本质要求，公平正义是社会主义法治的价值追求，服务大局是社会主义法治的重要使命，党的领导是社会主义法治的根本保证。全面推进依法治国是坚持和发展中国特色社会主义的本质要求和重要保障，是实现国家治理体系和治理能力现代化的必然要求，事关我们党执政兴国，事关人民幸福安康，事关党和国家长治久安。

开展社会主义法治理念和依法治国基本方略的教育，引导广大司法警察深刻领会依法治国理念的内涵，把维护社会公平正义作为政法干警的首要价值追求，坚持严格执法、公正司法，从实体、程序和时效上充分体现维护社会公平正义的要求，牢固树立依法治国的理念，切实严格依法履行职责、行使职权，肩负起社会主义法治国家建设者、实践者的重任。

5. 司法警察基础知识的教育。加强有关人民法院司法警察的性质、地位、作用、职责、职权和任务等基本知识的学习，明确司法警察的职责、职权和任务，提高司法警察的责任意识、使命意识。

6. 法律法规和制度的教育。人民法院司法警察是依据法律、法规或上级机关的决定、命令，依法履行职权的执法人员。加强对司法警察进行《宪法》《刑事诉讼法》《民事诉讼法》《人民警察法》等法律，以及《司法警察条例》《刑事审判警务保障工作规则》《安全检查规则》《预防和处置突发事件规则》《执法细则》等规则和制度的教育，引导广大司法警察做遵法、学法、守法、用法的模范、严格执法的表率，学会运用法治思维和法治方式想问题、作决策、抓落实，养成依法决策、依法办事的职业素养，切实增强法治观念，坚持严格执法、规范执法，模范遵守法律，自觉接受监督，切实维护法律的权威和尊严，切实肩负起推进法治建设的历史重任。

（二）司法警察基本技能的训练

1.基本体能训练。体能素质是警察基本业务素质的重要内容之一。体能是衡量司法警察体质强弱和健康水平的重要指标之一，体能训练是增强司法警察体质的基础训练，有助于司法警察保持强健的体魄，也是组成司法警察战斗力的物质基础。强化司法警察以力量、速度、耐力、柔韧和协调等为主体的基本体能训练，引导广大司法警察掌握动作要领，锻炼身体，增强基本体能，适应执勤需要，增强司法警务保障能力。

认真落实训练大纲，实现全体司法警察体能达标。为进一步增强司法警察身体素质、磨炼坚强意志、培养优良作风、提升履职能力，以全国法院开展司法警察体能达标活动为契机，认真贯彻落实《人民法院司法警察训练大纲》，依照科学训练、注重实效、严格考核的要求，采取个人自练、集体同练、考核演练等多种形式，开展全体司法警察体能达标训练，全面提升司法警察体能素质，努力打造一支拉得出、冲得上、打得赢的司法警察队伍。

2.基本技能训练。基本技能是司法警察素质的重要组成部分，基本技能训练是司法警察训练内容的重要组成部分，也是司法警察能够顺利履行各项职责的切实保障。基本技能也被称为执法基础技能，人民法院司法警察基本技能训练内容主要包括：队列训练、擒拿格斗训练、警用器械使用训练、警用武器使用训练、心理应激训练、创伤急救训练、警用车辆驾驶训练和信息化运用能力训练等。基本技能训练包括以下几个方面：

（1）队列训练。队列训练是司法警察基本技能训练的基础，也是司法警察精神面貌的一种表现。通过严格的队列训练，培养服从命令、听从指挥的组织纪律性和行动迅速、吃苦耐劳的优良作风，养成姿态端正、警容严整的良好习惯，以增强战斗力。

（2）擒拿格斗训练。擒拿格斗训练主要包括擒敌拳和摔擒技术训练。擒敌拳是擒敌技术主要动作的单人综合训练和集体训练；摔擒技术训练是从实战出发，通过训练掌握动作要领，达到迅速制服对手的目的。通过擒拿格斗训练，使广大司法警察了解人体关节要害部位及其功能和弱点，掌握格斗要领，提高攻击和防护能力，增强司法警务的突发事件处置能力。

（3）警用器械使用训练。警用器械是指司法警察按照规定装备的手铐、警棍、盾牌、应急棍、催泪喷射器、网枪、脚镣、警绳、执法记录仪、防爆枪、防爆桶、排爆服、搜爆服、防火服、防火毯、防弹头盔、防暴头盔、防弹背心、防刺背心、防割手套、防沾染隔离服、警戒带等。通过警用器械使用技能训练，引导广大司法警察掌握警用器械的使用、维护、保养方法，熟悉要领，提高依法履行职责的能力。

随着科学技术的发展，警用器械也在不断更新，操作要求和科技含量都在提高。因此，应适时更新警用器械的训练内容，适应形势，满足履职需求。

（4）警用武器使用训练。武器是指人民警察按照规定装备的枪支、弹药等致命性警用武器。司法警察应熟练掌握警用武器使用的法律依据和射击原理，警用武器佩戴、保管、使用等方法。首先，应当学习《中华人民共和国人民警察使用警械和武器条例》有关使用武器的条件和基本要求；其次，熟悉警用武器的结构并能熟练地进行分解、结合，同时掌握警用武器保管、擦拭、检查及故障排除的方法；最后，在进行实弹射击训练时要严格遵守射击场的组织和安全规则。

（5）创伤急救技能训练。司法警察在执行警务工作中，时有发生被告人因自伤、自残或其他原因引起创伤的情形，以及在制止不法行为时，司法警察自身受到创伤的情况。

通过创伤急救知识和技能的训练，使广大司法警察了解一般卫生常识，养成良好的卫生习惯，提高创伤急救的意识和增强急救的技能，能处理一般创伤及常见病、多发病，学会自救互救，及时有效地防止有关创伤事态的扩大。

（6）心理应激训练。司法警察在执行死刑、处置突发事件等工作中会产生不同程度的应激反应，掌握相应的应激管理技术是司法警察必备的素质之一，也是预防和减少心理疾病的重要措施之一。

心理应激训练主要包括心理健康常识、应激反应评估、应激源常识、应激管理技术等内容。通过心理应激训练，使司法警察掌握应激事件事前、事中、事后的具体应激管理技术，提高其基础心理素质和心理健康水平，在执行死刑和处置各种突发事件时从生理、思维、情感和行为方面做出适当的调整,确保工作的顺利进行,避免心理疾病的产生。

(7)警用车辆驾驶训练。警用车辆驾驶是司法警察执行警务工作的一项基础技能,也是安全、高效执行警务工作的重要手段。通过警用车辆基本知识学习和驾驶技能训练,掌握驾驶动作要领及驾驶技术,确保行车安全,更好地为执行警务工作提供必要的保障。

(8)信息化运用能力训练。随着法院审判执行工作信息化、智能化的不断推进,需要积极开展信息化、智能化技术应用能力的训练,切实提高广大司法警察现代信息技术意识,熟练掌握和使用计算机、互联网、通信网络等能力,自觉运用网上办案、网上办公、信息公开等信息化平台开展司法警务工作和创新队伍管理。

(三)司法警察专业技能的训练

司法警察掌握相关执行警务工作的政策、规定以及与司法警察职能履行相关的专业知识,熟悉各项职能履行的组织实施方法,具备处置突发事件的基本知识和能力,是司法警察全面准确履行职责的重要方面。

司法警察专业技能的训练主要包括押解、看管、值庭、安全检查、配合执行、执行死刑、强制措施运用等方面。

1. 押解技能训练。通过押解技能的训练,规范人民法院司法警察押解工作,使司法警察掌握《刑事审判警务保障工作规则》《执法细则》等规范中有关押解的规定,明确押解人员的职责职权,熟悉各类押解的组织实施方法和要求,掌握押解中各类突发情况处置的原则、方法和措施,提高押解中突发事件的应对处置能力,保障人民法院刑事审判工作的顺利进行。

2. 看管技能训练。通过看管技能的训练,规范人民法院司法警察看管工作,使司法警察掌握《刑事审判警务保障工作规则》《执法细则》等规范中有关看管的规定,明确看管人员的职责职权,熟悉看管的组织实施方法和要求,掌握看管中各类突发情况处置的原则、方法和措施,提高看管中突发事件的应对处置能力,保障人民法院审判工作的顺利开展。

3. 值庭技能训练。通过值庭技能的训练,规范人民法院司法警察的值庭活动,使司法警察掌握《刑事审判警务保障工作规则》《执法细则》等规范中有关值庭的规定,明确值庭人员的职责职权,熟悉值庭的组织实施方法和要求,掌握值庭中各类突发情况处置的原则、方法和措施,提高值庭中突发事件的应对处置能力，保证人民法院审判工作的顺利进行。

4. 安全检查技能训练。通过安全检查技能的训练，规范人民法院司法警察的安全检查工作，使司法警察掌握《安全检查规则》《刑事审判警务保障工作规则》《执法细则》等规范中有关安全检查的规定，明确安全检查人员的职责职权、安全检查的原则和要求，熟悉安全检查的组织实施方法和要求，熟悉报警系统、安全防范监控系统、身份识别智能管理系统、防冲击防冲撞设施、防暴（爆）、防护器材、车底检查镜、危险液体检查仪、爆炸物品探测仪等安全防范装备的使用、维护和保养方法，掌握安全检查中各类突发情况处置的原则、方法和措施，提高安全检查中突发事件的应对处置能力，保障人民法院审判活动的正常进行。

5. 配合执行技能训练。通过配合执行技能的训练，规范人民法院司法警察的配合执行工作，使司法警察了解配合执行相关知识，明确配合执行的内容、职责职权、原则和要求，熟悉配合执行的组织实施方法和要求，掌握配合执行中各类突发情况处置的原则、方法和措施，提高配合执行中突发事件的应对处置能力，保障人民法院执行活动的顺利进行。

6. 执行死刑技能训练。通过执行死刑技能的训练，规范人民法院司法警察的执行死刑工作，使司法警察了解执行死刑的方式，掌握执行死刑的相关规定，熟悉执行死刑的组织实施方法和要求，提高执行死刑中各类突发事件的应对处置能力，保障执行死刑工作的顺利进行。

7. 强制措施运用技能训练。通过强制措施运用技能的训练，规范人民法院司法警察对强制措施的实施，使司法警察了解强制措施的种类，掌握采取强制措施的原则、组织程序及内容，熟悉强制措施的适用范围及组织实施方法，提高采取强制措施中各类突发事件的应对处置能力，保障人民法院诉讼活动的顺利进行。

8. 应急处置能力训练。通过应急处置能力的训练，规范人民法院司法警察有关机关安保和涉诉信访应急处置的实施，使司法警察了解机关安保和涉诉信访应急处置工作的原则和要求，熟悉机关安保和涉诉信访应急处置的组织实施方法、一般要求和技能，熟悉各类问题的处置方法，提高机关安保和涉诉信访中各类突发事件的应对处置能力，保障人民法院机关和涉诉信访场所的安全。

三、司法警察教育训练的组织与实施

（一）司法警察教育训练的组织管理

司法警察教育训练管理体制作为司法警察组织管理体制组成部分之一，它的确立取决于司法警察队伍管理体制，并以司法警察队伍管理体制为前提和依据。

我国人民法院司法警察队伍教育训练的管理体制是：全国法院司法警察教育训练工作实行在最高人民法院党组领导下，由最高人民法院政治部主管，最高人民法院政治部司法警察管理局具体负责，最高人民法院和地方各级人民法院实行统一管理、统一规划、归口负责、分级实施。

最高人民法院统一管理全国法院的司法警察教育训练工作，地方各级人民法院管理本辖区的司法警察教育训练工作。全国各级法院实行分层次培训机制，落实"高级法院抓专项训练，中级法院抓集中强化训练，基层法院抓日常训练"的分级训练制度。最高人民法院、高级人民法院教育培训主管部门负责司法警察教育训练的规划、管理和协调工作。中级人民法院和基层人民法院教育培训主管部门负责组织落实上级法院部署的各项教育训练任务，并根据工作需要组织实施本辖区司法警察的教育训练工作。通过有计划地组织实施教育训练，有助于司法警察的知识结构、专业素养与其所承担的职责相适应。

1. 最高人民法院政治部司法警察管理局。最高人民法院政治部司法警察管理局主要职责是：制定全国法院司法警察训练工作规章制度，编写训练大纲和训练教材；规划、部署、指导、检查全国法院司法警察训练工作；组织全国法院司法警察部门领导、教练员骨干和高级警官警衔培训；组织本级法院司法警察部门训练工作，建立健全司法警察训练档案。

2. 高级人民法院司法警察总队。高级人民法院司法警察总队主要职责是：组织、指导、检查、考核辖区法院司法警察训练工作，部署年度训练任务，编写司法警察训练辅助教材。每年召开一次训练工作会议、组织一次考核验收，每两年组织一次调警演练；适时组织阅警式、专业技能比武等活动；制定辖区法院司法警察年度训练经费标准，监督训练经费、器材、装备等计划的落实；组织辖区法院司法警察部门领导、教练员骨干、初任司法警察和晋

升警督、警司警衔人员培训；组织本级法院司法警察部门训练工作，建立健全司法警察训练档案。

3. 中级人民法院司法警察支队。中级人民法院司法警察支队主要职责是：组织、指导、检查、考核辖区法院司法警察训练工作，部署落实年度训练任务。每半年召开一次训练工作会议，每年组织一次考核验收；适时组织会操、专业技能竞赛、比武等活动；检查辖区法院司法警察训练保障工作，定期上报辖区法院司法警察训练任务落实情况；组织辖区法院司法警察骨干轮训；组织本级法院司法警察部门训练工作，建立健全司法警察训练档案。

4. 基层人民法院司法警察大队。基层人民法院司法警察大队主要职责是：组织实施本级法院司法警察部门训练工作，统计、上报训练任务落实情况，拟定本级法院司法警察训练进度表，建立健全司法警察训练档案。每季度召开一次训练工作会议，年中组织一次单项考核，年底组织一次全面考核；管理使用训练器材、教材；组织实施补训、复训和岗位练兵工作。

(二) 司法警察教育训练的组织实施

司法警察教育训练组织实施的基本要求有：

1. 加强训练组织管理，贯彻落实"三个必训"制度。认真落实"三个必训"，即结合司法警察准入制度，实施首任和上岗必训；结合司法警察任职资格制度，实施职务和警衔晋升必训；实施司法警察年度训练，以促进"三个必训"制度与人事管理制度的紧密结合，形成教育训练与晋升、育人与用人一体化的机制。实施司法警察训练管理激励约束机制，建立教育训练目标责任制度、考核评估制度、奖惩制度、训练手册和档案管理制度等。

2. 创新训练组织形式，形成经常性的训练制度。以集中训练为主，积极探索和实践战训合一、轮训轮值的科学训练模式，采取先理论后操作、先基础后战术、先模拟后实战等方法，使基础训练与专业训练、单兵训练与分队训练、模拟训练与实战训练有机结合，有效提升各级警队实战能力。制定年度训练计划，因地制宜推行岗位练警制度。结合岗位实际，广泛开展自学自练，保证每周有必要的专门时间进行训练。

3. 转变教育训练理念，突出教育训练内容的重点。积极推动教育训练从领导干部向全体司法警察、从专项集训向制度化经常化、从传统模式向信息手段转变，增强专业知识、业务技能、体能素质和灵活应对各种突发事件的训练，增强教育训练内容的针对性和时效性，提高教育训练质量。按照"贴近实战、从严从难"的要求，以体能训练为基础，以岗位练兵为载体、以规范执法为手段，以大比武为平台，以能力生成为目标，以警务需要为导向，以服务实战为根本，高起点、高标准抓好基础科目和技能实战化训练，严要求抓好作风纪律养成，实现体能素质、警务技能、执法水平"三个提高"，为审判执行工作顺利开展奠定坚定的基础。

4. 落实评估制度，健全训练激励约束机制。健全培训管理制度，建立目标责任制度、考核评估制度、奖惩制度、训练手册和档案管理制度等，把落实教育训练情况纳入法院目标考核和司法警察部门绩效考核，确保教育训练工作扎实有序开展。定期对中长期计划、年度计划、训练保障、练兵效果等训练情况进行评估，落实奖惩措施；训练不达标的单位，不能参加立功、评优，并要限期纠正；对在训练中涌现出的先进单位和个人，应予以表彰奖励，以充分调动广大司法警察的练兵积极性。

5. 抓好典型示范，引领和推动训练工作。紧密结合职能履行，组织开展司法警察体能达标训练、规范执法活动、岗位大练兵、警务技能大比武活动等教育训练活动，切实做到以赛促练，以练推动职能履行的规范化。善于发现培养先进典型，充分发挥典型的示范、引路作用。要通过严格周密的考核，发现亮点，培植典型，树立一批勤学苦练、业务精通、技能过硬、作风优良的司法警察训练标兵能手和开拓创新、组织有力、成果突出的集体典型，要及时总结、宣传、推广先进经验，促进点上探索与面上普及的有机结合，以点带面，推动全局。

人民法院司法警察教育训练工作坚持从法院工作和队伍建设实际需要出发，坚持面向实战、讲究实用、追求实效。教育训练基本形式有：

(1) 集中训练。从实际需要出发，以问题为导向，以基层一线司法警察为重点，组织开展多层次递进式的司法警察集中训练，强化警务实战技能训练。严把新警入口关、业务知识关和体能技能关，以体能达标制度和执法资格考试制度为抓手，以提升实战能力为目标，不断完善新警培训和司法警察日常培训机制，层层把住司法警察素质关口。

(2) 岗位练兵。在基层法院推行挤出"小段时间"、利用"小块场地"、使用"小型器材"、开展"小型训练"、举办"小型竞赛"等岗位练兵形式；

充分发挥训练骨干和教练员的作用,采取"法警教法警""1+1"师徒结对、业务能手点评授课等方式,组织司法警察立足岗位"以勤代训""以案代训",开展实施保障刑事案件审判、民事案件审判、配合执行、实施安全检查、协助机关安全和涉诉信访应急处置等警务的岗位练兵活动,实现实战技能每周必练、实战案例及时点评、实战体会定期交流、实战效果动态考核。常态化开展警体达标活动,强化训练,增强司法警察体能素质。

(3) 网上训练。依托全国法院法官培训网系统升级改造和普及应用,录制各种符合司法警察专业特点的视频教学课程,补充完善学习资料和专业知识题库,充分发挥网上学习时间安排、内容选择的自主性优势,探索建立训练电子管理模块,跟踪司法警察的网上学习效果。基层人民法院司法警察部门把利用网络训练平台开展自学自练作为岗位练兵的有效补充,以信息化手段促进训练常态化开展。

司法警察教育训练组织实施的主要内容,可以分为:制定计划、组织实施和质量评估三项内容。

思考题

1. 人民法院司法警察部门的职能有哪些?
2. 对人民法院司法警察的奖惩有哪些举措?
3. 如何理解我国人民法院司法警察实行"编队管理,双重领导"组织管理体制?
4. 如何对法院司法警察进行考核?
5. 人民法院司法警察教育训练基本内容有哪些?

材料分析

据南通经济技术开发区法院官微2018年6月26日发布的情况说明,当天10时,该院刑事审判庭拟对马某某等三名涉嫌贩卖毒品罪的被告人进行宣判。9时40分许,正在候审的被告人马某某提出要上厕所,未经法警准许突然冲出法庭,并迅速从二楼跳窗逃跑。该院立即组织搜捕,同时报告区公安分局。

经初步核查，马某某脱逃事件系该院司法安全保障管理不到位，重大刑事案件押解看管警力调配不足，执勤法警思想麻痹、安全意识淡薄，违反司法警察押解、看管、警械具使用规定等原因造成。

问题：请结合本章所学内容，该院法警大队大队长可能会受到哪些惩处？

第九章　司法警察职务、职级序列与警衔管理

学习目标

通过本章学习，了解我国公务员、人民法院司法警察的职务、职级与警衔的相关知识，掌握人民法院司法警察职务序列的设置、警衔的概念、警衔的等级与变动；理解司法警察职务、职级与警衔变动的内在关系。

重点提示

司法警察的职务序列设置　司法警察的职级序列设置　司法警察的警衔等级　司法警察的警衔变动　司法警察的警衔晋升

第一节　司法警察的职务、职级序列

一、公务员职务、职级序列的概念

公务员职务、职级序列是指依据岗位责任轻重、工作繁简难易程度、任职资格条件的不同，将公务员职务自高至低区分为不同的职务层次，使之形成完整的层级结构。担任领导职位的实行职务序列，担任非领导职位的实行职级序列。职务、职级序列的设置与管理是公务员管理的重要内容。

《公务员法》第 16 条规定，国家实行公务员职位分类制度。公务员职位类别按照公务员职位的性质、特点和管理需要，划分为综合管理类、专业技术类和行政执法类等类别。根据本法，对于具有职位特殊性，需要单独管理的，可以增设其他职位类别。各职位类别的适用范围由国家另行规定。第 17 条规定，国家实行公务员职务与职级并行制度，根据公务员职位类别和职责设置公务员领导职务、职级序列。第 18 条规定，公务员领导职务根据宪法、有关法律和机构规格设置。领导职务包括国家级正职、国家级副职、省部级

正职、省部级副职、厅局级正职、厅局级副职、县处级正职、县处级副职、乡科级正职、乡科级副职。第19条规定，公务员职级在厅局级以下设置。综合管理类公务员职级序列分为：一级巡视员、二级巡视员、一级调研员、二级调研员、三级调研员、四级调研员、一级主任科员、二级主任科员、三级主任科员、四级主任科员、一级科员、二级科员。综合管理类以外其他职位类别公务员的职级序列，根据本法由国家另行规定。这些规定为司法警察职务序列的设置与管理提供了法律依据。

二、司法警察实行警察职务序列的意义

2012年中共中央组织部、最高人民法院、最高人民检察院联合签发《关于人民法院、人民检察院司法警察参照公安机关实行单独警察职务序列的意见》，明确人民法院、人民检察院司法警察实行警察职务序列，对推进人民法院司法警察的组织管理和队伍建设具有重大意义。

1. 警察职务序列是对司法警察在人民法院中的地位和作用的准确界定。它清晰地界别了司法警察与法官、审判辅助人员及司法行政人员在职位工作性质、工作任务等方面的差别。

2. 警察职务序列是对司法警察职权性质的正确定位。司法警察是人民警察的警种之一，任务是预防、制止和惩治妨碍审判活动的违法犯罪行为，维护审判秩序，保障审判工作顺利进行，它是司法机关内的行政性执法力量。人民法院司法警察实行警察职务序列，正是基于对司法警察行政性执法力量的正确定位，将对司法警察的职权立法和职能履行产生重要推动作用。

3. 警察职务序列将有力推动司法警察管理体制的完善和队伍建设。人民法院司法警察实行警察职务序列，反映了司法警察的工作特点，强调司法警察是人民警察的警种之一，应按照人民警察的工作规律设置组织机构和确立管理制度。明确司法警察的职务序列有助于建立科学的管理体制，推动司法警察的队伍建设。

4. 警察职务序列将有利于提高人民法院司法警察的待遇和工作积极性。长期以来，我国司法警察的工资待遇及福利都与职务挂钩，主要依据职务等级进行区别设置，领导职务的司法警察工资要高于非领导职务的司法警察，导致相当多非领导职务、警龄较长的司法警察待遇偏低，特别是在中、基层人民法院，此种现象较为普遍，一定程度上挫伤了这部分司法警察的工作积极性。根据岗位工作的不同分别实行警官职务序列和警员职务序列和警务技术职务序列，打破行政级别在领导职务和非领导职务序列建立的工资待遇壁垒，建立二者之间待遇的平衡对应，有利于提高非领导职务司法警察的待遇和积极性，引导司法警察的职业化发展。

三、司法警察职务序列的设置

根据《司法警察条例》和《中共中央组织部、最高人民法院、最高人民检察院关于人民法院、人民检察院司法警察参照公安机关实行单独警察职务序列的意见》《公务员法》等规定，人民法院司法警察的职务序列分为警官职务序列、警员职务序列和警务技术职务序列。履行警务指挥职责的司法警察实行警官职务序列，履行警务执行职责的司法警察实行警员职务序列，从事警务技术工作的司法警察实行警务技术职务序列。[1]

最高人民法院司法警察部门警官、警员职务的设置与管理，参照公安机关内设综合管理机构警官、警员职务的有关规定。警官职务从高至低依次为厅局级正职、厅局级副职、县处级正职、县处级副职、乡科级正职、乡科级副职；警员职务从高至低分别为一级巡视员、二级巡视员，一级调研员、二级调研员、三级调研员、四级调研员，一级主任科员、二级主任科员、三级主任科员、四级主任科员，一级科员、二级科员。

地方各级人民法院警察总队、支队、大队的警官职务从高至低依次为：总队长、副总队长，支队长、副支队长，大队长、副大队长，中队长、副中队长；总队内设科建制机构警官职务为科长、副科长等。地方各级人民法院司法警察部门可根据工作需要和机构规格，设置主管政治工作的政治委员、副政治委员等警官职务。

地方中基层人民法院司法警察部门的警员实行执法勤务机构警员职务序列，职务分为四等十二级，由高至低依次为：一级警务专员、二级警务专员、一级高级警长、二级高级警长、三级高级警长、四级高级警长、一级警长、二级警长、三级警长、四级警长、一级警员、二级警员。

---

[1] 由于我国人民法院司法警察并不从事警务技术性工作，因此，实践中司法警察只实行警官职务序列和警员职务序列。

关于司法警察警务技术职务序列的设置，暂未有相关法律规范或规范性文件予以明确。

四、司法警察的职务变动

司法警察职务变动的形式有晋升、降职和辞退三种。

（一）司法警察的晋升

司法警察的晋升包括司法警察职务、职级的晋升和警衔晋升。

职务晋升是国家公务员任免机关根据工作需要和本人德才条件，按照有关法律规定，将公务员从原来的职位选拔到更高的职位，其职责、权力和待遇以及管辖范围也相应地提高和扩大。职务晋升有五种类型：

1. 考试晋升制，即采用竞争考试的方式，以考试成绩作为晋升依据的制度；

2. 功绩晋升制，以公务员工作成绩大小为标准的晋升制度；

3. 年资晋升制，以工作年限为晋升标准，任职人员的工作达到一定年限，如无重大过失，即获晋级和提职的制度；

4. 学历晋升制，以学历作为主要晋升标准的制度；

5. 越级晋升制，指对工作成绩特别突出、贡献卓越、社会影响大或能力特别强的公务员，不受学历和资历的限制，及时给予越级晋升的制度。

职级晋升，应当具备下列基本资格：

1. 晋升一级巡视员，应当任厅局级副职或者二级巡视员 4 年以上；

2. 晋升二级巡视员，应当任一级调研员 4 年以上；

3. 晋升一级调研员，应当任县处级正职或者二级调研员 3 年以上；

4. 晋升二级调研员，应当任三级调研员 2 年以上；

5. 晋升三级调研员，应当任县处级副职或者四级调研员 2 年以上；

6. 晋升四级调研员，应当任一级主任科员 2 年以上；

7. 晋升一级主任科员，应当任乡科级正职或者二级主任科员 2 年以上；

8. 晋升二级主任科员，应当任三级主任科员 2 年以上；

9. 晋升三级主任科员，应当任乡科级副职或者四级主任科员 2 年以上；

10. 晋升四级主任科员，应当任一级科员 2 年以上；

11. 晋升一级科员，应当任二级科员 2 年以上。

司法警察职务、职级的晋升是指司法警察职务、职级层级的上升,比如从警员晋升为警长,从副支队长晋升为支队长。依据《公务员法》《人民警察法》及《司法警察条例》等规定,司法警察晋升职务、职级,应当具备拟任职务、职级所要求的思想政治素质、工作能力、文化程度和任职经历等方面的条件和资格;在规定任职资格年限内的年度考核结果均为称职以上等次;经司法警察专业培训并考试考核合格。晋升担任司法警察部门主要负责人的,还应先征得上一级司法警察部门同意。司法警察晋升职务、职级,一般应当逐级晋升。

司法警察警衔的晋升是指其警衔等级的上升,有关具体内容在警衔的晋级中进行介绍。

(二)司法警察的降职

司法警察的降职是指司法警察作为公务员其职务、职级层级的降低。根据《公务员法》《人民警察法》及《公务员职务任免与职务升降规定(试行)》,科员以上职务的司法警察,在定期考核中被确定为不称职的,应予降职。降职一般降低一个职务、职级层次。司法警察被降职的,其级别超过新任职务对应的最高级别的,应当同时降至新任职务对应的最高级别。降职的司法警察,在新的职位工作一年以上,德才表现和工作实绩突出,经考察符合晋升职务条件的,可晋升职务、职级。其中,降职时降低级别的,其级别按照规定晋升;降职时未降低级别的,晋升到降职前职务层次的职务时,其级别不随职务晋升。

(三)司法警察的辞退

司法警察的辞退是指司法警察所在机关依照法律规定的条件,通过一定的法律程序,在法定的管理权限范围内作出的解除其全部职务关系的内部行政行为。其直接结果是解除机关与司法警察的任用关系。根据《公务员法》《人民警察法》规定,司法警察有下列情形之一的,予以辞退:①在年度考核中,连续2年被确定为不称职的;②不胜任现职工作,又不接受其他安排的;③因所在机关调整、撤销、合并或者缩减编制员额需要调整工作,本人拒绝合理安排的;④不履行人民警察义务,不遵守人民警察纪律,经教育仍无转变,不适合继续在人民法院工作,又不宜给予开除处分的;⑤旷工或者因公外出、请假期满无正当理由逾期不归连续超过15天,或者1年内累计超过30

天的。

对有下列情形之一的司法警察,不得辞退:①因公致残,被确认丧失或者部分丧失工作能力的;②患病或者负伤,在规定的医疗期内的;③女性司法警察在孕期、产假、哺乳期内的;④法律、行政法规规定的其他不得辞退的情形。

第二节 司法警察的警衔管理

一、警衔的概念

(一)警衔的概念

警衔,也称警阶,即警察的官阶,是依据警察人员的职务和资历的差别所确定的区分警察等级、表明警察身份的称号和标志。

人民警察警衔是以人民警察现任职务、德才表现、担任现职时间和工作年限为依据,所确定的区分警察等级、表明警察身份的称号和标志,是国家给予人民警察的荣誉。

(二)警衔制度的沿革

现代警察的衔级制度起源于西欧。1829年法国和英国相继创建现代警察组织时,即对警察人员实行了衔级制度。此后,世界各国相继实行,虽然各国的衔级模式不尽相同,但警衔已逐渐形成了世界通行的一种警察制度。

世界各国警察的衔级制度,大体可分为三种类型。即:将校尉型、非将校尉型和混合型。

将校尉型。这一类型的警衔名称的具体设置与军队实行的军衔基本相同,警衔等级是按将军(上将、中将、少将)、校官(上校、中校、少校)、尉官(大尉、上尉、中尉、少尉)、士官设置的。苏联、东欧国家、朝鲜、越南、意大利、比利时、西班牙等国家都是如此。

非将校尉型。这一类型警衔设置与军队设置的军衔完全不同。从衔级的名称上大体可分为4种情况。第一种是以英国为代表的许多英联邦国家,采用警察总监、警司、警督、警员等衔级。但其中等级设置的多少又各不相同。

如英国警衔设 5 等 13 级，澳大利亚警衔设 5 等 12 级。第二种是以德国为代表的一些国家和地区，包括我国的台湾省，衔级名称比较简明。如德国警察衔级设 4 等 14 级，即警监、警督、警长、警员，每等分为 4 级。第三种是以日本为代表的少数国家，不分等，只设级。如日本设警视总监、警视监、警视长、警视正、警部、警部补、巡查部长及巡查共 9 级。第四种是以法国为代表的少数国家，把警察分为两大类，每类各设警衔若干等级。如法国把警察分为警官和保安官两类，共 11 个衔级。警官分为特级和 1 至 3 级；保安官分为 1 至 6 级和见习保安官。

混合型。混合型是把将校尉与警官、警员等结合起来使用，或者把担任的职务等级与警衔融为一体的一种类型。美国、丹麦、冰岛、荷兰、尼泊尔等一些国家和香港地区均属于此种类型。如美国纽约市警察设 10 个衔级，即总局长、分局长、助理分局长、副分局长、督察、助理督察、警长、副警长、警官、巡警。丹麦警察的衔级设 9 级，即局长、第一副局长、第二副局长、指挥官、警察长、巡官长、巡官、警官、警员。

我国的人民警察同世界各国警察一样，除了有职务等级以外，还实行警衔制度。

1992 年 7 月 1 日颁布了《警衔条例》，条例对警衔的等级设置、警衔的首次授予、晋级、保留、降级、取消等内容做了规定，这标志着我国人民警察警衔制度正式建立。《警衔条例》颁布后，1992 年 9 月 10 日国务院批转公安部《评定授予人民警察警衔实施办法》，1992 年 9 月 12 日国务院发布《人民警察警衔标志、样式和佩戴办法》，1993 年 12 月 24 日公安部、国家安全部、司法部、最高人民检察院、最高人民法院发布《人民警察警衔工作管理办法》。以上一个条例和三个办法的颁布，标志着我国人民警察警衔管理工作正式进入规范化、法制化的轨道。2002 年 5 月 27 日最高人民法院印发《人民法院司法警察警衔工作管理细则》，对人民法院司法警察的警衔工作做了进一步细化规定。

二、警衔制度的意义

实行警衔制度，对于充分发挥司法警察的作用具有十分重要的意义。

（一）实行警衔制度有利于司法警察队伍的科学管理和集中统一指挥

司法警察实行警察职务等级编制警衔，依据现任职务、担任现职时间、德才表现和工作年限评授警衔，是对其职业能力、职业道德、社会贡献等方面全面考察的科学评定。《警衔条例》引进了警衔的晋升考核、培训和淘汰机制，能够有效地调动司法警察的积极性，激发他们奋发向上的精神，促进优秀人才的脱颖而出。

警衔是区分人民警察等级、表明人民警察身份的外在标志。《警衔条例》第5条规定："警衔高的人民警察对警衔低的人民警察，警衔高的为上级。当警衔高的人民警察在职务上隶属于警衔低的人民警察时，职务高的为上级。"通过警衔标志的使用，不仅能在正常情况下区分、协调等级关系，即使在建制被打乱，行政隶属关系不清的特殊情况下，也能根据警衔制度保证统一指挥、管理和协调，做到临阵不乱、忙而有序。

（二）实行警衔制度有利于司法警察队伍的正规化建设

警衔制度要求警衔只能授予人民警察，非人民警察不准授予，授衔必须履行严格的审批程序，由法律授权的领导批准，以防止警出多门，乱招乱聘。这有利于清理整顿队伍，依法从严治警，提高司法警察的队伍形象，促进司法警察队伍的正规化建设。

（三）实行警衔制度有利于增强司法警察的责任心和荣誉感

警衔是党和国家赋予人民警察的荣誉，是人民警察的地位、荣誉、权力的象征。它能鼓励司法警察增强责任心和组织纪律性，促进司法警察更加珍惜荣誉，明确自己所肩负的责任，时时处处以警察的标准严格要求自己，规范自己的言行，奋发向上，更加自觉地为审判事业建功立业。同时，司法警察佩戴的等级符号、标志，具有公开性的特点，方便人民群众的监督，有利于增强司法警察的自尊心和组织纪律观念，注意警容风纪，塑造司法警察的外显形象。

（四）实行警衔制度有利于司法警察的国际交往与合作

警衔制度是被国际社会确认的警察等级形式，无论是处于何种社会制度下的国家，也无论是发达国家还是发展中国家的警察，全都实行各种形式的警衔制度。我国司法警察采用世界各国通行的警衔制度，有利于树立我国司法警察在国际上的良好形象，也便于与世界各国通行的警察管理制度接轨。

三、警衔等级的设置

警衔等级是警衔制度的核心。《警衔条例》从我国人民警察的特点出发，在吸收国外经验的基础上，制定了我国警衔等级。根据《警衔条例》的规定，我国人民警察警衔的设置为：

（一）警衔等级

《警衔条例》规定，除人民武装警察以外，公安机关、国家安全机关、监狱人民警察以及人民法院、人民检察院的司法警察均实行下述类型警衔。人民警察警衔共设总警监、警监、警督、警司、警员五等十三级，从高至低分别为：一等：总警监，副总警监；二等：一级警监、二级警监、三级警监；三等：一级警督、二级警督、三级警督；四等：一级警司、二级警司、三级警司；五等：一级警员、二级警员。

对于担任专业技术职务的人民警察，其警衔前应冠以"专业技术"。在5等13级警衔的设置上，警监及以上为高级警官，警督为中级警官，警司及以下为初级警官。

（二）编制警衔

人民警察实行警察职务等级或职级等级编制警衔，授予人民警察警衔应以人民警察现任职务或职级、德才表现、担任现职时间和工作年限为依据。也就是说我国人民警察的警衔主要依据人民警察的现任职务或职级，在兼顾德才表现、担任现职时间和参加工作年限等条件下，综合考核，最终评定授予。

担任综合管理机构警官职务的人民警察，实行下列职务等级编制警衔：

1. 部级正职：总警监；
2. 部级副职：副总警监；
3. 厅（局）级正职：一级警监至二级警监；
4. 厅（局）级副职：二级警监至三级警监；
5. 处（局）级正职：三级警监至二级警督；
6. 处（局）级副职：一级警督至三级警督；
7. 科（局）级正职：一级警督至一级警司；
8. 科（局）级副职：二级警督至二级警司。

担任综合管理机构警员职务的人民警察，根据职级等级编制警衔：

1. 一级巡视员：一级警监至二级警监；
2. 二级巡视员：二级警监至三级警监；

3. 一级调研员：三级警监至二级警督；

4. 二级调研员：三级警监至二级警督；

5. 三级调研员：一级警督至三级警督；

6. 四级调研员：一级警督至三级警督；

7. 一级主任科员：一级警督至一级警司；

8. 二级主任科员：一级警督至一级警司；

9. 三级主任科员：二级警督至二级警司；

10. 四级主任科员：二级警督至二级警司；

11. 一级科员：三级警督至三级警司；

12. 二级科员：一级警司至二级警员。

担任专业技术职务的人民警察，实行下列职务等级编制警衔：

1. 高级专业技术职务的为一级警监至二级警督；

2. 中级专业技术职务的为一级警督至二级警司；

3. 初级专业技术职务的为三级警督至一级警员。

  当前，我国人民警察的警衔编制具有"一职多衔，职衔交叉"的特征。"一职多衔"是指担任同一行政职务或职级的人民警察，可以有不同的警衔，如同样是处长，其警衔可能是三级警监、一级警督、二级警督。"职衔交叉"是指具备同一警衔的人民警察，其所担任的职务或职级可不尽相同，例如，同样都是三级警监，其行政职务可能是副厅（局）长，也可能是处长，上一级职务的低档警衔与下一级职务的高档警衔存在交叉。"一职多衔，职衔交叉"全面衡量一个警察德才、资历、能力、贡献等因素，使广大基层干警在其职务因客观条件得不到晋升的情况下，可以得到警衔的晋升，这有利于调动大多数基层干警的积极性，有利于新老人员的团结和交替。

世界各国警察衔级制度

四、司法警察警衔的评授

警衔既是区分警察等级、表明警察身份的称号和标志,也是国家给予人民警察的荣誉。警衔的评定授予必须符合法律规定的条件,依据法定标准和程序进行。

根据《警衔条例》和《人民法院司法警察警衔管理细则》的规定,人民法院评定授予警衔的人员,必须是人民法院司法警察建制的在编、在职、在岗的人员。"在编"即必须是属于国家规定的编制人员;"在职"即非离退休人员;"在岗"即从事司法警察工作的人员,不是专门从事司法警察工作的人员,不能评授警衔。

评授警衔以人民警察的现任职务或职级、德才表现、担任现职时间和工作年限为依据;从学校毕业和从社会上招考录用担任人民警察的,或者从其他部门调任人民警察的,根据确定的职务或职级,授予相应的警衔。

根据《警衔条例》及有关规定,司法警察警衔的评授应先由各级司法警察部门会同政工部门明确评定授予警衔的具体对象,然后进行组织鉴定、考核考察、体能测试和执法资格等级考试,经审核后,按批准权限上报领导审批。首次授予人民法院司法警察警衔的批准权限为:警监、警督由最高人民法院院长批准授予;警司由高级人民法院院长批准授予;警员由高级人民法院政治部主任批准授予;最高人民法院机关的警司、警员由最高人民法院政治部主任批准授予。

五、司法警察警衔的变动

(一) 警衔的晋级

警衔的晋级是指人民警察的警衔由原衔级调任到上一衔级。根据《警衔条例》和其他有关规定,司法警察警衔晋级有以下途径:

1. 按期晋升。二级警督以下的司法警察,现衔级时间已满晋级期限,经考核具备晋级条件的,可在其职务等级编制警衔幅度内晋升一级警衔。按期晋升警衔的期限为:二级警员至一级警司,每晋升一级为 3 年;一级警司至一级警督,每晋升一级为 4 年。

2. 提前晋升。二级警员至一级警司的司法警察现衔级满 1 年和一级警司至一级警督的司法警察现衔级满 2 年，具有下列情况之一的，可以在其职务等级编制警衔幅度内提前晋升一级警衔：现衔级期间获得一级、二级英雄称号和一等功奖励或国家、省级劳动模范称号者；现衔级期间获得三等以上国家自然科学奖、科技进步奖、发明奖的个人或课题的一名主要贡献者；现衔级期间获得国家和省级政府特殊津贴奖励者；其他功绩突出者。

3. 选升。一级警督以上的司法警察，现衔级未达到其职务等级编制警衔的最高警衔，任现职满 2 年、现衔级满 4 年，德才表现和工作实绩优秀的，予以择优选升一级警衔。

4. 晋职晋升。晋职晋升分为两种情况：一是指司法警察由于职务提升，其警衔低于新任职务等级编制警衔的最低警衔的，应当晋升至新任职务等级编制警衔的最低警衔；二是指二级警督以下的司法警察，在职务提升前，其警衔已达到或者超过新任职务等级编制警衔的最低警衔，但现衔级时间已满晋级期限的，在晋升职务的同时晋升一级警衔。

5. 延期晋升。延期晋升是指晋级期限已满，尚在职务等级编制警衔幅度内，因不具备晋级条件而不能正常晋升。根据《人民警察警衔工作管理办法》，二级警督以下的司法警察具有下列情况之一的，予以延期晋升警衔：受行政警告处分或党内警告处分的，延期 6 个月；受行政记过、记大过处分或者党内严重警告处分的，延期 12 个月；受行政降级处分的，延期 18 个月；受留党察看处分的，延期 24 个月；不胜任本职工作、纪律松弛并造成不良后果的，可延期 3 至 6 个月。

6. 微调。2013 年 1 月 1 日，经国务院批准，二级警监（含）以下的人民警察，德才表现较好，在首次评授警衔的衔级期间内（包括在此期间职务晋升的），按照《首次评定授予人民警察警衔的标准》达到评授上一级警衔条件的，可在其职务等级编制警衔幅度内调整至上一级警衔。

司法警察警衔晋级的审批程序适用首次评定授予的审批程序，晋级的批准权限与首次授予警衔的批准权限相同。警司、警员提前晋升的，由最高人民法院政治部主任批准。

（二）警衔的降级

警衔的降级是指司法警察的警衔由原衔级调到较低的衔级。降级有两种情况：一是司法警察因不胜任现任职务被调任下级职务，其警衔高于新任职务等级编制警衔的最高警衔的,应当调整至新任职务等级编制警衔的最高警衔。二是司法警察违反警纪情节严重的,给予警衔降级处分,其警衔晋级的期限按照降级后的警衔等级重新计算,并收回原警衔标志。

司法警察警衔降级的审批程序适用首次评定授予警衔的审批程序。降低的批准权限与原警衔的批准权限相同。

(三)警衔的更换

警衔的更换是指已评定授予警衔的人民警察从其他政法部门调入人民法院任司法警察职务的,或者从行政职务调任专业技术职务,或者从专业技术职务调任行政职务的,需更换警衔。现衔级在其新任职务等级编制警衔幅度之内的,不再办理警衔审批手续,由调入单位在本人档案中注明并办理更换新的警衔标志手续;现衔级需作调整的,应当按照规定的批准权限和程序(晋级或降级程序)办理,并更换警衔标志。

(四)警衔的保留

司法警察离休、退休的,其警衔予以保留,警衔标志的授衔命令证书由本人保管,但本人不得佩戴警衔标志。调离司法警察工作岗位或者辞职、辞退的司法警察的警衔则不予保留,由县级以上人民法院政工部门办理手续,按照审批权限逐级上报备案。

(五)警衔的取消

根据《人民警察警衔工作管理办法》,人民警察被依法判处刑罚、拘役、管制、免予刑事处分的,或者被开除公职、警籍、党籍的,其警衔相应取消,警衔标志和授衔命令证书均应收缴。

大数据的应用及价值

思考题

1. 什么是公务员职务、职级序列?

2. 哪些情况下司法警察不得辞退？
3. 警衔的概念？
4. 人民法院司法警察的职务序列如何设置？
5. 我国人民警察的警衔等级是怎样设置的？

材料分析

A县法院的司法警察王某（四级高级警长一级警督）与B县法院的司法警察张某（法警大队副大队长二级警督），于2020年12月10日被调警到C县法院参加涉黑案件共同押解被告人陈某的警务任务。

问题： 如果在执行警务任务中发生突发事件，由谁领导谁？并说明理由。

第十章 司法警察履职保障

第十章 司法警察履职保障

> **学习目标**
>
> 通过本章学习，掌握我国司法警察履职保障的法律依据，了解司法警察履职中的物质保障和待遇保障的相关规定，维护司法警察执法权威、保障司法警察人格尊严和合法权益、增强司法警察的职业尊荣感。
>
> **重点提示**
>
> 履职保障　履职法律依据　物质技术保障　福利待遇保障

党的十八届四中全会决定明确提出，推进法治专门队伍正规化、专业化、职业化，加快建立符合职业特点的法治工作人员管理制度，完善职业保障体系，建立法官、检察官、人民警察专业职务序列及工资制度。《最高人民法院关于深化人民法院司法体制综合配套改革的意见——人民法院第五个五年改革纲要（2019-2023）》提出要强化司法履职保障机制，进一步健全审判执行人员履行法定职责保护机制等，完善法院干警人身意外伤害保险等制度，强化履职保障设施建设，保障和维护法院干警人格尊严和合法权益。

第一节　司法警察履职法律保障

一、司法警察履职法律保障概述

司法警察履职法律保障，是指国家为保证司法警察履行职务，对司法警察的身份、职权以及尊严予以保障的各种法律制度和措施的总和。加强司法警察履职保障，既是维护法律权威、厉行国家法治的必然要求，也是现代法治国家的通行做法。

《人民警察法》赋予了人民警察职责和权限，如果没有法律法规加以保障，人民警察的职责和权限就很难实现。所以履职法律保障是人民警察执行职务的坚强后盾，是人民警察排除非法干涉、保证警令畅通、处理妨碍警察公务行为的依据。同时，根据司法警察工作的性质和特点，最高人民法院颁布了《司法警察条例》等规范性文件，为司法警察履行职务提供了更为明确具体的制度保障。

司法警察作为人民法院一支具有武装性质的司法行政执法力量，是国家意志的忠实执行者，它根据国家的法律，代表国家行使警察权力，保障人民法院审判执行工作顺利进行。因此，为了确保司法警察队伍全面、正确、有效、及时地完成国家所赋予的各项任务，不仅要求国家以强大的力量支持和保护司法警察队伍依法执行职务，而且要求国家对司法警察队伍依法执行职务的行为予以法律上、制度上的保障。

二、司法警察履职法律保障内容

（一）明确司法警察履职身份

《人民警察法》第2条第2款规定，人民警察包括公安机关、国家安全机关、监狱机关的人民警察和人民法院、人民检察院的司法警察。《法院组织法》第50条规定，人民法院的司法警察负责法庭警戒、人员押解和看管等警务事项；司法警察依照《人民警察法》管理。《警衔条例》第23条规定：人民法院的司法警察的警衔工作适用本条例；司法警察警衔授予和晋级的批准权限，由最高人民法院参照本条例规定。《司法警察条例》第2条规定，人民法院司法警察是中华人民共和国人民警察的警种之一。《公务员法》第2条规定，本法所称公务员，是指依法履行公职、纳入国家行政编制、由国家财政负担工资福利的工作人员。

国家以法律的形式明确规定了人民法院司法警察是国家警察体系中的独立警种，是人民法院的工作人员。人民法院司法警察机构中的警务人员依法授予人民警察警衔，和公安、国安、司法行政等机关的人民警察一样，依法履行公职、纳入国家行政编制、由国家财政负担工资福利待遇，属于国家公务员。因此，司法警察有权利获得履行职责应当具有的工作条件，非因法定事由、非经法定程序，不被免职、降职、辞退或者处分，获得工资报酬，享受福利、保险待遇，参加培训，对机关工作和领导人员提出批评和建议，提出申诉和控告，申请辞职等。

（二）明确司法警察履职法律依据

1. 司法警察依法执行职务受法律保护。《人民警察法》第1条和第5条把"保障人民警察依法行使职权""人民警察依法执行职务，受法律保护"作为立法的宗旨之一，体现了国家保障人民警察依法执行职务的总原则。该总原则主要包括两方面内容：一是指人民警察依法执行职务行为不受法律追究；二是指对人民警察依法执行职务行为进行威胁、打击报复的，应当依法追究法律责任。人民警察的职责、权限是国家通过法律形式赋予的，人民警察只要是依照法律规定的职责范围和法律赋予的权限实施警察行为，就应当受到法律保护。

根据《人民警察法》规定的精神，《司法警察条例》第6条对司法警察依法执行职务受法律保护的原则作了明确的规定，同时在条例中以专章的形式明确列举了司法警察的各项职权，包括庭审秩序维护权、司法裁决执行权、诉讼强制措施执行权、司法应急处置权等。这些规定为司法警察依法执行职务提供了法律保障。同时，也对干涉、阻碍司法警察依法执行职务的行为予以责任追究提供了法律依据。

2. 司法警察依法执行上级决定和命令及指令受法律保护。依据《人民警察法》第32条第1款之规定，《司法警察条例》第28条第1款规定：人民法院司法警察必须执行上级的决定和命令。司法警察的工作性质和工作特点要求司法警察必须保证警令畅通、指挥有效，只有这样才能够统一指挥、快速反应，应对重大的警务活动，保证整体战斗力的发挥，提高工作效率，体现出执行上级警令的严肃性和权威性。该规定包括两层含义：一是必须执行与司法警察职责权限有关的属于司法警察法定职责范围内的决定和命令事项；二是决定和命令是由与司法警察存在隶属关系的上级作出的，上级包括本院的院领导和本部门的领导，以及上级司法警察机关。

同时司法警察对于上级的决定和命令并不是盲目服从，而是有权提出自己的看法和意见。依据《人民警察法》第32条第2款之规定，《司法警察条例》第28条第2款规定：人民法院司法警察认为决定和命令有错误的，可以按照规定提出意见，但不得中止或者改变决定和命令的执行；提出的意见不被采纳时，必须服从决定和命令；执行决定和命令的后果由作出决定和命令的上级负责。"认为决定和命令有错误",主要是指接受命令的司法警察认为命令的内容违背法律、法规规定或者超越司法警察的职权范围,但考虑到"认为决定和命令有错误"目前仅是个人主观判断,因此接受命令的司法警察可以按照规定行使提出意见的权利,但不得中止或者改变决定和命令的执行。同时"执行决定和命令的后果由作出决定和命令的上级负责"的规定分清了司法警察和上级的责任,有助于消除执行命令者的心理负担,使其放心大胆地去执行命令,更好地完成各项警务活动。

根据《人民警察法》第33条之规定,《司法警察条例》第28条第3款规定,人民法院司法警察对超越法律、法规规定的人民法院司法警察职责范围的指令,有权拒绝执行,并同时向上级机关报告;第4款规定,对审判长、独任审判员指令的执行,依照第3款规定。这是对司法警察必须执行决定和命令的范围界定,司法警察执行职务的职责范围是由法律、法规明确规定的,任何人无权强令司法警察实施超越法定职责范围的行为。这一规定精神是司法警察排除非法干扰的重要法律依据和保障,有助于为司法警察依法执行职务营造良好氛围,防范执法风险。

3. 司法警察依法执行职务优先受法律保障。参照《人民警察法》第13条的规定,人民法院司法警察在执行抓捕脱逃刑事被告人或犯罪嫌疑人、押解重要刑事被告人或犯罪嫌疑人,遇有紧急情况时,经出示相应证件,可以优先乘坐公共交通工具,遇交通阻碍时,优先通行;必要时,按照国家有关规定,可以优先使用机关、团体、企业事业组织和个人的交通工具、通信工具。

当然,警务人员执行职务优先并非不受限制。这种执行职务优先只能在法定许可的范围内享有,而且在保障警务人员执行职务优先权的同时,还应当注意保护组织或公民财产,防止在执行职务中随意使用或者在使用中侵害组织或公民合法权益的行为发生。同时,使用后应当及时归还,并支付适当的费用;如果造成损失的,还应当给予赔偿。

4. 公民和组织协助司法警察依法执行职务的行为受法律保护。《人民警察法》第34条规定,人民警察依法执行职务,公民和组织应当给予支持和协助……对协助人民警察执行职务有显著成绩的,给予表彰和奖励。公民和组织因协助人民警察执行职务,造成人身伤亡或者财产损失的,应当按照国家有关规定给予抚恤或者补偿。

《人民警察法》第35条规定，拒绝或阻碍人民警察依法执行职务的以下行为，给予治安管理处罚：公然侮辱正在执行职务的人民警察的；阻碍人民警察调查取证的；拒绝或者阻碍人民警察执行追捕、搜查、救险等任务进入有关住所、场所的；对执行救人、救险、追捕、警卫等紧急任务的警车故意设置障碍的；有拒绝或者阻碍人民警察执行职务的其他行为的。以暴力、威胁方法实施前款规定的行为，构成犯罪的，依法追究刑事责任。

撕裤门律师拒法院道歉
要求追究涉事法警刑责

第二节 司法警察履职物质保障

一、司法警察履职物质保障概述

司法警察履职物质保障，是指国家为保障司法警察完成所担负的职责和任务而提供的基本物质条件，主要包括经费保障、基础设施保障和警用装备技术保障等。这些物质技术条件只有与司法警察职权有机结合，才能形成现实的战斗力。

必要的物质技术条件的保障，是司法警察工作高效运行的重要保证，是司法警察履行职能的基础和依托，可以有效增强司法警察队伍的战斗力。要保证有一支维护审判工作顺利进行的有坚强战斗力的司法警察队伍，如果没有充足的经费、完善的设施和精良的装备，就是可望而不可及的。所以物质技术条件的保障状况，直接影响到司法警察效能的发挥程度，制约着司法警察能否高效率、高质量地完成工作任务。因此，加强警务的物质技术保障，不仅有助于提高司法效率，也是做好司法警察工作的基本保证和重要条件。

二、司法警察履职物质保障内容

（一）司法警察的工作经费保障

《人民警察法》第 37 条规定，国家保障人民警察的经费。人民警察的经费，按照事权划分的原则，分别列入中央和地方的财政预算。这标志着人民警察的经费保障进入法治轨道，并与国家机构改革和财税体制改革紧密相连。落实和加强司法警察的经费保障，是物质保障的一项重要内容，法律法规确立了国家保障司法警察工作经费的原则，使司法警察的经费保障有了相应的依据。

《司法警察条例》第 30 条规定，人民法院司法警察工作和训练所需经费应当得到保证，并列入人民法院财务预算。经费的保障对改善司法警察执法条件，提高执法效能，保证警务活动的顺利进行，以及保障警务人员自身权益的实现具有重要的作用。根据以上规定，司法警察经费保障包含以下三层内涵：

1. 司法警察的工作经费由国家予以保障。司法警察的工作经费必须由国家予以保障。工作经费是司法警察工作的物质前提，是警务保障的一个重要方面。为了确保司法警察最大限度地发挥其职能作用，更好地服务于审判工作，对司法警察的基本的、必需的工作经费投入应当明确并得到切实保证。司法警察的工作经费只能由国家保障，如果靠警察机关创收，那么就会使警察机关变成营利性单位，就会影响警察的威信，进而毁损司法的权威。可见，由国家保障司法警察的工作经费，才能有效地保证司法警察工作的顺利开展与职责的履行。

2. 司法警察工作经费以列入财政预算的方式得以保障。司法警察的工作和训练所需经费列入人民法院财务预算，人民法院财务预算是中央和地方财政预算的重要组成部分。司法警察的工作经费列入中央和地方财政预算就能保证经费的支付，不会发生因情况的变化而得不到保障的问题。

3. 司法警察工作经费由中央和地方财政按事权划分的原则分别负担。"事权"是我国财政预算体制改革中的名词，是指凡由国家经费开支的国家机关，按机构权限划分层次，事项由哪级政府（机关）承担，经费就由哪级政府的财政开支。人民法院司法警察的经费是按法院层级及警务活动的权限层次划分，由中央或地方财政拨付。

（二）司法警察的基础设施保障

《人民警察法》第38条规定，人民警察工作所必需的通讯、训练设施和交通、消防以及派出所、监管场所等基础设施建设，各级人民政府应当列入基本建设规划和城乡建设总体规划。这一规定为司法警察工作所必需的基础设施保障提供了依据，良好的基础设施条件是司法警察全面履行职责和提高素质的重要手段。

司法警察工作所需的基础设施是指司法警察开展警务工作所必须依赖的办公场所及办公自动化设施、警务用房设施、羁押及监控设施和死刑执行设施等。同时，为了保障人民法院审判工作安全有序运行，根据法院行业标准以及公共安全行业标准，结合人民法院警务工作实际，最高人民法院对全国法院"六专四室"即专用囚车、专用囚车库、专用羁押通道、专用电梯、专用桌椅、专用卫生间，羁押室、监控室、警用装备室、枪弹室等建设规范作出了要求，以牢筑警务保障安全防线。

1. 办公场所设施保障。司法警察的办公场所设施保障主要是必要的办公室、会议室、接待室等方面的保障。办公室、会议室、接待室等场所设施，为警务人员提供良好的工作环境，达到提高工作效率的目的。

司法警察的办公自动化设施主要是计算机、打印机、复印机等有助于节省人力资源和提高办公效率与质量的现代办公设施。其主要为警务工作中的公文处理、档案管理、资料保存与检索、数据统计等方面的工作提供保障。

2. 警务用房设施保障。司法警察的警务用房包括司法警察备勤值班室、司法警察备勤宿舍、警用装备室、枪弹室等。司法警察警务用房应与审判用房等其他功能用房一样纳入当地国民经济和社会发展规划，建设资金纳入当地的基本建设投资计划和政府预算。建设标准应符合国家有关标准、规范和定额指标的规定。备勤值班室、备勤宿舍除基本生活设施外，应配备通讯、交通工具等，确保迅速集中人员，随时执行任务；警用装备室、枪弹室等应着眼于坚固、安全，以确保枪支弹药与警械具（特别是枪支弹药）的保存安全以及快速处置；有条件的法院，可提供训练用房建设，进一步保障司法警察的体能和技能训练,建成一支"召之即来、来之能战、战之能胜"的威武之师,最终确保司法警察关键时刻能拉得出、用得上、打得赢,具备过硬的军事素质和良好的作风。

3. 执法场所设施保障。根据刑事审判工作的需要,司法警察应依法在人民法院羁押室或其他指定场所,对候审期间的被告人进行严密有效的看守管理,防止被告人脱逃、自伤、自残或遭受外部攻击等情况的发生,以保证刑事审判活动的顺利进行。由此,为了确保司法警察能够全面有效地履行看管职责,应当配置必需的羁押及监控设施,这也是司法警察履行看管职责的首要条件。

最高人民法院因复核死刑案件采用视频方法对被告人进行远程提讯时,或地方各级人民法院采取远程视频方法提讯时,司法警察依法履行押解、看管被告人的职责。为确保视频提讯工作有序安全开展,对视频提讯场所及设施应具备相应的要求。

司法警察依法执行死刑时,包括刑场或者指定的羁押场所在内的死刑执行设施保障成为必要。因此,采取注射方法执行死刑时,必须具备符合条件的注射死刑执行室。注射死刑执行室要严格按照最高人民法院有关死刑注射执行标准的相关规格建设。同时,按照最高人民法院规定的标准、样式购置设备,这样才能保障正确无误地执行,体现死刑执行的合法性、严肃性和警示性。

持续推进全国法院智慧警务和
"六专四室"建设工作

(三) 司法警察的警用装备技术保障

警用装备是人民法院司法警察依法履行职责的必要条件,警用装备技术的现代化是当前经济和社会发展的需要,是新形势下科技强警的必由之路。人民法院应当按照"实用性强、科技含量高、技术性能好"的标准,将相关经费纳入法院年度财政预算,按照规定的警用装备技术项目和数量配备齐全,切实推动警用装备设施更新换代，保障司法警察能够顺利完成各项工作任务和处置各类突发事件。

《司法警察条例》第 29 条规定，人民法院司法警察的警用标志、制式服装、武器和警械，由公安部统一监制，最高人民法院会同公安部管理，其他个人和组织不得非法制造、贩卖。人民法院司法警察的警用标志、制式服装、武器、警械、人民警察证为司法警察专用，其他个人和组织不得持有和使用。该条例第 31 条规定，人民法院应当加强司法警察装备现代化建设，有计划地改善司法警察工作必需的指挥、信通、武器、警械、防护、交通、救援等装备设施。

1. 警械配备保障。《人民警察法》第 11 条规定，为制止严重违法犯罪活动的需要，公安机关的人民警察依照国家有关规定可以使用警械。《中华人民共和国人民警察使用警械和武器条例》第 2 条规定，人民警察制止违法犯罪行为，可以采取强制手段；根据需要，可以依照本条例的规定使用警械。该条例第 3 条规定，警械是指人民警察按照规定装备的警棍、催泪弹、高压水枪、特种防暴枪、手铐、脚镣、警绳等警用器械。《司法警察条例》第 14 条规定，遇有脱逃、拦劫囚车、抢夺枪支或者其他暴力行为的紧急情况，人民法院司法警察可以依照国家有关规定适用警械。

根据最高人民法院《关于切实加强和规范人民法院司法警察执勤、执法装备配备的通知》的规定，司法警察在履行警务保障职能和执勤、执法期间，必须按照规定配备单警基本装备，并可以根据实际工作需要选择佩戴基本装备项目。单警基本装备包括：警棍、手铐、催泪喷射器、强光手电、防割手套、对讲机、急救包、多功能腰带。同时，《人民法院司法警察不同执勤岗位警用装备配备标准》更具体地规定了司法警察在值庭、押解、看管、安全检查、参与强制执行、执行死刑、协助机关安全应急处置、协助涉诉信访应急处置以及执行强制措施时的警械配备保障标准。

2. 武器装备保障。《人民警察法》第 10 条规定，遇有拒捕、暴乱、越狱、抢夺枪支或者其他暴力行为的紧急情况，公安机关的人民警察依照国家有关规定可以使用武器。《中华人民共和国人民警察使用警械和武器条例》第 2 条规定，人民警察制止违法犯罪行为，可以采取强制手段；……使用警械不能制止，或者不使用武器制止，可能发生严重危害后果的，可以依照本条例的规定使用武器。该条例第 3 条规定,本条例……所称武器,是指人民警察按照规定装备的枪支、弹药等致命性警用武器。《司法警察条例》第 14 条规定,使用警械不能制止或者不使用武器制止可能发生严重后果的,可以依照国家有关规定使用武器。

武器,是指人民警察按照规定装备的枪支、弹药等致命性警用武器。司法警察装备武器一方面是为了依法执行公务,及时有效地制止犯罪行为;另一方面是为了在必要时能够实施正当防卫,保护国家和人民群众的生命和财产安全。因此,为了保证司法警察任务的完成,根据司法警察工作的性质与特点,应当积极创新武器管理手段,提升安全管理水平,在保障司法警察的武器配备的同时提升司法警察的武器使用能力。

3. 交通与通讯装备保障。交通与通讯装备保障的目的在于提高工作效率、应急突发事件和保障人员安全。为此,《人民警察法》第 38 条规定,人民警察工作所必需的通讯、交通等基础设施建设,各级人民政府应当列入基本建设规划和城乡建设总体规划。

交通装备是指人民法院基于司法警察执行公务的需要而使用的各种车辆等交通工具;主要为在押解、送达、配合执行、指挥时所需的各种警用车辆,包括警车、囚车、摩托车等交通工具。警车的配备管理应符合公安部发布的《警车管理规定》,囚车应为专用囚车。

通讯装备是指司法警察相互联系、沟通信息、畅通指挥、及时反馈的重要工具;主要包括电话、对讲机、无线电发射机、无线电接收机、传真机等。

4. 警用标志和制式服装保障。警用标志和制式服装具有专用性和严肃性,是人民警察的身份、权力、责任和义务的象征,有利于维护人民警察的良好形象,对警察行为进行监督具有重要的意义。通过保障人民警察对警用标志和制式服装的专用专管权,对非法持有和使用的人给予法律制裁,以保障司法警察执法的严肃性和权威性。

《人民警察法》第 36 条规定,人民警察的警用标志、制式服装和警械,由国务院公安部门统一监制,会同其他有关国家机关管理,其他个人和组织不得非法制造、贩卖。人民警察的警用标志、制式服装、警械、证件为人民警察专用,其他个人和组织不得持有和使用。违反前两款规定的,没收非法制造、贩卖、持有、使用的人民警察警用标志、制式服装、警械、证件,由公安机关处 15 日以下拘留或者警告，可以并处违法所得 5 倍以下的罚款；构成犯罪的，依法追究刑事责任。

警用标志是指警用交通工具使用的专用标志和人民警察制式服装的专用标志等。其中警用交通工具使用的专用标志主要包括警车外观标志、警灯、警笛、警报器、警用牌照等；人民警察制式服装的专用标志是指帽徽、警衔标志、领花、胸徽、警号、臂章等人民警察专用的标志。

人民警察制式服装是指人民警察按照规定穿着的制式服装，是人民警察按照规定穿着的统一式样服装，主要包括常服、值勤服、作训服、多功能服、制式衬衣及警帽、领带、腰带等。

（四）司法警务信息化、智能化建设保障

《人民警察法》第 39 条规定，国家加强人民警察装备的现代化建设，努力推广、应用先进的科技成果。从某种程度上讲，先进的装备和技术就是警力，尤其在当前所面临的反恐防恐形势越来越严峻，司法警察工作任务越来越艰巨、复杂和繁重的情况下，现代化的装备和先进的科学技术运用是提高工作效率和工作质量的必要条件。司法警察部门应当充分利用现代科技信息手段创新警务工作方式方法，依托人民法院信息化、智能化建设整体工作，探索研发警务综合信息平台，实现警力调度、现场指挥、过程监督的全流程信息化运行；实现警员信息、工作业绩、考勤考评、训练档案等日常管理数据及时网上录入、实时更新查看、有效分析评价等功能；进一步研究开发管用实用、互联互通的警务工作智能化管理系统，有效提高内部保卫、人身安全防护等重点工作的信息化水平

第三节　司法警察履职待遇保障

一、司法警察履职待遇保障概述

司法警察待遇保障是指国家为保障司法警察依法执行职务而为其提供的必需的生活、离退休、抚恤优待等方面的保障，主要包括工资、福利、保险、离退休、抚恤优待等待遇保障。加强司法警察职业待遇等方面的保障，对消

除他们的生活之忧,促进警务人员廉洁自律、严格执法、激励工作热情、提高工作效率,调动工作的主动性和创造性,尽职尽责、积极主动地完成任务等方面都有着重要的作用。任何机关不得违反国家规定自行更改包括司法警察在内的公务员工资、福利、保险政策,擅自提高或者降低其工资、福利、保险待遇。

《人民警察法》第40条规定,人民警察实行国家公务员的工资制度,并享受国家规定的警衔津贴和其他津贴、补贴以及保险福利待遇。《公务员法》第十二章专门规定了"工资、福利与保险"。《司法警察条例》第32条规定,人民法院司法警察实行国家公务员工资制度,并享受国家规定的警衔津贴和其他津贴、补贴、抚恤以及社会保险等福利待遇。中共中央办公厅、国务院办公厅《关于全面深化公安改革若干重大问题的框架意见》中明确提及,要贯彻落实人民警察生活待遇高于地方、略低于军队的原则,建立符合人民警察职业特点的工资待遇保障体系;完善人民警察抚恤优待制度,建立健全人身意外伤害保险等职业风险保障制度;地方政府可以适度提高长期在基层一线工作民警的退休待遇。可见,我国现行的有关法律法规从工资、福利、抚恤和优待、退休等方面为司法警察的职业待遇提供了保障。

二、司法警察履职待遇保障内容

(一)司法警察的工资福利保险待遇保障

1. 工资待遇保障。我国司法警察的工资是政府根据按劳分配的原则对司法警察进行个人分配的一种货币表现形式。合理的工资是司法警察及其家庭生活的主要来源,是改善和提高他们生活水平的重要条件。

《公务员法》第79条、第81条、第84条规定,公务员实行国家统一规定的工资制度;公务员工资制度贯彻按劳分配的原则,体现工作职责、工作能力、工作实绩、资历等因素,保持不同领导职务、职级、级别之间的合理工资差距;国家建立公务员工资的正常增长机制。公务员的工资水平应当与国民经济发展相协调、与社会进步相适应;国家实行工资调查制度,定期进行公务员和企业相当人员工资水平的调查比较,并将工资调查比较结果作为调整公务员工资水平的依据。任何机关不得违反国家规定自行更改公务员工资、福利、保险政策,擅自提高或者降低公务员的工资、福利、保险待遇。

任何机关不得扣减或者拖欠公务员的工资。这为司法警察工资待遇提供了原则性的保障。

《公务员法》第80条规定，公务员工资包括基本工资、津贴、补贴和奖金；公务员按照国家规定享受地区附加津贴、艰苦边远地区津贴、岗位津贴等津贴；公务员按照国家规定享受住房、医疗等补贴、补助；公务员在定期考核中被确定为优秀、称职的，按照国家规定享受年终奖金。公务员工资应当按时足额发放。除了上述一般公务员的工资待遇保障外，根据《人事部、财政部关于调整警衔津贴标准的通知》《司法部关于执行人民警察法定工作日之外加班补贴有关问题的通知》《国务院关于执行人民警察值勤岗位津贴有关问题的通知》，为司法警察增加了警衔津贴、值勤岗位津贴和加班补贴等各项人民警察津补贴，进一步健全和落实了从优待警政策。

2. 福利待遇保障。福利待遇是国家为改善和提高司法警察的物质文化生活水平，在工资报酬和劳动保险以外，通过举办集体福利设施、提供服务以及发放补贴等形式，给予其一种生活保障和生活享受，用以满足他们带有共同性或普遍性的消费需要，解决其个人或家庭难以解决的某些困难。福利待遇一方面有利于提高司法警察的物质文化生活水平，稳定司法警察队伍，激励其努力工作；另一方面有利于增加岗位吸引力，吸引优秀人才进入司法警察队伍。

《人民警察法》第40条规定，人民警察享受国家规定的福利待遇。《公务员法》第82条规定，公务员按照国家规定享受福利待遇。国家根据经济社会发展水平提高公务员的福利待遇。公务员执行国家规定的工时制度，按照国家规定享受休假。公务员在法定工作日之外加班的，应当给予相应的补休，不能补休的按照国家规定给予补助。以上规定以及国家的有关政策为保障福利待遇提供了有力的保证。

我国司法警察福利主要包括以下三类：一是为满足司法警察的共同需要，减轻其家务劳动，方便生活并获得优惠服务而建立的集体福利设施，如食堂、托儿所、幼儿园、浴室、理发室、疗养院等；二是为满足司法警察文化生活需要提高其身体、文化素质而建立的文体福利设施，如健身房、游泳池、图书室、活动室等；三是为满足司法警察的不同需要，减轻其生活负担而设立的福利补贴，如取暖费、防暑降温费、生活用品价格补贴以及生活困难补助等。

3. 保险待遇保障。司法警察保险待遇是指国家通过立法程序建立的对暂时或永久丧失劳动能力的司法警察给予的一种保险性物质保障。这是社会主义条件下个人消费品分配的一种辅助形式，其目的在于满足司法警察在暂时或丧失劳动能力后的基本生活需要。司法警察保险待遇保障在很大程度上可以确保司法警察健康地工作并解除其后顾之忧，调动工作积极性，增强对所在单位的信任感，促进他们尽职尽责地投身于工作之中。

《人民警察法》第40条规定，人民警察享受国家规定的保险福利待遇。《公务员法》第83条第1款规定，公务员依法参加社会保险，按照国家规定享受保险待遇。

（二）司法警察的退休待遇保障

1. 退休待遇保障规定。司法警察退休待遇是指国家对工作到一定年限，达到规定年龄且符合一定的条件离开工作岗位安度晚年的司法警察，按照国家法律或政策提供退休金和其他待遇，以维持其生活和健康的物质和服务保障。

《公务员法》第92条规定，公务员达到国家规定的退休年龄或者完全丧失工作能力的，应当退休。该法第93条规定，公务员符合下列条件之一的，本人自愿提出申请，经任免机关批准，可以提前退休：工作年限满30年的；距国家规定的退休年龄不足5年，且工作年限满20年的；符合国家规定的可以提前退休的其他情形的。

《公务员法》第94条规定，公务员退休后，享受国家规定的养老金和其他待遇，国家为其生活和健康提供必要的服务和帮助，鼓励发挥个人专长，参与社会发展。

2. 基本养老金计发办法改革。公务员养老金并轨是一项自2014年10月1日起实施的有利于统筹推进城乡养老保障体系建设，促进人力资源合理流动和优化配置，建立与其他职工统一的、社会化的养老保险制度，逐步化解待遇差距大的矛盾的政策。根据《国务院关于机关事业单位工作人员养老保险制度改革的决定》（国发〔2015〕2号）的规定，自2014年10月1日起，包括司法警察在内的机关工作人员实行社会统筹与个人账户相结合的基本养老保险制度。基本养老保险费由单位和个人共同负担。单位缴纳基本养老保险费的比例为本单位工资总额的20%，个人缴纳基本养老保险费的比例为本人缴费工资的8%，由单位代扣。按本人缴费工资8%的数额建立基本养老保险个人账户,全部由个人缴费形成。个人账户储存额只用于工作人员养老,不得提前支取,每年按照国家统一公布的记账利率计算利息,免征利息税。参保人员死亡的,个人账户余额可以依法继承。

对该决定实施前参加工作、实施后退休且缴费年限(含视同缴费年限,下同)累计满15年的人员,按照合理衔接、平稳过渡的原则,在发给基础养老金和个人账户养老金的基础上,再依据视同缴费年限长短发给过渡性养老金。具体办法由人力资源社会保障部会同有关部门制定并指导实施。对该决定实施后参加工作、个人缴费年限累计满15年的人员,退休后按月发给基本养老金。基本养老金由基础养老金和个人账户养老金组成。退休时的基础养老金月标准以当地上年度在岗职工月平均工资和本人指数化月平均缴费工资的平均值为基数,缴费每满1年发给1%。个人账户养老金月标准为个人账户储存额除以计发月数,计发月数根据本人退休时城镇人口平均预期寿命、本人退休年龄、利息等因素确定。

对该决定实施后达到退休年龄但个人缴费年限累计不满15年的人员,其基本养老保险关系处理和基本养老金计发比照《实施〈中华人民共和国社会保险法〉若干规定》,(人力资源社会保障部令第13号)执行。对该决定实施前已经退休的人员,继续按照国家规定的原待遇标准发放基本养老金,同时执行基本养老金调整办法。

《国外公务员养老保险制度对我国机关事业单位
养老保险制度改革的启示》

3. 职业年金。职业年金是指在机关事业单位工作人员参加机关事业单位基本养老保险的基础上,建立的补充养老保险制度。这对建立多层次养老保险体系,保障机关事业单位工作人员退休后的生活水平,促进人力资源合理流动具有重要意义。

根据国务院《机关事业单位职业年金办法》的规定,自2014年10月1日起,对包括司法警察在内的机关工作人员实行职业年金制度,职业年金所需费用由单位和工作人员个人共同承担。单位缴纳职业年金费用的比例为本单位工资总额的8%，个人缴费比例为本人缴费工资的4%，由单位代扣。单位和个人缴费基数与机关事业单位工作人员基本养老保险缴费基数一致。根据经济社会发展状况，国家适时调整单位和个人职业年金缴费的比例。

单位缴费按照个人缴费基数的8%计入本人职业年金个人账户，个人缴费直接计入本人职业年金个人账户。工作人员变动工作单位时，职业年金个人账户资金可以随同转移。工作人员升学、参军、失业期间或新就业单位没有实行职业年金或企业年金制度的，其职业年金个人账户由原管理机构继续管理运营。新就业单位已建立职业年金或企业年金制度的，原职业年金个人账户资金随同转移。

工作人员在达到国家规定的退休条件并依法办理退休手续后，由本人选择按月领取职业年金待遇的方式。可一次性用于购买商业养老保险产品，依据保险契约领取待遇并享受相应的继承权；可选择按照本人退休时对应的计发月数计发职业年金月，职业年金发完为止，同时职业年金个人账户余额可依法继承。

《英国职业年金制度的现状、改革及其启示》

（三）司法警察的抚恤优待保障

1. 抚恤、优待保障规定。抚恤是指对因战或因公致伤、致残和牺牲以及病故人员的家属给予物质上的帮助和精神上的安抚。优待是指给予良好的待遇或厚待。

抚恤与优待是履职保障的重要组成部分之一。其主要内容是国家对因公伤残、因公残废的司法警察及其家属进行抚恤与优待，这体现了党和国家对司法警察及其家属的关怀和爱护，对鼓舞民警士气，支持司法警察队伍建设，促进警民团结，维护国家的稳定具有重要的意义。

《人民警察法》第41条规定，人民警察因公致残的，与因公致残的现役军人享受国家同样的抚恤和优待。人民警察因公牺牲或者病故的，其家属与因公牺牲或者病故的现役军人家属享受国家同样的抚恤和优待。

《公务员法》第 83 条第 2 款规定，公务员因公牺牲或者病故的，其亲属享受国家规定的抚恤和优待。

2014 年 5 月 4 日，民政部、最高人民法院、最高人民检察院等部门联合印发的《人民警察抚恤优待办法》第 4 条规定，各级人民政府民政部门要充分发挥政府职能部门的作用，认真履行职责，严格执行现行优抚法规、政策，根据人民警察的工作性质，准确、及时办理人民警察的伤亡抚恤事宜。该办法第 5 条规定，各级人民政府公安机关……各级人民法院……要做好抚恤优待政策的执行、宣传工作，关心抚恤优待对象的工作和生活，依据国家有关规定，帮助解决困难和问题。该办法第 6 条规定，各级政法机关的政治工作部门负责办理人民警察抚恤优待的具体工作。同时该办法对人民警察的"死亡抚恤"和"伤残抚恤和优待"作了明确具体的规定。2014 年民政部、财政部又下发通知，从 2014 年 10 月 1 日起再次提高优抚对象（包括伤残人民警察、烈士遗属）等人员抚恤和生活补助标准。

2005 年 10 月 26 日，公安部、教育部、民政部联合下发的公通字〔2005〕78 号《人民警察优抚对象及其子女教育优待暂行办法》规定对残疾人民警察、烈士子女、因公牺牲人民警察子女、一级至四级残疾人民警察子女教育实行优待。

以上一系列的规定，确立了司法警察因公致残、牺牲以及病故的情况下，本人及其家属享受现役军人以及现役军人家庭同样的抚恤和优待。现役军人享受的抚恤和优待是国家抚恤优待制度中最优厚和最高等级的抚恤优待，这表明了司法警察的特殊地位，对保障司法警察自身及其家属的权益起到积极的作用。

2. 职业安全、职业监督等规定。职业安全保障，是指为保护司法警察不受工作中危险的伤害，保证其职业安全和健康，在警务工作场所、警用工作设施、警务操作程序以及相关法律法规方面采取的各种措施和行为的总和。职业安全保障主要包括对以下风险的防范：人身安全风险（包括袭警等），身心健康风险（包括因工作环境、心理压力影响，患生理、心理疾病，传染病感染等），政治风险（因工作失误、履职不当导致责任追究等），社会风险（包括婚姻危机、社会舆论等）以及执法风险（包括恶意投诉、诬告等）。对此，应建立健全司法警察履行法定职责保护机制、受到侵害救济保障机制和不实举报澄清机制，确保司法警察正当执法造成负面后果不受追责，旗帜鲜明地支持和保护干警依法行使执法权。坚决依法打击妨碍执法、恶意抹黑炒作的违法行为，切实维护司法警察执法权威。同时，各级人民法院要实现执行死刑人员疗养制度、开展心理健康疗养活动等，注重对司法警察的人文关怀和心理疏导，为干警减压，为司法警察营造良好的职业环境。

思考题

1. 什么是司法警察履职法律保障？为什么要加强司法警察履职法律保障？
2. 目前针对我国司法警察警务活动中的物质技术保障有哪些规定？
3. 结合司法警察职业特点，谈谈如何建立司法警察职业安全与健康保障机制？

材料分析

实践中司法警察人身安全受到伤害事件时有发生，因公伤亡事件居高不下。有资料总结司法警察执勤遇险的原因主要有：上手铐时没有把犯罪嫌疑人铐好或者搜身不彻底，有些司法警察因为把犯罪嫌疑人的双手铐在前面而遭到袭击；与犯罪嫌疑人相对站立位置不对，在与犯罪嫌疑人接触时，由于允许犯罪嫌疑人靠得比较近或让犯罪嫌疑人处于有利位置而被袭击；在手无寸铁的情况下，鲁莽行事，司法警察在没有着装或者没有装备警械具的情况下，遇到危险一味地冲上去，成为牺牲品，最终不但不能有效的打击违法犯罪分子，还导致自己受到伤害；忽视了犯罪嫌疑人的双手，执行提押任务时从看守所押犯罪嫌疑人出来时未检查其是否夹带危险物品；因自己的武器被歹徒抢夺而死于自己的枪下；战术不当，不了解配合协助执行的案情，没有制定执行方案，配合出现失误导致人身安全受到伤害。（资料来源：中国法院网）

问题：如何保障司法警察在警务活动中的人身安全。

参考文献

1. 金川等编著：《司法警察概论》，中国政法大学出版社2006年版。
2. 黄素萍主编：《押解与看管实务》，中国政法大学出版社2017年版。
3. 最高人民法院政治部：《人民法院司法警察基础理论》，人民法院出版社2019年版。
4. 最高人民法院政治部：《人民法院司法警察警务实务》，人民法院出版社2019年版。
5. 唐长国、赵勇：《值庭与安检实务》，中国政法大学出版社2017年版。
6. 张盛国："警察权力与警察职权初探"，载《公安研究》2003年第7期。
7. 李健和："论我国警察权力的属性和类别——警察权力专题研究之一"，载《中国人民公安大学学报（社会科学版）》2007年第3期。
8. 庄京伟、李群英："警察职权的配置与警察权益的保护"，载《法学杂志》2007年第5期。
9. ［英］罗伯特·雷纳：《警察与政治》，易继苍、朱俊瑞译，知识产权出版社2008年版。
10. 夏菲：《论英国警察权的变迁》，法律出版社2011年版。
11. 高文英："转型期警察行政职权配置若干问题探讨"，载《中国人民公安大学学报（社会科学版）》2012年第4期。
12. 杨玉生："警察权的法律解读——兼谈警察职权的法治意义"，载《湖北警官学院学报》2013年第10期。
13. 徐文星："我国亟须制定《警察职权法》"，载程琳主编：《警察法学研究》（第一辑），中国人民公安大学出版社2013年版。
14. 王大伟、付有志编著：《世界警察理论研究综述》，群众出版社1998年版。
15. 李忠信："关于人民警察的执法监督"，载《公安研究》1998年第1期。

16. 黄娜主编：《警察执法全书》，群众出版社2000年版。
17. 王鹰：《政府公共警察研究：我国转轨时期公共管理学视野中的警察基本问题》，四川大学出版社2001年版。
18. 陈晋胜：《警察执法论》，中国民主法制出版社2001年版。
19. 李坤生："论警察的概念"，载《公安大学学报》1995年第3期。
20. 陈光中、崔洁："司法、司法机关的中国式解读"，载《中国法学》2008年第2期。
21. 陈兴良："限权与分权：刑事法治视野中的警察权"，载《法律科学（西北政法学院学报）》2002年第1期。
22. 蒋惠岭、王劲松："国外法院体制比较研究"，载《法律适用》2004年第1期。
23. 马晓龙、黄婷婷："域外法警制度的基本形式及对我国检察机关司法警察制度建设的启示"，载《法制与社会》2012年第34期。
24. 王守安："司法官职务序列改革的体制突破与司法价值"，载《当代法学》2014年第1期。
25. 杨新斌："司法警察端源考证"，载《四川警察学院学报》2014年第3期。
26. 庄京伟、李群英："警察职权的配置与警察权益的保护"，载《法学杂志》2007年第5期。
27. 冯德文编著：《警察学概论》，中国人民公安大学出版社2005年版。
28. 韩延龙等：《中国近代警察史》，社会科学文献出版社2000年版。
29. 刘泊祥主编：《外国警察法》，李仙翠等译，中国法制出版社2007年版。
30. 刘锦涛：《中英创建近代警察制度比较研究》，法律出版社2014年版。
31. 柳晓川主编：《公安学基础理论教程》，中国人民公安大学出版社1995年版。
32. 宋远升：《警察论》，法律出版社2013年版。
33. 王大伟：《第五次警务革命——十论世界警务大趋势》，中国人民公安大学出版社2012年版。
34. 王智军：《警察的政治属性》，社会科学文献出版社2009年版。
35. 王继平、金川主编：《人民法院司法警察理论与实务研究》，浙江工商大学出版社2009年版。

36. 王彦吉主编：《中外警察教育与培训》，中国人民公安大学出版社 2010 年版。
37. 何平主编：《司法警察队伍规范化建设与公正执法实务全书》，安徽文化音像出版社 2004 年版。
38. 李涛：《警察职业变革与警察教育：英国现代警察教育的形成与演变》，中国人民公安大学出版社 2013 年版。
39. 陈树文主编：《组织管理学》，大连理工大学出版社 2005 年版。
40. 吴永生：《警务监督理论研究》，中国人民公安大学出版社 2012 年版。
41. 袁广林：《观念创新与模式重构——中国警察素质培养研究》，中国人民公安大学出版社 2010 年版。
42. 张小兵：《美国联邦警察制度研究》，中国人民公安大学出版社 2011 年版。
43. 张兆端：《警察文化学》，中国人民公安大学出版社 2010 年版。
44. 张兆端编著：《中国式警察管理》，中国人民公安大学出版社 2007 年版。
45. ［美］罗伯特·兰沃西、劳伦斯·特拉维斯Ⅲ：《什么是警察——美国的经验》，尤小文译，群众出版社 2004 年版。
46. 习近平：《习近平谈治国理政》（第一卷），外文出版社 2014 年版。
47. 习近平：《习近平谈治国理政》（第二卷），外文出版社 2017 年版。
48. 郭声琨："切实做到对党忠诚服务人民执法公正纪律严明"，载《人民日报》2017 年 6 月 2 日，第 6 版。
49. ［美］查尔斯·R. 史旺生等：《警察行政管理：结构、过程与行为》，匡萃冶译，中国人民公安大学出版社 2013 年版。
50. ［日］松井茂：《警察学纲要》，吴石译，中国政法大学出版社 2005 年版。
51. 高文英主编：《警察执法监督及行政救济案例与理论分析》，群众出版社 2005 年版。
52. 王晖：《香港廉政制度体系》，中国方正出版社 2005 年版。
53. 石时态、屈国华："司法警察参与民事执行的实证研究"，载《法学评论》2011 年第 1 期。
54. 石子坚编：《美国警察管理体制与执法规范》，中国人民公安大学出版社 2006 年版。
55. 苏力：《制度是如何形成的》，北京大学出版社 2007 年版。

56. 张永宏主编：《组织社会学的新制度主义学派》，上海人民出版社2007年版。

57. 许韬等：《中外警察法比较研究》，中国检察出版社2009年版。

58. 安政：《中国警察制度研究》，中国检察出版社2009年版。

59. 王继平、金川主编：《人民法院司法警察理论与实务研究》，浙江工商大学出版社2009年版。

60. 钟勇生、蔡国芹主编《人民法院司法警察改革与发展研究》，法律出版社2011年版。

61. 王公义主编：《中外司法体制比较研究》，法律出版社2013年版。

62. ［澳］大卫·迪克逊：《警务中的法则：法律法规与警察实践》，薛向君、罗瑞林、倪瑾译，南京出版社2013年版。

63. 辛本禄：《组织、权力与制度新论》，中国社会科学出版社2014年版。

64. 杨银付："素质教育若干理论问题的探讨"，载《教育研究》1995年第12期。

65. 毕力格："警察素质提升的路径选择初探"，载《淮海工学院学报（人文社会科学版）》2012年第4期。

66. 张鹏："社会治理视域下基层民警素质提升研究"，中国人民公安大学2018年硕士学位论文。

67. 尚磊："公安机关新录用人民警察素质与能力架构研究"，中国人民公安大学2017年硕士学位论文。